Gottfried Orth & Hilde Fritz
Gewaltfreie Kommunikation in der Schule
Wie Wertschätzung gelingen kann

www.junfermann.de

blogweise.junfermann.de

www.facebook.com/junfermann

twitter.com/junfermann

www.youtube.com/user/Junfermann

www.instagram.com/junfermannverlag

GOTTFRIED ORTH & HILDE FRITZ

GEWALTFREIE KOMMUNIKATION IN DER SCHULE

WIE WERTSCHÄTZUNG GELINGEN KANN

Ein Lern- und Übungsbuch für alle,
die in Schulen leben und arbeiten

Junfermann Verlag
Paderborn
2013

Copyright	© Junfermann Verlag, Paderborn 2013
Coverfoto	© Vesna Cvorovic – fotolia.com
Covergestaltung / Reihenentwurf	JUNFERMANN Druck & Service GmbH & Co. KG, Paderborn
Satz & Layout	JUNFERMANN Druck & Service GmbH & Co. KG, Paderborn

Alle Rechte vorbehalten.
Das Werk einschließlich aller seiner Teile ist urheberrechtlich geschützt.
Jede Verwendung außerhalb der engen Grenzen des Urheberrechtsgesetzes ist ohne Zustimmung des Verlages unzulässig und strafbar. Dies gilt insbesondere für Vervielfältigungen, Übersetzungen, Mikroverfilmungen und die Einspeicherung und Verarbeitung in elektronischen Systemen.

Bibliografische Information der Deutschen Bibliothek
Die Deutsche Bibliothek verzeichnet diese Publikation in der Deutschen Nationalbibliografie; detaillierte bibliografische Daten sind im Internet über http://dnb.ddb.de abrufbar.

ISBN 978-3-87387-943-0
Dieses Buch erscheint parallel als E-Book.
ISBN 978-3-87387-944-7 (EPUB), 978-3-95571-165-8 (PDF),
978-3-95571-164-1 (EPUB für Kindle)

Inhalt

Vorwort 9

1. **Einleitung: „Sieh die Schönheit in mir ..."** 13

2. **Bedürfnisse, Gefühle und Strategien –
   Das Zentrum Gewaltfreier Kommunikation** 25
2.1 Bedürfnisse 29
2.1.1 Was verstehen wir in Gewaltfreier Kommunikation
      unter Bedürfnissen? – Einige Hinweise 29
2.1.2 Übungen zu den Bedürfnissen 33
2.1.3 Wie finde ich Bedürfnisse heraus? 37
2.2 Gefühle 38
2.2.1 Was verstehen wir in Gewaltfreier Kommunikation
      unter Gefühlen? – Einige Hinweise 39
2.2.2 Übungen 43
2.3 Strategien 46
2.3.1 Was verstehen wir in Gewaltfreier Kommunikation
      unter Strategien? – Einige Hinweise 46
2.3.2 Konflikte um Strategien 46
2.3.3 Übungen 47
2.4 Zusammenfassung: Was haben wir Ihnen in diesem Kapitel angeboten? .. 52

3. **Die vier Schritte und der Umgang mit einem „Nein" auf eine Bitte** 55
3.1 Die vier Schritte 59
3.2 Übungen zu Beobachtung und Bitte 64
3.3 Ein „Nein" einfühlsam und wertschätzend hören 66
3.4 Übungen, ein „Nein" einfühlsam zu hören 69
3.5 Zusammenfassung: Was haben wir Ihnen in diesem Kapitel angeboten? .. 74

4.	**Weil Beziehung so entscheidend ist ... –** **Wertschätzung, Selbst-Empathie und Empathie**	77
4.1	Wertschätzung	81
4.2	Was verstehen wir in Gewaltfreier Kommunikation unter Selbst-Empathie? – Einige Hinweise	83
4.3	Übungen zur Selbst-Empathie	88
4.4	Was verstehen wir in Gewaltfreier Kommunikation unter Empathie? – Einige Hinweise	98
4.5	Übungen zur Empathie	101
4.5.1	Übungsspiel: Zuspruch, Vergleich, Sympathie, Empathie – Möglichkeiten, einem Problem / einem Konflikt zu begegnen	101
4.5.2	Übung zu Empathie und Selbst-Empathie im Schulalltag	104
4.6.	Zusammenfassung: Was haben wir Ihnen in diesem Kapitel angeboten?	110
5.	**Umgang mit Macht**	111
5.1	Machtsituationen	113
5.2	Welches Verständnis haben wir in der Gewaltfreien Kommunikation von Macht? – Einige Hinweise	114
5.3	Schützender und strafender Machtgebrauch – Beispiele aus der Schule	117
5.3.1	Strafende Anwendung von Macht	117
5.3.2	Schützende Anwendung von Macht	118
5.4	Problematisierung der Differenz von bestrafender und schützender Anwendung von Macht an zwei Beispielen	121
5.4.1	Die „Rote Karte!"	121
5.4.2	Das „Trainingsraumkonzept"	126
5.4.3	Kritische Weiterentwicklungen des Trainingsraumkonzepts	130
5.5	Wie setzen Sie Macht ein?	137
5.6	Zusammenfassung: Was haben wir Ihnen in diesem Kapitel angeboten?	138
6.	**Wertschätzung ausdrücken**	139
6.1	Die Geschichte von Lars und seinem Vater	142
6.2	Was verstehen wir in der Gewaltfreien Kommunikation unter Wertschätzung? – Einige Hinweise	143
6.3	... was haben Sie zu Lars gesagt?	145
6.4	(Selbst-)Reflexionen zum Lob	145
6.5	Wertschätzung üben	147
6.6	Wertschätzende Schulentwicklung	148
6.7	Zusammenfassung: Was haben wir Ihnen in diesem Kapitel angeboten?	152

7.	**Im Zentrum ankommen – Vom Zentrum aus starten: Zwischenreflexion**	153
8.	**Umgang mit Fehlern – Fehlerfreundlichkeit**	155
8.1	Was sind eigentlich Fehler?	160
8.2	„Fehler" an sich gibt es nicht	161
8.3	Ein „fehler"freundlicher Umgang mit „Fehlern"	162
8.4	Wir plädieren für eine Prozesssprache	163
8.5	Schule – Ein Ort jenseits von richtig und falsch?	164
9.	**Bitten statt fordern**	167
9.1	Eine Schule organisiert einen Bittenprozess – Schulentwicklung mit Gewaltfreier Kommunikation	171
9.2	Gewaltfreie Kommunikation – Ein „Energiesparmodell"	173
10.	**Zur Rolle der Lehrerinnen und Lehrer**	175
10.1	Selbstverbindung und Authentizität	179
10.2	Lehrerinnen und Lehrer als Beraterinnen und Berater einer Reise	182
10.3	Konflikte in der Klasse, im Kollegium, mit der Schulleitung	184
11.	**Zum Verhältnis von Lehrerinnen und Lehrern zu den Schülerinnen und Schülern**	189
12.	**Klassenrat – Schülerinnen und Schüler üben Empathie**	193
13.	**Einzelgespräche mit einer Schülerin oder einem Schüler**	199
13.1	Janine	201
13.2	Zur Reflexion des Gesprächs	203
14.	**Klassenkonferenz mit Eltern oder einer Mutter / einem Vater**	207
14.1	Bericht einer Klassenkonferenz	209
14.2	Zur Reflexion gewaltfreier Sprache in Klassenkonferenzen	211

15.	**Gewaltfreie Kommunikation im Unterricht**	213
15.1	Implizite Möglichkeiten zur Gestaltung von Unterricht mit Gewaltfreier Kommunikation	215
15.2	Was Gefühle mit der Schule zu tun haben – „Geht so", „scheiße", „geil" oder „cool"	217
15.3	Mit-Gefühl: Texte lesen und Bedürfnisse aufspüren – Ein spielerischer Umgang mit Texten in der Schule	219
16.	**… was Sie (fast) gleich mit Ihrer Klasse ausprobieren können: Ein Kennenlerntag zu Gewaltfreier Kommunikation**	223
16.1	GFK-Kennenlerntag zum Thema: „Und was bringt mir das? – Wir entdecken unsere Bedürfnisse, Strategien, sie zu erfüllen, und unsere Gefühle"	225
16.2	Materialien zum Kennenlerntag	228
17.	**Wie wir die Ihnen gestellten Aufgaben bearbeitet haben**	235
	Literaturverzeichnis	245

Vorwort

Zorn, Wachstum und Verbundenheit, ein Gefühl und zwei Bedürfnisse, sind Anlass für das Schreiben dieses Buchs: Wir sind zornig, dass Schule und der mit ihr gegebene Zwangskontext des gemeinsamen Arbeitens von Erwachsenen, Kindern und Jugendlichen noch immer vielfach so sind, dass wir Lehrerinnen und Lehrer wie auch die Schülerinnen und Schüler an ihr leiden, obwohl so viele so vieles wissen, wie es anders gehen kann: menschenfreundlicher, leichter, angstfreier, erfolgreicher, schöner. Und wir haben erfahren, dass Gewaltfreie Kommunikation in der Schule zu praktizieren heißt, Menschen vielfältige Anlässe zu eigenem und gemeinsamem Wachstum zu ermöglichen in der Erfahrung von menschlicher Verbundenheit. Zorn, Wachstum und Verbundenheit und die Nachdenklichkeit darüber treiben uns an zu Veränderung. Wir haben erfahren, dass Veränderungen möglich sind.

Wir wollen uns selbst als Lehrerin oder Lehrer wichtig nehmen, uns kraftvoll behaupten, eigene Grenzen ziehen und diese gewaltfrei schützen. Wir wollen zugleich einen wertschätzenden Umgang mit Schülerinnen und Schülern. Wir wollen gegenseitige Unterstützung von Kolleginnen und Kollegen und allen anderen an Schule Beteiligten. Und wir wollen das tun, weshalb wir Lehrerinnen und Lehrer geworden sind: unterrichten. Wir erleben dabei beglückende Momente der Leichtigkeit und Freude bei der Arbeit und Möglichkeiten wachsenden Vertrauens. Und wir erleben zugleich Hilflosigkeit und Ärger.

Die Sehnsucht nach Leichtigkeit und Freude bei der Arbeit zu spüren und ihr als Lehrerin und Lehrer in unterschiedlichen Bildungseinrichtungen Ausdruck zu geben wirkt ansteckend. Hilde Fritz, Förderschullehrerin, und Gottfried Orth, Hochschullehrer, wir machten diese Erfahrungen in Einführungskursen für Gewaltfreie Kommunikation für Lehramtsstudierende und in Fortbildungen in Gewaltfreier Kommunikation für Lehrerinnen und Lehrer, für Schulsozialarbeiterinnen und -arbeiter und mit Schulklassen unterschiedlicher Schulformen von der Förderschule bis zum Gymnasium.

Unsere Erfahrungen in Klassen, Seminaren und Kursen nährten unsere Gewissheit: Wenn Beziehungen als wichtig erachtet werden, kann das Leben in der Schule wie in der Universität schöner und Lernen und Lehren leichter werden. Und für gute Beziehungen zwischen Lehrerinnen und Lehrern, zwischen Schülerinnen und Schülern und zwischen beiden Gruppen sowie allen anderen am Schulleben Beteiligten mögen wir viel tun.

‚Treibstoff' dieser Hoffnung ist für uns die Gewaltfreie Kommunikation nach Impulsen von Marshall B. Rosenberg, die wir deshalb in diesem Buch insbesondere für Lehrerinnen und Lehrer – möglichst nahe am Schulalltag – vorstellen möchten. Wir wollen Sie einladen, Gewaltfreie Kommunikation kennenzulernen und einzuüben. So enthält dieses Buch viele Übungen, die wir Ihnen vorschlagen. Diese Übungen sind so angelegt, dass Sie sie allein für sich erarbeiten können. Vielleicht findet sich aber auch eine Gruppe im Kollegium, die Sie anregen oder begeistern können, mit Ihnen gemeinsam zu lernen und zu üben.

Natürlich können Sie alles, was Sie geübt haben, auch – vorsichtig und dosiert – im Schulalltag ausprobieren. Dazu eine Erfahrung aus einer unserer Fortbildungen: In einem ersten zweitägigen Kurs mit Lehrerinnen und Lehrern eines berufsbildenden Gymnasiums sprachen wir u.a. über Bedürfnisse und Gefühle. Einer der Teilnehmer war bei der Auswertung eher skeptisch. Im zweiten Kurs erzählte er folgende kleine Geschichte: „Ich erlebte einmal wieder eine recht schwierige Situation in der Klasse. Und da sagte ich einfach zu einem Schüler: ‚Dir ist jetzt gerade wohl etwas ganz anderes wichtig.' Er schaute mich an wie von einem anderen Stern. Wir kamen darüber ins Gespräch, ich erzählte von der Fortbildung, und der Schüler sagte: ‚Ja, das stimmt.' Insgesamt dauerte die Szene nicht mehr als fünf Minuten. Und danach konnten wir weiter gemeinsam arbeiten. Für mich war das eine schöne Erfahrung."
Wir wünschen Ihnen viele solch schöner Erfahrungen!

Das Buch gliedert sich in zwei große Teile:

In der Einleitung (1.) berichten wir von unserem eigenen Lernweg in Gewaltfreier Kommunikation. Wir folgen dann unserer Systematik Gewaltfreier Kommunikation, um Sie mit Erläuterungen und Übungen in deren Haltung und Methode einzuführen. Wir laden Sie zunächst ein, Gewaltfreie Kommunikation als Haltung kennenzulernen und sich mit den darin liegenden Herausforderungen vertraut zu machen (2.). Dem folgt (3.) ein Kapitel über die Methode Gewaltfreier Kommunikation, das Modell der vier Schritte. Dieses Modell dient der Einübung der Haltung und der immer wieder damit verbundenen Selbstreflexion. Haltung und Methode verbinden sich in einem ersten großen Lernfeld: Jemand beantwortet eine Bitte von uns mit „Nein". Zur Haltung Gewaltfreier Kommunikation gehören (4.) Wertschätzung mir selbst und anderen gegenüber, ebenso Selbst-Empathie und Empathie sowie ein neuer Umgang mit Macht (5.): nämlich die Bevorzugung schützender und die Ablehnung strafender Anwendung von Macht. Das Loben anderer Menschen beinhaltet ebenso wie die strafende Anwendung von Macht Urteile über andere Menschen. Deshalb schließen wir diesen ersten Teil mit einem Kapitel (6.) dazu, wie wir in Gewaltfreier Kommunikation Wertschätzung einüben und ausdrücken.

Im zweiten Teil ist unser Ausgangspunkt nun nicht mehr Gewaltfreie Kommunikation, sondern es sind Themen und Situationen aus dem Schulalltag, mit denen wir Möglichkeiten zeigen, gewaltfrei und wertschätzend zu kommunizieren, um mit als schwierig empfundenen oder vielleicht besser herausfordernden Situationen für Sie als Lehrerin oder Lehrer zufriedenstellender als bisher arbeiten zu können. Es sind dies alles Themen oder Situationen, mit denen wir selbst unsere Erfahrungen gesammelt haben.

Zwei Lesewege durch das Buch möchten wir Ihnen anbieten: Sie können das Buch von vorne nach hinten, so wie wir es konzipiert haben, durcharbeiten. Sie können jedoch auch zunächst im zweiten Teil des Buchs einmal schnuppern und lesen und dabei – so unsere Idee – entdecken „Ja, das wäre vielleicht auch für mich eine Denk- und Handlungsmöglichkeit", um dann nach dem Handwerkszeug im ersten Teil zu schauen.

Insgesamt machen wir Ihnen unterschiedliche Textangebote. So finden sich auch immer wieder uns wichtige kurze literarische, poetische oder wissenschaftliche Texte, denen Sie nach-denken oder die Sie auch in Ihrem Unterricht einsetzen können, um einfach einmal auszuprobieren, wie Ihre Schülerinnen und Schüler auf entsprechende Angebote reagieren.

Dass wir dieses Buch so schreiben konnten, verdanken wir vielen Menschen: Wir danken Schülerinnen und Schülern, Studentinnen und Studenten, Lehrerinnen und Lehrern, Schulsozialarbeiterinnen und -arbeitern, Pastoralreferentinnen und -referenten, mit denen wir in Fortbildungen arbeiten konnten und die immer wieder unser eigenes Lernen und Üben angestoßen haben, die uns mit ihren Fragen verunsichert und neu haben nachdenken lassen und die sich anstecken ließen von unserer Hoffnung: Schule kann neu und schön werden – „trotz alledem".

Wir danken denen, die uns immer wieder ermutigten und kritisierten: Kolleginnen und Kollegen in Schule, Universität und vielen anderen Lebens- und Arbeitskontexten.

Wir danken Frau Sabine Flegel-Teiwes, wissenschaftliche Hilfskraft am Seminar für Evangelische Theologie und Religionspädagogik der TU Braunschweig, für ihre ebenso einfühlsame, kritische und immer wieder zum neuen Durchdenken anregende Durchsicht des Manuskripts. Ohne sie hätte dieses Buch nicht seine jetzige Form gefunden.

Und wir danken schließlich der Stiftung Braunschweigischer Kulturbesitz, die durch eine großzügige Förderung die Arbeit an diesem Buch mit ermöglicht hat.

Wir wünschen Ihnen Freude und Ermutigung bei der Lektüre, beim Üben und den sich vielleicht daran anschließenden praktischen Erfahrungen. Das Buch ist ein Versuch, Gewaltfreie Kommunikation im Zusammenhang unserer Erfahrungen an deutschen Schulen darzustellen, von unserer Praxis zu erzählen und sie zu reflektieren. Wenn Sie uns für Zustimmung und Kritik oder Anfragen und Fortbildungswünsche erreichen möchten, können Sie dies gerne über den Weg einer E-Mail tun: g.orth@tu-bs.de.

Hilde Fritz
Gottfried Orth

Gießen und Braunschweig / I-Pezzo im Herbst 2012

1. Einleitung: „Sieh die Schönheit in mir ..."

Es begann an einem Montag im Jahr 2008 mit einem Telefongespräch: Wir[1] überarbeiteten zu der Zeit in der Schlussredaktion unser letztes Buch über ethisches Lernen und Lehren in der Schule[2]. HF rief GO an und erzählte begeistert von einem zwölfstündigen DVD-Marathon am Wochenende: M. Rosenberg, Einführung in die Gewaltfreie Kommunikation[3]. Das Telefonat schloss mit dem Hinweis: „Wir müssen das ganze Buch umschreiben ..." GO ließ sich von der Begeisterung – zunächst erschrocken über die Ankündigung, das Buch umschreiben zu sollen – anstecken, besorgte sich die DVD und sah sie auch fast ‚am Stück'. Und wir wurden uns dann doch schnell einig, dass vieles von dem, was bei Rosenberg zu lernen war, in anderer Form und mit anderer Begrifflichkeit ganz selbstverständlich in unserem Buch bereits da war. Ja, was wir da bei Rosenberg gesehen und gehört hatten, könnte Schule verändern! Was uns aus vielen unterschiedlichen Zusammenhängen als Praxis und Vision wichtig war, hatte nun einen neuen Namen bekommen: Gewaltfreie Kommunikation.

So war das, was wir da kennenlernten, neu und zugleich eigentümlich vertraut, und es traf auf unterschiedliche Resonanzen: Für HF war es Bestätigung dessen, was sie in der Schule bereits umzusetzen versuchte. Und es war Inspiration, mit neuen Denkmöglichkeiten und einem ungewohnten Vokabular kritisch zu reflektieren, wie sie in der Schule lebte und unterrichtete. Gleichzeitig rückte für sie mit diesem ‚neuen' Ansatz die Wahrnehmung und Reflexion eigener Gefühle, eigener Bedürfnisse, eigenen Handelns als Lehrerin neu in den Mittelpunkt: Was denke ich? Wie fühle ich mich in dieser Situation? Was brauche ich für mich? Was ist mir wichtig? Für GO war es eine lange gesuchte und immer wieder versuchte Möglichkeit umzusetzen, wie die neutestamentlichen Weisheiten „Liebe deinen Nächsten wie dich selbst" und „Richtet nicht, damit ihr nicht gerichtet werdet" praktisch gelebt werden können. Auch er empfand es zugleich als Bestätigung und Herausforderung zu kritischer

---

1 Wir haben dieses Buch gemeinsam geschrieben und verantworten alle Teile gemeinsam. Doch natürlich haben wir auch unsere eigenen persönlichen Erfahrungen, die in das Buch eingegangen sind. An besonders wichtigen Stellen haben wir diese mit den Kürzeln HF für Hilde Fritz und GO für Gottfried Orth gekennzeichnet.
2 G. Orth, H. Fritz, „Ich muss wissen, was ich machen will ..." Ethisches Lernen und Lehren in der Schule. Göttingen 2008.
3 M. B. Rosenberg, Einführung in die Gewaltfreie Kommunikation. Auditorium Netzwerk. Jokers Edition. DVD. Müllheim 2006. Vgl. jetzt auch: ders., Gewaltfreie Kommunikation mit Kindern und Jugendlichen. Auditorium Netzwerk. Jokers Hörsaal. Müllheim 2012.

Selbst- und Praxisreflexion. Und was uns beide fasziniere, war der Zusammenhang von Haltung und Methode, von Schönheit und ethischem Anspruch, von alltäglichen Lebensmöglichkeiten und darin intendierter schulischer und gesellschaftlicher Veränderung. Ja, so könnte es gehen! So könnte Gewalt[4] unterbrochen werden.

> „Die franziskanische Tradition hat eine Ur-Geschichte solcher Gewaltunterbrechung festgehalten. Bei Gubbio in Umbrien lebte ein gewaltiger Wolf, der Tiere und Menschen verschlang. Aus Angst vor ihm trauten sich die Bewohner nicht mehr aus der Stadt. Franz von Assisi ging dem Wolf entgegen, seine Gefährten blieben aus Angst zurück. Der Wolf stürzte zähnefletschend auf ihn zu. Der Heilige sprach ihn als ‚Bruder Wolf' an und machte das Zeichen des Kreuzes über ihm. Der Wolf sperrte seinen schon geöffneten Rachen zu und ließ sich zu Füßen des kleinen unbewaffneten Mannes nieder. Franz sagte zu ihm: ‚Du bist jedermanns Feind. Ich aber möchte, Wolf, mein Bruder, dass Friede sei zwischen ihnen und dir.' Er schließt dann eine Art Bund, in dem die Einwohner sich verpflichten, den Wolf zu füttern, damit er niemals mehr Hunger leiden muss, und der Wolf ihm, Pfote in Hand, verspricht, niemandem, weder Mensch noch Tier, mehr Schaden zuzufügen. Dieser Vertrag wird öffentlich besiegelt, der Wolf lebt noch zwei Jahre, von den Bürgern geachtet und von den Kindern geliebt. Ich erzähle die Geschichte nicht wegen des Wunders, sondern um den Begriff Unterbrechung der Gewalt zu klären. Er trägt zwei Elementen Rechnung, dem Realismus und der Hoffnungsfähigkeit. Er verleugnet die Realität der Kreisläufe nicht. ‚Das eben ist der Fluch der bösen Tat, dass sie fortwährend immer Böses muss gebären', heißt es bei Schiller im Wallenstein. Das Ziel des anderen Umgangs mit der Gewalt ist es nicht, eine konfliktfreie Welt zu schaffen und möglichst alle Wölfe auszurotten. Doch es gibt auch die Unterbrechung ihrer Zwangsläufigkeit, die Überraschung und die Möglichkeit, der alles beherrschenden Gewalt ein ‚Nein' entgegenzusetzen, das ihren absolut erscheinenden Zwang unterbricht."[5]

Seit 2008 nun lernen wir Gewaltfreie Kommunikation und geben sie weiter in Workshops und Fortbildungen. Und wir merken dabei, wie dominant auch alte erlernte Verhaltensmuster sind, und zugleich begeistert es uns, kritische, zweifelnde und immer wieder auch mühsame Lerner Gewaltfreier Kommunikation zu bleiben. Die Theorie erscheint einfacher als die Praxis. GO wird Dekan und nimmt sich vor, sein Dekanat mit den Möglichkeiten Gewaltfreier Kommunikation zu gestalten. Es sind viele beglückende Erfahrungen, die dadurch möglich werden. Als er nach dem Deka-

---

4 Johan Galtung hat folgende Bestimmung von Gewalt vorgeschlagen, die uns plausibel erscheint: „Gewalt liegt dann vor, wenn Menschen so beeinflusst werden, dass ihre aktuelle somatische und geistige Verwirklichung geringer ist als ihre potentielle Verwirklichung." (J. Galtung, Strukturelle Gewalt. Beiträge zur Friedens- und Konfliktforschung. Reinbek bei Hamburg 1975. S. 9) Diese abstrakte Definition hat den Vorteil, dass sie physische, psychische und sprachliche Gewalt umfasst.
5 D. Sölle, Gewalt. Ich soll mich nicht gewöhnen. Dies., Gesammelte Werke. Bd. 4. Stuttgart 2006. S. 171–204. Zitat S. 191.

nat wieder ‚normales' Fakultätsratsmitglied ist, wird es anstrengender, diese Haltung fortzuführen. Inhaltliche Auseinandersetzungen und Mehrheitsentscheidungen, um die gerungen werden muss, machen Gewaltfreiheit und Wertschätzung schwieriger als in der unabhängigeren ‚Machtposition' ohne Stimmrecht im Fakultätsrat. HF kommt in der Schule immer wieder an ihre Grenzen im Umgang mit Schülerinnen und Schülern, ebenso wie in der Zwischenstellung zwischen bürokratischen Verordnungen und Nähe zu den Schülerinnen und Schülern, und entdeckt für sich Selbst-Empathie als wesentliche Hilfe: „GFK hilft doch! Zumindest im Denken."

Wir fanden in unseren Familien, wie wichtig in der Kommunikation insbesondere mit den erwachsenen und erwachsen werdenden Kindern die Wahrnehmung und Achtung ihrer Bedürfnisse sind und wie selbstverständlich wir z. B. deren Bedürfnis nach Autonomie oftmals gering schätzten. So hingen nun bei HF Bedürfnis- und Gefühlslisten über dem Schreibtisch und ermöglichten oft ein spielerisches Lernen: „Mama, Autonomie ...!" kommt mit einem Augenzwinkern vom Sohn, und ein Konflikt hat sich allein dadurch verändert. GO, vielleicht nicht untypisch für einen Mann, entdeckt die Vielfalt und Differenziertheit von Gefühlen, ihrer Wahrnehmung und ihres Ausdrucks – und die Gefühlslisten werden zeitweilig zu einem ständigen Begleiter. Dann die zentrale Unterscheidung zwischen Bedürfnissen und Strategien: Wie oft streiten wir um Strategien und verrennen uns darin. Ein typisches Beispiel: „Ich möchte heute Abend gerne mit dir ausgehen." – „Och nee, schau doch lieber mit mir das Fußballspiel im Fernsehen an, das ich so gerne heute Abend sehen will." Und schon beginnt ein Streit in dieser Paarbeziehung: Fernsehfußball oder Ausgehen. Das dahinter stehende Bedürfnis nach Gemeinsamkeit und Nähe kommt dabei gar nicht zur Sprache ... So geht es um Fußball oder Ausgehen und gar nicht mehr um das, was sich dahinter verbirgt und beiden wichtig ist.

An unserem Lernen und Üben möchten wir Sie, liebe Leserinnen und Leser, anhand von Beispielen aus dem alltäglichen Leben in der Schule gerne teilhaben lassen. Wir möchten Sie vertraut machen mit den fünf Grundannahmen Gewaltfreier Kommunikation:

- „Alle Menschen möchten ihre Bedürfnisse erfüllt bekommen.
- Wir leben in anregenden und wohltuenden Beziehungen, wenn wir diese Bedürfnisse durch Zusammenarbeit statt durch aggressives Verhalten erfüllen.
- Jeder Mensch hat bemerkenswerte Ressourcen und Potenziale, die uns erfahrbar werden, wenn wir durch Einfühlung mit ihnen in Kontakt kommen.
- Jedes Verhalten ist der mehr oder weniger gelungene Versuch, ein Bedürfnis zu erfüllen.
- Jedes Bedürfnis dient dem Leben, insofern gibt es keine negativen Bedürfnisse!"[6]

---

6 K.-D. Gens, ↗ http://www.gewaltfrei.de. Text leicht verändert.

Im Zentrum Gewaltfreier Kommunikation steht also die Wahrnehmung dessen, was ich selbst und andere Menschen zum Leben brauchen. Verbindung zu mir selbst und anderen, so die bereichernde Erfahrung Gewaltfreier Kommunikation, wird möglich, wenn ich meine eigenen Bedürfnisse ebenso wahr- und wichtig nehme wie die meiner Mitmenschen. Bedürfnisse zeigen die Schönheit der Menschen.

> *See me beautiful*
> *Look for the best in me*
> *It's what I really am*
> *And all I want to be*
> *It may take some time*
> *It may be hard to find*
> *But see me beautiful*
>
> *See me beautiful*
> *Each and every day*
> *Could you take a chance*
> *Could you find a way*
> *To see me shining through*
> *In everything I do*
> *And see me beautiful*
>
> (Kathy und Red Grammer, „See Me Beautiful")[7]

Doch wie spüren wir eigentlich, ob unsere Bedürfnisse erfüllt sind oder nicht? Das zeigen uns unsere Gefühle. Sie sind so etwas wie der Wegweiser zu unseren Bedürfnissen. Deshalb ist es so wichtig, sie differenziert zu spüren und ausdrücken zu können. Es gibt eben mehr als „gut" oder „schlecht", mehr als „geil", „scheiße", „cool" oder „geht so".

Um unseren Gefühlen und Bedürfnissen auf die Spur zu kommen, hat M. Rosenberg das Modell der vier Schritte entwickelt. Er versteht diese Schritte als Hilfe, eine Haltung Gewaltfreier Kommunikation einzuüben, und sie sind für uns zu einem wichtigen Instrument der Selbstreflexion unseres Denkens und Handelns geworden.

---

[7] See Me Beautiful from the record Teaching Peace, © 1986 Smilin' Atcha Music, written by Red and Kathy Grammer, distributed through Red Note Records (↗ http://www.redgrammer.com). Vgl. deutsche Übersetzung in: M. B. Rosenberg, Erziehung, die das Leben bereichert. Gewaltfreie Kommunikation im Schulalltag. Paderborn 2005. S. 80 f.

Vier Schritte im Selbstausdruck

Ehrlich ausdrücken, wie *ich* bin, ohne zu beschuldigen oder zu kritisieren

Beobachtungen

1. Was ich beobachte (sehe, höre, an was ich mich erinnere, was ich mir vorstelle, frei von meinen Bewertungen), das zu meinem Wohlbefinden beiträgt oder nicht:
   „Wenn ich sehe / höre ..."

Gefühle

2. Wie ich mich fühle (Emotionen oder Empfindungen statt Gedanken) in Beziehung zu dem, was ich beobachte:
   „Ich fühle ..."

Bedürfnisse

3. Was ich brauche oder schätze (statt einer Präferenz oder einer spezifischen Handlung), das meine Gefühle verursacht:
   „... weil ich brauche / mir wichtig ist ..."

Klar um etwas bitten, das mein Leben bereichern würde, ohne zu fordern

Bitten

4. Die konkreten Handlungen, von denen ich mir wünsche, dass sie in die Tat umgesetzt werden:
   „Wärest du bereit zu ...?"
   „Und würdest du bitte ..."

Vier Schritte in der Empathie gegenüber anderen

Empathisch aufnehmen, wie *du* bist, ohne Beschuldigungen oder Kritik zu hören

Beobachtungen

1. Was du beobachtest (siehst, hörst, an was du dich erinnerst, was du dir vorstellst, frei von deinen Bewertungen), das zu deinem Wohlbefinden beiträgt oder nicht:
   „Wenn du siehst / hörst ..."
   (Wird beim Anbieten von Empathie manchmal weggelassen.)

Gefühle

2. Wie du dich fühlst (Emotionen oder Empfindungen statt Gedanken) in Beziehung zu dem, was du beobachtest:
   „Du fühlst ..."

Bedürfnisse

3. Was du brauchst oder schätzt (statt einer Präferenz oder einer spezifischen Handlung), das deine Gefühle verursacht:
   „... weil du brauchst / dir wichtig ist ..."

Empathisch aufnehmen, was dein Leben bereichern würde, ohne irgendeine Forderung zu hören

Bitten

4. Die konkreten Handlungen, von denen du dir wünschst, dass sie geschehen:
   „Würdest du gern ...?"
   (Wird beim Anbieten von Empathie manchmal weggelassen.)

© Marshall Rosenberg

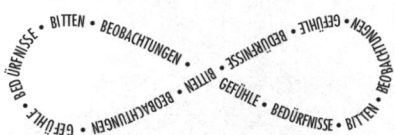

Weitere Informationen über Marshall Rosenberg bzw. das Center for Nonviolent Communication im Internet unter ↗ http://www.CNVC.org.

Die vier Schritte bedeuten ganz selbstverständlich zunächst eine Entschleunigung der Situation und unserer Reaktionen. Allein dies erscheint uns als ein großer Vorteil: Wir können den Zwischenraum zwischen Reiz und Reaktion vergrößern und damit Freiheitsspielräume entdecken, anders zu reagieren, als wir konditioniert sind und es gewöhnlich tun. Marshall B. Rosenberg hat sie im Kontext der amerikanischen Bürgerrechtsbewegung in den 1960er-Jahren nicht zuletzt aufgrund eigener Gewalterfahrungen wie eigener Gewaltanwendung in seinem Heimatstadtteil in Detroit entwickelt. Rosenberg praktiziert sie und entwickelt sie weiter als Hilfe in sowohl alltagssprachlichen Zusammenhängen als auch bei persönlichen, gesellschaftlichen und politischen Konflikten.

> „Jedem Menschen eine grundsätzliche Wertschätzung entgegenzubringen, ist die schönste Umgangsform, die wir uns selbst gegenüber wählen können. Wenn ich mich dafür entscheide, in jedem Menschen seine Schönheit zu sehen, dann behandle ich auch mich selbst mit Liebe. Das habe ich mir nicht ausgedacht, alle Religionen sagen das auf ihre Weise: ‚Richtet nicht, so werdet ihr nicht gerichtet', ‚Liebe deinen Nächsten wie dich selbst'."[8]

Bei seinen Workshops benutzt M. Rosenberg zwei Handpuppen: den Wolf und die Giraffe. Das haben wir in unseren Fortbildungen übernommen, und so begegnen Ihnen in unseren und anderen Texten zur Gewaltfreien Kommunikation auch diese beiden symbolisch gebrauchten Tiere: Wolf und Giraffe oder auch „wölfisch" und „giraffisch".

---

8   M. B. Rosenberg, Konflikte lösen durch Gewaltfreie Kommunikation. Freiburg 2009. S. 88.

Wenn wir Schülerinnen und Schüler fragen, wofür die Giraffe steht, so antworten sie oft: „Ja, das ist das Tier, das von oben guckt." Das empfinden wir als eine auch zutreffende Kennzeichnung. „Giraffen" haben viel Überblick. Zudem ist die Giraffe das Landtier mit dem größten Herzen. Und da Gewaltfreie Kommunikation sich selbst als eine Sprache des Herzens versteht, hat Rosenberg dafür die Giraffe gewählt. Der Wolf steht – und damit tun wir ihm sicherlich auch Unrecht, denn es ist hier eher der Wolf der Märchen gemeint – für Aggressivität und Gewalt, für Fressen und Gefressenwerden. So hat Gewaltfreie Kommunikation als Puppenspiel auch etwas Spielerisches und Leichtes.

Und Wolf und Giraffe haben auch ganz unterschiedliche Ohren: Ja, sie hören ganz verschieden. Und auf das Hören kommt es in Gewaltfreier Kommunikation genauso an wie auf das Sprechen:

Wenn M. Rosenberg in seinen Workshops die Wolfs- oder Giraffenohren aufsetzt, dann kann er damit vier Arten verdeutlichen, wie Menschen hören können:
- Die Wolfsohren kann er nach innen richten: Ich urteile (negativ oder positiv) über mich, z. B. „Das schaff ich nie, da bin ich viel zu faul dazu" oder „Ich bin der Schönste" ...
- Die Wolfsohren kann er nach außen richten: Er urteilt über andere oder belegt sie mit Etiketten, z. B. „Der ist ja nur blöd" oder „So ein Depp" ...

Man kann aber auch die Giraffenohren aufziehen, und dann verändert sich das Hören radikal!
- Die Giraffenohren kann Rosenberg nach innen richten, und er hört in sich hinein, was ihn bewegt: Er achtet auf seine Gefühle und seine Bedürfnisse.
- Schließlich kann er die Giraffenohren nach außen richten und hören, was eine andere oder einen anderen bewegt: Er achtet auf ihre / seine Gefühle und ihre / seine Bedürfnisse.

Wenn wir Gewaltfreie Kommunikation als Haltung verstehen, dann sind die Ohren entscheidend, denn mit Giraffenohren kann ‚ich' hören, was ‚du' nicht sagst – und eine neue Verständigung kann möglich werden.[9]

Wenn wir in dieser Einleitung abschließend nun den Blick konkret auf die Frage lenken, warum wir es für wichtig erachten, dass Gewaltfreie Kommunikation in der Schule praktiziert wird, so sehen wir mindestens fünf Chancen:
- Gewaltfreie Kommunikation erleben wir als eine Umgangsform, die auf wechselseitiger Achtung und gegenseitiger Wertschätzung beruht. Sie kann so dazu beitragen, im Miteinander Selbstverantwortung für jeweils den eigenen Beitrag im Schulleben anzuregen.

---

9   Anregungen zu diesem Absatz aus einer Seminarmitteilung von Gerlinde Fritsch im November 2012.

- Gewaltfreie Kommunikation hilft uns dabei, in Konflikten die eigenen Gefühle und Bedürfnisse zu formulieren. So können wir Schuldzuweisungen eher vermeiden, Diagnosen eher unterlassen, bei uns unangenehmem Verhalten von Schülerinnen und Schülern eher nachfragen. Ein konstruktiver Umgang mit Konflikten und mit Heterogenität kann möglich werden.
- Gewaltfreie Kommunikation kann dazu beitragen, einvernehmliche Vereinbarungen zu treffen, um die immer wieder neu gebeten werden kann. Dabei können wir mit Gewaltfreier Kommunikation üben, konstruktiv mit einem „Nein" auf eine Bitte umzugehen.
- Gewaltfreie Kommunikation hilft uns bei Selbstwahrnehmung und Selbstreflexion.
- Strukturell widerspricht nach unserer Erfahrung Schule Gewaltfreier Kommunikation. Wir erleben sie mit ihren vielen Zwängen als eine Institution struktureller Gewalt.[10] Und wir sind zugleich davon überzeugt, dass wir innerhalb der Schule Erfahrungsräume schaffen und bereitstellen können, um mit den Möglichkeiten Gewaltfreier Kommunikation zu experimentieren und Schule dahin zu öffnen, dass gelernt und erfahren werden kann, dass gewaltfreie und tragfähige Beziehungen zwischen Lehrerinnen und Lehrern und Schülerinnen und Schülern konstitutiv für das Lernen sind. Alle an Schule Beteiligten können erfahren: „Beziehung kann Wunder wirken" und „Ohne Gefühl geht gar nichts".

Wenn wir mit diesem ‚Chancenblick' Gewaltfreie Kommunikation innerhalb der Schule praktizieren, können wir von vier Erfahrungen berichten:
- Lehrerinnen und Lehrer und Schülerinnen und Schüler sind für ein gelingendes Schulleben gleich wichtig. Selbstverantwortung kann geübt werden.
- Schule kann (nicht immer, aber auch) Freude machen und leicht sein.
- Schule kann für Lehrerinnen und Lehrer wie für Schülerinnen und Schüler viele (nicht alle) Bedürfnisse erfüllen.
- Schule kann Kinder, Jugendliche und Erwachsene stärken – eine Stärke, die nicht zu wechselseitigen Verletzungen, sondern zu einem gewaltfreien Umgang miteinander führt.

Aufgrund dieser Erfahrungen und unseres eigenen Lernprozesses wagen wir eine prognostische Antwort auf eine Frage, die Sie sich vielleicht stellen: Was verändert sich eigentlich, wenn ich Gewaltfreie Kommunikation lerne? Unsere Antworten:
- In jedem Fall: Sie selbst ...
- In jedem Fall: Ihre Art und Intensität des Zuhörens ...
- Wahrscheinlich: Ihre Beziehungen zu Schülerinnen und Schülern ...

---

10 Vgl. J. Galtung, a. a. O.

- Wahrscheinlich: Der Schulalltag von Lehrerinnen und Lehrern und Schülerinnen und Schülern, weil sie weniger Angst voreinander haben und sogar in der Schule glücklich(er) werden können ...
- Vielleicht: Schule wird leichter und schöner – und sie bleibt anstrengend, doch: wenn etwas leicht und schön ist, darf es für uns auch anstrengend sein ...
- Vielleicht: Lernen und Lehren gelingen eher, weil Bedürfnisse wichtig genommen werden und Beziehungen wachsen und weil empathischer Umgang entspannt, Sicherheit schenkt im Verstandensein und Verstehenwollen – und so erst die notwendige Öffnung für lernende Veränderung schafft ...

Wir laden dazu ein, diese Prognosen für sich zu überprüfen. Wir haben an uns selbst wahrgenommen, dass zu den dafür notwendigen Veränderungsprozessen Ausdauer, Mut, Widerständigkeit und eine gehörige Portion Ehrlichkeit im Umgang mit sich selbst gehören. Dies wünschen wir Ihnen, wenn Sie sich nun auf dieses Buch einlassen. Und wir wünschen Ihnen beim Lesen und Üben die gleiche Freude, die wir beim Konzipieren und Schreiben hatten.

wenn du mir zuhörst (2003)

wenn du mir zuhörst
einfach nur zuhörst
dann verschwindet der Nebel in meinem Kopf
und du hilfst mir klarer zu sehen
und du hilfst mir zu verstehen

wenn du mir zuhörst
aufmerksam zuhörst
ist Zeit nicht gleich Zeit
ist das Eis fest genug
bin ich für den nächsten Schritt bereit

dann bin ich dir näher als tausend Worte
es jemals beschreiben könnten
dann geh ich mit dir an tausend Orte
von denen wir beide nichts ahnten

wenn du mir zuhörst
behutsam zuhörst
löst sich etwas in mir
und macht sich auf den Weg
bin ich näher an dem was in mir lebt

und dir bin ich näher als tausend Worte
es jemals verdeutlichen könnten
dann geh ich mit dir an tausend Orte
von denen wir beide nichts ahnten

ohne dass du sagst du hättest es längst gewusst
ohne so zu tun als wär's 'ne Kleinigkeit
ohne zu vergleichen was dir schon passiert ist
ohne ungefragten Ratschlag und ohne Mitleid

wenn du mir zuhörst

(Pascal Gentner 2003)[11]

---

11 Sie können diesen Chanson anhören unter: ↗ http://www.youtube.com/watch?v=VjMJObnlVvU. Oder Sie gehen mal auf die Homepage des Liedermachers Pascal Gentner: ↗ http://www.pascal-gentner.de.

2. Bedürfnisse, Gefühle und Strategien – Das Zentrum Gewaltfreier Kommunikation

Seit zwei Wochen und trotz vieler Gespräche jeden Tag dasselbe: Yamal (13) kommt am Morgen in die Klasse, wirft seinen Rucksack auf den Boden und geht auf seinen neuen körper- und sehbehinderten Mitschüler Christian zu, macht „Scherze" über ihn, lacht, fragt ihn z. B., ob er viele Freunde habe, ob er überhaupt rechnen könne, warum er keinen Vater habe, ob er überhaupt etwas sehen könne ... Mehrere Mitschüler lachen mit. Heute ist es anders. Yamal steht vor der Tür, wartet aufgebracht auf mich und sagt, Christian habe „ohne Grund" gedroht, ihn mit dem Baseballschläger zu schlagen, dabei habe er nur einen Scherz gemacht ...

Und ich überlege jeden Tag aufs Neue: Warum macht Yamal das? Warum geht er ausgerechnet mit einem behinderten Mitschüler so um? Und: Was ärgert mich so daran?

Als Sie Lehrerin oder Lehrer werden wollten, hatten Sie vielleicht die Sehnsucht, mit Kindern und Jugendlichen zusammen zu sein, oder Sie hatten vielleicht die Sehnsucht, das, was Sie lieben und Ihnen wichtig ist, Deutsch oder Englisch oder Mathe oder Religion oder Kunst, an Kinder und Jugendliche weiterzugeben, oder Sie hatten vielleicht die Sehnsucht, einfach eine so gute Lehrerin oder ein so guter Lehrer werden zu wollen wie Ihre Lieblingslehrerin oder Ihr Lieblingslehrer während Ihrer eigenen Schullaufbahn. Sie wollten glücklich werden in Ihrem Beruf und sich dabei einige – viele? – Ihrer Bedürfnisse erfüllen. So laden wir Sie ein, mit den Stichworten „Bedürfnisse" und „Gefühle" zu beginnen: In Gewaltfreier Kommunikation geht es um eine Haltung, nicht um eine Technik. Diese Haltung hat ganz viel mit dem zu tun, wonach wir uns sehnen – in unserem Beruf wie in unseren privaten Lebenszusammenhängen. Wir beschreiben diese Haltung so: Ich möchte mich auf einen Kommunikationsprozess einlassen, dessen Ausgang offen und dessen Ziel Authentizität und Verständigung ist. Dabei geht es erst einmal nicht um die „Lösung" von als schwierig empfundenen Situationen / Konflikten, sondern zunächst geht es um mich als Lehrerin oder Lehrer:

- Wie kann ich auf meine eigenen Gefühle und Bedürfnisse ebenso achten wie auf die Gefühle und Bedürfnisse der Kolleginnen oder Kollegen, der Schulsozialarbeiterinnen oder -arbeiter, der Schülerinnen und Schüler oder anderer Personen, die am Schulleben beteiligt sind?
- Wie kann ich mithilfe von Gewaltfreier Kommunikation und den von ihr angeregten (Selbst-)Reflexionsprozessen (mit Selbst-Empathie und Empathie[12]) anders als bisher mit als schwierig empfundenen Situationen umgehen?

Oder mit Justine Mol: „Bei Gewaltfreiem Kommunizieren geht es nicht darum, zu gewinnen oder recht zu behalten, sondern darum, einander zuzuhören, Unterschiede zu akzeptieren und mit ihnen zu leben."[13] Da zu allen Situationen, in denen unsere Gefühle uns anzeigen, dass Bedürfnisse erfüllt oder nicht erfüllt werden, auch Handlungen – in der Gewaltfreien Kommunikation spricht man von „Strategien" – gehören, bieten wir Ihnen eine erste Übung mit diesem Stichwort an:

---

12 Dazu s. u. S. 77 ff.
13 J. Mol, Die Giraffe und der Schakal in uns. Paderborn 2010. S. 10.

> **ÜBUNG**
>
> Bitte beschreiben Sie jetzt in jeweils drei Sätzen drei Situationen Ihrer Arbeit in der Schule, in denen Sie selbst vorkommen und die Ihnen schwerfallen, wo Sie Probleme sehen, sich unwohl fühlen ... Diese drei Herausforderungen sind das Material, mit dem Sie in diesem Kapitel immer wieder arbeiten werden.
>
> *Wir beginnen mit einer Beispielsituation aus einer unserer Fortbildungen mit Lehrerinnen und Lehrern:*
>
> *Der Lehrer einer berufsbildenden Schule berichtet: „In meiner Schule kommuniziert der Schulleiter im Wesentlichen mit Aushängen oder E-Mails. Er möchte, dass die Lehrerinnen und Lehrer diesem Kommunikationsstil vertrauen und den Aushängen bzw. E-Mails Folge leisten. Viele Lehrerinnen und Lehrer sind empört über diesen Kommunikationsstil."*
>
> Situation 1:
> _____
> _____
> _____
> _____
> _____
>
> Situation 2:
> _____
> _____
> _____
> _____
> _____

Situation 3:

_____

_____

_____

_____

_____

_____

2.1 Bedürfnisse

2.1.1 Was verstehen wir in Gewaltfreier Kommunikation unter Bedürfnissen? – Einige Hinweise

Alles, was wir denken, fühlen und tun, hat mit einem Bedürfnis zu tun. Unsere Handlungen dienen dazu, Bedürfnisse zu erfüllen.[14]

„Bedürfnisse" meint hier „universelle Lebensmotive"[15]: Alle Menschen in allen Kulturen haben dieselben grundlegenden Bedürfnisse, um ein erfülltes Leben zu führen. Bedürfnisse sind nicht an eine Zeit, einen Raum, einen Ort oder eine Person gebunden. Wie wichtig einem Menschen das eine oder andere Bedürfnis gerade ist, hängt von der momentanen individuellen Situation ab.

Bedürfnisse in diesem Sinne sind immer angemessen, immer berechtigt und immer positiv formuliert, weil sie unser Überleben und Wohlergehen sichern.[16]

---

[14] Zum Stichwort Bedürfnisse vgl. weiter: G. Fritsch, Praktische Selbst-Empathie. Paderborn 2009. S. 57–82; M. B. Rosenberg, Gewaltfreie Kommunikation. Paderborn 2005. S. 69–85; ↗ http://www.gerlinde-fritsch.de (Gerlinde Fritsch); ↗ http://www.komontom.de (Thomas Jennrich).

[15] Vgl. G. Fritsch, a. a. O. S. 59.

[16] In der Literatur zur Gewaltfreien Kommunikation finden Sie ganz unterschiedliche Listen von Bedürfnissen. In unserer Darstellung beschränken wir uns auf die von M. Max-Neef zusammengestellten neun Grundbedürfnisse und auf eine Liste von Bedürfnissen, die so formuliert ist, dass auch Kinder sie verstehen.

Von Bedürfnissen unterscheiden wir Strategien. Das verwechseln wir oft. Ein Beispiel: Ein Hochschullehrer sagt zu seinen Studentinnen und Studenten: „Es ist mir ein großes Bedürfnis, dass Sie pünktlich um 9 Uhr im Seminar sind." Doch dies ist kein Bedürfnis, sondern die Bitte / Aufforderung zur Pünktlichkeit ist eine Strategie, um ein bestimmtes Bedürfnis des Hochschullehrers zu erfüllen. Welche Bedürfnisse könnten hinter „9 Uhr pünktlich im Seminar" stecken? Es könnten sein: Klarheit, Planbarkeit, Verlässlichkeit, Teamgeist, Wertschätzung ...

Ein zweites Beispiel: Um mir das Bedürfnis nach Erholung zu erfüllen, kann ich unterschiedliche Strategien wählen: klassische Musik hören, um den See laufen, mich mit Freunden treffen, shoppen gehen, im Internet chatten, eine Techno-Disco besuchen, im Garten arbeiten, das Auto waschen, einen Krimi lesen, schlafen ...

M. Max-Neef, lateinamerikanischer Ökonom und Träger des Alternativen Nobelpreises, hat – hier vereinfacht – aufgrund empirischer Forschung und reflexiver Theoriebildung neun solcher Grundbedürfnisse der Menschen formuliert:
- Bedürfnisse des physischen Lebens (Wasser, Essen, Luft usw.)
- Sicherheit / Schutz
- Verständnis / Empathie
- Liebe
- Erholung / Spiel
- Kreativität
- Geborgenheit / Gemeinschaft
- Autonomie / Selbstbestimmung
- Sinn / Inhalt

Diese Grundbedürfnisse, so Max-Neef, sind unabhängig von den kulturellen, religiösen, gesellschaftlichen Bedingungen, innerhalb derer Menschen leben, und daher konstitutiv für alle Menschen.[17]

Eine Liste von Bedürfnissen, die wir immer wieder in der Schule benutzen, ist die folgende, die die Bedürfnisse in einer Sprache formuliert, die auch Kinder verstehen.

---

17 M. Max-Neef, Antonio Elizalde und Martín Hopenhayn, Entwicklung nach menschlichem Maß. Eine Option für die Zukunft. Aus dem Spanischen von Norbert Rehrmann und Horst Steigler. Santiago de Chile 1990; Kassel: Gesamthochschulbiblibliothek, Reihe: Entwicklungsperspektiven. Band 39. Kassel 1990; vgl. weiter M. Max-Neef, From the outside looking in. Experiences in „barefoot economics". London / New Jersey 1992.

Bedürfnisse ...[18]	Brauchst du ...? Möchtest du ...?
Erholung	... freie Zeit, Zeit, in der dir keiner sagt, was du tun sollst, ...
Kreativität	... deine Kraft spüren, entdecken, was du schaffen kannst, etwas Neues machen, das zu dir passt, ...
Identität	... herausfinden, was du wirklich willst, verschiedene Sachen ausprobieren und sie wieder lassen können, wenn es dir damit nicht gut geht, ...
Freiheit	... selbst entscheiden, was für dich gut ist, ...
Autonomie	... selbst entscheiden, was du tust, selbst aussuchen, was du magst, wählen können, wie du etwas machst, ...
Authentizität	... sagen, was wirklich in dir los ist, tun, wonach dir wirklich ist, so sein können, wie du bist, ...
Sicherheit	... sehen können, dass es dir bei einer Sache gut gehen wird, ...
Kooperation	... dass alle miteinander etwas tun, wir zusammen helfen, wir ein Team sind, ...
Effektivität / (Selbst-)Wirksamkeit	... es schaffen können, dass sich Dinge ändern ... etwas erledigen / beenden, was du dir vorgenommen hast, ...
Gemeinschaft	... Freunde, dass jemand bei dir ist, dass jemand zu dir hält, ...
Frieden	... still sein, Ruhe haben, ...
Gleichbehandlung	... dass für alle dasselbe gilt, alle gleich viel bekommen, es gerecht zugeht ...
Zuneigung	... spüren, dass jemand nahe ist, sehen, dass jemand dich mag ...
Mitgefühl	... dass andere bemerken, was mit dir los ist, wie besonders es für dich ist, wie hart / schwer es für dich ist, ...
Einbezogensein	... dabei sein bei dem, was passiert, mitmachen, ...
Feiern	... zeigen, wie glücklich du dich fühlst, ...

---

18 Zusammengestellt von nvc-parenting-Yahoogroup (von Mitgliedern erstellt). (Übersetzung Susanna Mader / Isabell Peters.) Vgl. http://mosaik.homepage.t-online.de/gfkbed2.htm. Geändert und ergänzt von GO.

Bedürfnisse ...	Brauchst du ...? Möchtest du ...?
Trauern	... zeigen, wie traurig du bist, ...
Anregung	... Spaß haben, etwas Neues tun, ...
Sinn	... etwas erfahren, fühlen, denken oder tun, das wirklich wichtig ist, ...
Kompetenz	... wirklich sicher sein, dass du es tun kannst, zeigen, dass du es schaffen wirst, ...
Wertschätzung	... dass andere bemerken, wie wichtig das ist, was du tust, wie wertvoll du für sie bist, ...
Ehrlichkeit	... dich darauf verlassen können, dass was einer sagt, auch stimmt, ...
etwas beitragen	... helfen können, teilen, ...
Gegenseitigkeit, Einvernehmen	... Menschen kennen, die dieselben Ideen haben, Freunde haben, die dasselbe wichtig finden, ...
Ordnung/Struktur	... deine Sachen gleich finden können, den Durchblick haben, was gerade passiert, ...
Beständigkeit	... darauf zählen können, dass es beim nächsten Mal wieder so ist, ...
Respekt	... dich darauf verlassen können, dass du akzeptiert und geachtet bist, ...
Rücksichtnahme	... dass deine Bedürfnisse und die der anderen zählen, dass Menschen bekommen, was sie brauchen, sicher sein, dass für alle gut gesorgt ist, ...
Unterstützung	... Hilfe, jemanden, der dich unterstützt, ...
Verbindung	... spüren können, dass du dazugehörst, ...

2.1.2 Übungen zu den Bedürfnissen

Nun geht es darum, Ihre wichtigsten Bedürfnisse im schulischen Kontext herauszufinden. Wir haben dazu eine Idee von Gerlinde Fritsch[19] genutzt und daraus folgende Aufgabe notiert (Sie können zur Bearbeitung gerne die Bedürfnisliste benutzen):

ÜBUNG

Meine persönliche Bedürfnis-Hitliste

Vervollständigen Sie bitte die folgenden beiden Sätze:

Ich möchte ein Leben in der Schule, in dem _____

_____

_____

_____ stattfindet.

Welche Bedürfnisse wären dann erfüllt?

_____

_____

_____

In welcher Situation waren Sie in letzter Zeit in der Schule sehr unglücklich oder frustriert?

_____

_____

_____

Welche Bedürfnisse waren dabei unerfüllt?

_____

_____

_____

---

19 G. Fritsch, a. a. O. S. 73.

Sie können sich jetzt alle gefundenen Bedürfnisse auf ein Blatt schreiben und über Ihren Schreibtisch hängen. Im Moment sind das vermutlich Ihre wichtigsten Bedürfnisse in der Schule. Sie können Sie ja jederzeit ergänzen ...

ÜBUNG

Nehmen Sie sich bitte nun die Situationen Ihrer Arbeit in der Schule, die Ihnen schwerfallen, wo Sie Probleme sehen, sich unwohl fühlen, zur Hand und fragen nach den Bedürfnissen, die sich die unterschiedlichen in der Situation agierenden Menschen erfüllen oder die unerfüllt bleiben.

Wir schildern Ihnen zunächst wiederum ein Beispiel, diesmal aus unserer Fortbildungspraxis mit Schulsozialarbeiterinnen und -arbeitern: „Kommunikation zwischen Tür und Angel – diffuse Arbeitsaufträge über Appelle".

Der Schulsozialarbeiter erzählt: Ich gehe im öffentlichen Raum der Schule die Treppe hinauf, und mir kommt von oben ein Lehrer entgegen und ruft mir zu: „Peter aus der 5b ist schon wieder seit drei Tagen nicht in der Schule" und eilt weiter. Ich bin ziemlich verärgert.

Hier haben wir zunächst nach den nicht erfüllten Bedürfnissen des Schulsozialarbeiters gefragt:
- *Respekt*
- *Wertschätzung*
- *Kooperation*
- *Gleichbehandlung / Gleichwertigkeit / Augenhöhe*
- *Klarheit*
- *Struktur / Effizienz*
- *Loyalität*
- *Vertraulichkeit*

Sodann haben wir nach den Bedürfnissen des Lehrers gefragt, die er sich mit seinem Verhalten erfüllen könnte. Könnten es
- *Entlastung*
- *Sicherheit*
- *Unterstützung*
- *Sorge*
- *Verbundenheit*
- *Gleichberechtigung*
- *Respekt*

sein?

Dieser Blickwechsel war eine ganz spannende Erfahrung. Der Schulsozialarbeiter verstand seinen vormals eher diffusen Ärger differenzierter und erkannte die für ihn selbst wichtigen, noch unerfüllten Bedürfnisse. Danach konnte er den Lehrer anders sehen und verstehen. Vielleicht wollte er mich ja gar nicht ärgern, sondern hat in dem Moment das für ihn Beste getan, um seine eigenen Bedürfnisse zu erfüllen?! Verständnis heißt nicht Einverständnis, und doch: es ist ein großer Schritt zu möglicher Nähe und Beziehung.

Und jetzt versuchen Sie dies mit den drei von Ihnen notierten Situationen. Welche Bedürfnisse von Ihnen wurden nicht erfüllt (a)? Vermuten Sie bitte anschließend, welche Bedürfnisse der anderen erfüllt (b) oder nicht erfüllt (c) wurden.

Situation 1:

a) _____

b) _____

c) _____

Situation 2:

a) _____

b) _____

c) _____

Situation 3:

a) _____

b) _____

c) _____

> Was verändert sich für Sie, wenn Sie die Situationen in der vorgeschlagenen Weise betrachten?
>
> _____
>
> _____
>
> _____
>
> _____

Für uns verändert sich dabei Entscheidendes: Wenn wir nach den Bedürfnissen der Beteiligten fragen, fällt die Frage nach dem Schuldigen weg.[20]

> Namiko, eine Japanerin, Lebensgefährtin eines Deutschen in Japan, sagt: „Weil es eine merkwürdige Sache ist, einen Schuldigen zu suchen. Ich glaub' auch, dass einen diese Sucherei so sehr in Anspruch nehmen kann, dass man den Kopf nicht mehr frei hat, um das Problem zu lösen. Was glaubst du, wie viele Beziehungen scheitern, weil beide so sehr damit beschäftigt sind, für ihre Probleme den Schuldigen unter sich auszumachen, dass sie ganz vergessen, die Probleme einfach zu lösen? Was ist damit gewonnen? Eine Menge Distanz, und deshalb eine Menge Schreierei, weil man den Abstand ja irgendwie überbrücken muss."[21]

Auf der Ebene der Bedürfnisse, die bei allen Menschen gleich sind, können wir uns mit allen an den Situationen Beteiligten verbinden, auch wenn wir deren Strategien möglicherweise ablehnen.

---

20 Vgl. zur Frage von Schuld und Gewaltfreier Kommunikation auch das Gespräch zwischen Gerhard Rothhaupt und Gottfried Orth, Podcast „GFK für die Ohren. Eva, Kain, die Bibel und die GFK". ↗ http://www.visionenundwege.de.

21 Andreas Séché, Namiko und das Flüstern. Cadolzburg 2011. S. 154 f.

2.1.3 Wie finde ich Bedürfnisse heraus?

Manches Mal ist es gar nicht so einfach, Bedürfnisse hinter unerwünschtem Verhalten oder hinter Vorwürfen herauszufinden. Gerlinde Fritsch[22] hat dafür drei hilfreiche Ideen entwickelt:

A. Sie verurteilen ein konkretes Verhalten.

Beispiel: *Sie hat für ihre Kinder nichts gekocht.*
Nehmen Sie das Gegenteil dieses Verhaltens: *Sie kocht für die Kinder.*
Fragen Sie sich: Welches Bedürfnis wurde durch dieses (gegenteilige) Verhalten erfüllt?
Fürsorge, Wohlbefinden, Gesundheit.

B. Sie drücken ein (moralisches) Urteil aus.

Beispiel: *Er ist rücksichtslos und gefährlich.*
Das Gegenteil des Urteils ist Ihr Bedürfnis: *Rücksicht und Sicherheit.*
Wenn es schwer ist, das Gegenteil zu finden, ...

Beispiel: *Er ist ein Egoist.*
Finden Sie eine Definition ... *Ein Egoist ist jemand, der sich nur um sich selbst kümmert.*
Und benennen Sie dann das (gewünschte) Gegenteil: *Sich um sich selbst und andere kümmern.*
Finden Sie das Bedürfnis dahinter: *Fürsorge, Umsicht und dass das Wohl aller beachtet wird.*

C. Sie benutzen ein allgemeines Etikett / Schimpfwort.

Beispiel: *Gemeiner Kerl.*
Finden Sie eine Definition. *Gemein: weil er unfreundlich und gehässig ist.*
Und benennen Sie dann das (gewünschte) Gegenteil. *Er ist freundlich und achtet andere.*
Finden Sie das Bedürfnis dahinter: *Freundlichkeit und Achtung.*

---

22 G. Fritsch, a.a.O. S. 63 f. (Text leicht verändert).

2.2 Gefühle

Wir vermuteten zu Beginn dieses Kapitels, dass Sie glücklich werden wollten, als Sie den Beruf der Lehrerin oder des Lehrers wählten, weil Sie sich damit einige – viele? – Bedürfnisse erfüllen. Dies ist Ihnen sicherlich auch geglückt, vielleicht blieben auch Bedürfnisse unerfüllt. Wir merken an unseren Gefühlen, ob unsere Bedürfnisse erfüllt sind oder nicht: Sie sind die psychosomatischen Signale, die uns dies anzeigen.

ÜBUNG

Notieren Sie doch bitte einmal, wie Sie sich fühlen, wenn ein Bedürfnis von Ihnen erfüllt und wenn es nicht erfüllt ist:

Erfüllt:

_____
_____
_____

Nicht erfüllt:

_____
_____
_____

Wir nehmen an, dass die drei Zeilen nicht gereicht haben, all die Gefühle zu notieren, die Ihnen eingefallen sind. Oder doch? Bei unseren Schülerinnen und Schülern beobachten wir oft einen eher geringen Gefühlswortschatz. Oft reichen ihnen drei oder vier Gefühle: „geht so", „scheiße", „geil" oder „cool". Wir finden das schade, denn Gefühle machen unsere Lebendigkeit aus![23]

---

23 S. u. S. 223 ff., wo wir einen Einführungstag in Gewaltfreie Kommunikation für Schülerinnen und Schüler beschreiben, der auch darauf zielte, den Gefühlswortschatz zu vergrößern.

2.2.1 Was verstehen wir in Gewaltfreier Kommunikation unter Gefühlen? – Einige Hinweise

Gefühle[24] sind differenzierte Möglichkeiten, die Welt, mich und meine Beziehungen immer neu wahrzunehmen. Es gibt ganz unterschiedliche Möglichkeiten, Gefühle näher zu kennzeichnen. Entscheidend erscheint uns folgende Differenzierung: Angenehme Gefühle zeigen uns, dass wichtige Bedürfnisse von uns erfüllt sind. Unangenehme Gefühle zeigen uns, dass wichtige Bedürfnisse von uns nicht erfüllt sind. Dabei ist das innere Erleben von Gefühlen orientierungsgebend für mich selbst, und der „Ausdruck von Gefühlen ist beziehungsbeeinflussend".[25]

Gefühle sind komplexe Gebilde:
- Sie hängen ab von einer auslösenden Situation oder Erinnerungen an vergangene Situationen ...
- ... sowie von meinen Gedanken / Urteilen / Bewertungen dieser Situation(en).
- Sie sind körperlich spürbar: Gefühle zeigen sich in Körperempfindungen und in Körpersprache.
- Gefühle münden schließlich in Handlungsimpulse.

Weil Gefühle also von der eigenen Bewertung einer Situation und von den jeweiligen Bedürfnissen abhängen, ist es wenig sinnvoll, anderen Menschen die Verantwortung für das zu überlassen, was ich fühle. Gefühle haben einen Auslöser, doch welche Gefühle dieser auslöst, dafür ist jede und jeder allein und für sich selbst verantwortlich: Auf dem Hintergrund meiner Sozialisation und meiner Erziehung, meiner Erfahrungen und meines Denkens, im Zusammenhang mit meinen Werten und meiner aktuellen körperlichen und seelischen Verfassung fühle ‚ich' (!).

Bedeutsam erscheint uns weiterhin, dass jeder und jede selbst auf seine bzw. ihre Gefühle aktiv einwirken kann, sie also nicht lediglich erdulden muss. Ein Beispiel kann dies verdeutlichen: Eine Schülerin oder ein Schüler hat ihre / seine Hausaufgaben im Unterricht nicht dabei. Darauf kann ich als Lehrerin oder Lehrer ganz unterschiedlich reagieren: Ich kann ärgerlich sein, weil ich sie jetzt kontrollieren will. Ich kann traurig sein, weil ich vermute, dass die Schülerin oder der Schüler eine Lernmöglich-

---

24 Zum Stichwort Gefühle vgl. G. Fritsch, Der Gefühls- und Bedürfnisnavigator. Paderborn 2010. S. 15 ff., besonders die zwölf Gefühlslandkarten S. 22–33; vgl. weiter: M. B. Rosenberg, Gewaltfreie Kommunikation. A. a. O. S. 55–66; vgl. auch: ↗ http://www.komontom.de/?PODCAST (Thomas Jennrich).

25 Zum Vorstehenden vgl. G. Fritsch: Sie unterscheidet z. B. biologische von sozialen Gefühlen: Von Geburt an seien wir mit sechs Grundgefühlen ausgestattet: Angst, Wut, Trauer, Ekel, Freude, Überraschung. Nach der Geburt erlernen wir durch die Bewertungen unseres sozialen Umfelds weitere – die sozialen – Gefühle, z. B. Stolz, Schuld, Scham u.a. Vgl. G. Fritsch, Praktische Selbst-Empathie. A. a. O. S. 21–56, bes. S. 30. Wir verzichten hier auf eine Diskussion dieser und ähnlicher Kategorisierungen.

keit in dieser Stunde verpasst. Ich kann dies erleichtert hinnehmen, weil ich weniger zu korrigieren habe. Ich kann Angst haben, weil ich denke: „Der/Dem ist egal, was ich sage." Ich kann ...

Dazu, dass jeder und jede selbst für seine bzw. ihre Gefühle verantwortlich ist, gehört auch, dass ein anderer meine Gefühle nicht direkt verändern kann. Es nutzt z. B. nichts, lediglich zu sagen: „Du brauchst keine Angst zu haben." Unangenehme Gefühle können sich dann verändern, wenn
- das zugehörige Bedürfnis erkannt wird – was allein schon Klarheit und Beruhigung mit sich bringen kann,
- das Bedürfnis durch angemessene Strategien versorgt wird oder
- der Auslöser anders interpretiert wird.

Eine weitere Unterscheidung ist für Gewaltfreie Kommunikation wichtig. In unserem Sprachgebrauch verwechseln wir mitunter Gefühle mit Gedanken. Wir sagen z. B. „Ich habe das Gefühl, er versteht mich nicht" und drücken damit einen Gedanken aus. Die Gewaltfreie Kommunikation spricht hier von „Pseudogefühlen". Als Hilfe, „echten" Gefühlen leichter auf die Spur zu kommen, bietet sie an, die Formulierung mit „Ich bin ..." zu beginnen. Auch wird darauf hingewiesen, dass „echte" Gefühle keinen „Täter" haben: Es handelt sich meist dann um Gedanken (also Pseudogefühle), wenn man anstelle von „Ich fühle .../Ich bin ..." die Formulierung „Ich denke ..." verwenden kann.

> **Zwei Beispiele:**
>
> Ich bin verzaubert: echtes Gefühl.
>
> Ich fühle mich angegriffen: Pseudogefühl: Ich denke, du/Sie greifst/greifen mich an ...

Will ich an das ursprüngliche Gefühl hinter den Gedanken kommen, hilft die Frage: „Was fühle ich, wenn ich denke, dass ...?"[26] Also in unserem Beispiel: Was fühle ich, wenn ich denke, dass ich angegriffen werde? Möglicherweise Angst, Trauer, Wut ...

Auch zur Erweiterung unseres Gefühlswortschatzes hält die Literatur zur Gewaltfreien Kommunikation eine Fülle von Gefühlslisten bereit. Wir übernehmen hier eine solche Liste von Gerlinde Fritsch.[27]

---

26 Beispiele und weitere Hinweise bei G. Fritsch, Der Gefühls- und Bedürfnisnavigator. Paderborn 2010. S. 35 f.
27 A. a. O. S. 19 f.

Was wir fühlen, wenn unsere Bedürfnisse erfüllt sind

Abenteuerlust	Verehrung	berührt	geehrt	schwungvoll
Achtung	Vertrauen	beruhigt	gefasst	selig
Anziehung	Vertrautheit	besänftigt	gefesselt	sicher
Aufblühen	Vorfreude	beschwingt	gefordert	sorglos
Begehren	Wärme	besessen	gelassen	stabil
Begierde	Wohlwollen	bewegt	gelöst	stark
Behagen	Wonne	bezaubert	gerührt	still
Bewunderung	Zärtlichkeit	dankbar	geschützt	stolz
Ehrfurcht	Zuneigung	elektrisiert	gespannt	tatenhungrig
Eifer	Zutrauen	energetisiert	gestärkt	übermütig
Ekstase	Zuversicht	energievoll	getröstet	überrascht
Erbarmen		enthusiastisch	gesund	überströmend
Feuer und	amüsiert	entlastet	glühend	(vor Liebe/
Flamme	angeregt	entschlossen	glücklich	Freude)
Flow	angetan	entspannt	glückselig	überwältigt
Frieden	angetörnt	entzückt	gut gelaunt	unbekümmert
Gefallen	arglos	erfreut	heiter	unbeschwert
Gemütlichkeit	aufgebaut	erfrischt	hingerissen	unbesorgt
Genugtuung	aufgedreht	erfüllt	hoffnungsvoll	ungeduldig
Genuss	aufgekratzt	ergriffen	im siebten	unternehmungs-
Gier	aufgeregt	erhaben	Himmel	lustig
Harmonie	aufgewühlt	erholt	inspiriert	verblüfft
Heimatgefühl	ausgeglichen	erleichtert	interessiert	vergnügt
Hochachtung	ausgelassen	erlöst	klar	verliebt
Innigkeit	ausgeruht	ermutigt	kraftvoll	vernarrt
Intensität	aus dem	erquickt	kräftig	verrückt
Lebensfreude	Häuschen	erotisiert	lebendig	(vor Freude)
Lebenswillen	außer sich	erregt	lebenshungrig	versunken
Leidenschaft	beeindruckt	erstaunt	leicht	verträumt
Liebe	beflügelt	euphorisch	locker	verzaubert
Lust	befreit	fassungslos	lustig	vital
Milde	befriedigt	(vor Glück)	motiviert	wach
Mitgefühl	begeistert	fasziniert	munter	weich
Mut	begierig	fidel	nah	weit
Rausch	beglückt	frei	offen	wohl
Schadenfreude	belebt	frisch	optimistisch	zufrieden
Spaß	belustigt	fröhlich	ruhig	zuhause
Staunen	berauscht	froh	sanft	
Sympathie	bereichert	gebannt	satt	
Triumph	bereit	geborgen	schwebend	

Was wir fühlen, wenn unsere Bedürfnisse *nicht* erfüllt sind

Abneigung	am Ende	entmutigt	lethargisch	unerfüllt
Abscheu	angefressen	entsetzt	lustlos	ungeborgen
Angst	angespannt	enttäuscht	matt	ungeduldig
Bedauern	angestrengt	erledigt	melancholisch	ungehalten
Beklemmung	angewidert	ernüchtert	miserabel	unglücklich
Ekel	antriebslos	erregt	missmutig	unruhig
Furcht	apathisch	erschlagen	mitgenommen	unsicher
Grauen	argwöhnisch	erschöpft	müde	unter Druck
Groll	aufgedreht	erschossen	mürrisch	unwohl
Härte	aufgeregt	erschrocken	mulmig	unzufrieden
Hass	aufgebracht	erschüttert	mutlos	verblüfft
Heimweh	aufgerieben	erstaunt	neidisch	verdattert
Kummer	aufgewühlt	fassungslos	neugierig	verdrießlich
Leid	ausgebrannt	feindselig	nervös	verdutzt
Mitleid	ausgehungert	fertig	niedergeschla-	verkrampft
Panik	ausgelaugt	fremd	gen	verlegen
Qual	ausgelöscht	frustriert	ohnmächtig	verletzlich
Reue	ausgezehrt	gebrochen	rastlos	verloren
Scham	bedrückt	gehemmt	ratlos	verschlossen
Scheu	befangen	gehetzt	resigniert	verspannt
Schmerz	befremdet	geknickt	ruhelos	versteinert
Sehnsucht	beklommen	gelähmt	sauer	verstimmt
Trotz	bekümmert	geladen	schlaff	verstört
Überdruss	belastet	gelangweilt	schockiert	verunsichert
Unmut	benommen	genervt	schuldig	verwirrt
Verachtung	besorgt	gereizt	schutzlos	verwundert
Verlangen	betäubt	geschafft	schwach	verzagt
Vorsicht	bestürzt	geschlaucht	schwer	verzweifelt
Weltschmerz	betroffen	gestresst	schwermütig	wehmütig
Widerstand	betrübt	getrieben	schwindelig	wissensdurstig
Widerwillen	beunruhigt	gleichgültig	starr	wund
Zweifel	bitter	hilflos	träge	wütend
	blockiert	hoffnungslos	traurig	zappelig
abgeschlagen	deprimiert	irritiert	tot	zermürbt
abgeschnitten	depressiv	jämmerlich	überfordert	zerrissen
abgespannt	durcheinander	kalt	überlastet	zerschlagen
abgestoßen	dürstend	kaputt	unangenehm	(am Boden)
abgestorben	eifersüchtig	kleinmütig	berührt	zerstört
abgetrennt	einsam	kraftlos	unbehaglich	zögerlich
abwesend	elend	krank	unbequem	zornig
angestrengt	empört	kribbelig	unberührt	zugenagelt
ärgerlich	energielos	lahm	unbeteiligt	zwiespältig
alarmiert	eng	lebensmüde	unbewegt	
allein	entkräftet	leer	unentschlossen	

2.2.2 Übungen

Wir schlagen Ihnen, wiederum in Anlehnung an Gerlinde Fritsch,[28] eine Übung zur Verknüpfung von Gefühl und Bedürfnissen vor:

ÜBUNG

Auf welche Bedürfnisse (Mehrzahl!) kann dieses Gefühl hinweisen?[29]

Gefühl	Ich bin ...	Bedürfnisse
Abenteuerlust	abenteuerlustig	
Alleinsein, Einsamkeit	allein / einsam	
Angst	voll Angst	
Befangenheit	befangen	
Eifersucht	eifersüchtig	
Enttäuschung	enttäuscht	
Hemmung	gehemmt	
Hoffnungslosigkeit	hoffnungslos	
Langeweile	gelangweilt	
Neugierde	neugierig	
Scham	beschämt	
Schuld	schuldig	
Skepsis	skeptisch	
Verwunderung	verwundert	
Ungeduld	ungeduldig	

---

28 G. Fritsch, Praktische Selbst-Empathie. A. a. O. S. 68–70 i. A.
29 Ab S. 235 finden Sie ein Kapitel „Wie wir die Ihnen gestellten Aufgaben bearbeitet haben". Sie finden darin unsere Lösungsvorschläge.

In Ihren Zuordnungen können Sie bei dieser Übung nur im Blick auf sich selbst sicher sein. Nur bei sich selbst spüren Sie: Ja, mein Gefühl von ... weist auf mein Bedürfnis nach ... hin. Wenn Sie jedoch einen anderen Menschen angstvoll, gehemmt, verwundert ... sehen, ist es möglich, ihn zu fragen: „Wenn du mir sagst, dass du ... bist, ist dann dein Bedürfnis nach ... gerade nicht erfüllt?" Uns ist entscheidend wichtig, anderen weder ihre Gefühle noch ihre Bedürfnisse zu unterstellen, sondern die Gesprächspartnerin oder den Gesprächspartner zu fragen, denn so wird anerkannt, dass sie oder er die Hoheit über ihre / seine Bedürfnisse wie Gefühle hat.

Auf eine solche Frage nach den Gefühlen oder Bedürfnissen eines oder einer anderen kann man dann die Antwort „Ja" hören. So schrieb uns einmal eine Lehrerin in einer von uns durchgeführten Umfrage über Gewaltfreie Kommunikation: „Wenn ich den Kern / das Bedürfnis treffe, kann es helfen, eine Situation zu beruhigen / entschärfen." Und sie sprach von dem „tollen glücklichen Gefühl, wenn ich beim Gegenüber mit einem Bedürfnis ‚getroffen' habe", der oder die Gefragte die Vermutung also bejaht. Da, und das macht das tolle glückliche Gefühl aus, löst sich ein Knoten, verändert sich die Begegnung. Ruhe kehrt ein, und plötzlich sieht die Lehrerin ganz andere Dinge, die vorher von all den Urteilen und Gedanken im Kopf überlagert gar nicht wahrnehmbar waren. Ein anderes, lebensförderliches Miteinander kann möglich werden.

> **ÜBUNG**
>
> Gehen wir wieder zu den Situationen Ihrer Arbeit in der Schule, die Ihnen schwerfallen. Wie haben Sie sich gefühlt, als Ihre Bedürfnisse nicht erfüllt waren?
>
> *Bei unserem Beispiel der SchulsozialarbeiterInnen waren es folgende Gefühle: verärgert, traurig, unzufrieden, unsicher, hilflos, verletzt, gestresst, wütend, genervt.*
>
> Welche Gefühle haben Sie in diesen Situationen gespürt? Wenn Sie mögen, nehmen Sie dazu gerne die Gefühlsliste zur Hilfe.
>
> Situation 1:
> _____
> _____
> _____

Situation 2:

_____
_____
_____

Situation 3:

_____
_____
_____

Jetzt haben Sie schon viel geschafft: Sie haben gelesen, was in der Gewaltfreien Kommunikation Bedürfnisse und Gefühle sind. Sie haben eigene Schulsituationen auf diesem Hintergrund reflektiert. Und Sie haben dabei, so hoffen wir, entdeckt, dass solche Selbstreflexion dazu beiträgt, als schwierig empfundene Situationen für sich selbst besser zu verstehen und zu klären.

Bevor Sie weiterarbeiten, laden wir Sie zu einem Film unter folgendem Link ein: ↗ http://www.youtube.com/watch?v=tCfU_ZRy_lg. Sie finden dort die gut siebenminütige Sequenz einer Einführung in die Gewaltfreie Kommunikation von Marshall B. Rosenberg, die die Differenz von Bedürfnissen und Gefühlen erläutert – und dabei können Sie vielleicht wie wir auch von Herzen lachen ...

Möglicherweise sind Sie so angesprochen von diesem Veranstaltungsmitschnitt, dass Sie gerne noch weiter stöbern wollen. Sie finden bei YouTube eine ganze Reihe unterschiedlicher Aufnahmen mit Rosenberg und anderen zur Gewaltfreien Kommunikation (Stichworte: „Rosenberg" und „Gewaltfreie Kommunikation").

2.3 Strategien

Sie lernen an der Schule ständig Schülerinnen und Schüler, Kolleginnen und Kollegen und viele andere Menschen kennen. Sie unterrichten, machen Pausenaufsicht, konzipieren Übungsaufgaben, korrigieren, sitzen in Konferenzen und Arbeitsgruppen und vieles andere mehr. In der Sprache Gewaltfreier Kommunikation begegnet uns in diesem Zusammenhang der Begriff „Strategien".

2.3.1 Was verstehen wir in Gewaltfreier Kommunikation unter Strategien? – Einige Hinweise

Strategien sind alle konkreten Verhaltensweisen, Personen oder Personengruppen, durch die oder mit denen wir Bedürfnisse[30] erfüllen können.

Während Bedürfnisse im Verständnis von GFK immer angemessen, immer berechtigt und immer positiv sind, können Strategien lebensdienlich oder -zerstörend sein. Sie können Bedürfnisse mehr oder weniger gut erfüllen, können für andere oder für uns selbst tragische Folgen haben und können anhand der eigenen Werte auf ihre Lebensdienlichkeit hin überprüft werden.

Je mehr Strategien uns für die Erfüllung eines Bedürfnisses zur Verfügung stehen, desto größer ist die Wahrscheinlichkeit, dass unser Bedürfnis so erfüllt wird, dass es für uns selbst und andere lebensdienlich ist.

2.3.2 Konflikte um Strategien

Zu Konflikten kommt es in der Regel auf der Ebene der Strategien. Dies hängt mit den zwei schon erläuterten Grundannahmen der Gewaltfreien Kommunikation zusammen:
- Die Bedürfnisse aller Menschen sind gleich, also besteht hier immer die Möglichkeit der Einfühlung. Allerdings bedeutet dies u. E. und im Unterschied zu Rosenberg nicht, dass es nicht auch hier zu Konflikten kommen kann.
- Jeder ist für seine Gefühle selbst verantwortlich, auch wenn sie durch eine auslösende Situation und / oder Person hervorgerufen werden.

---

30 S. o. S. 25 ff.

Da jedes Verhalten der mehr oder weniger gelungene Versuch ist, ein Bedürfnis zu erfüllen, kann ich Konfliktanlässe umso besser verhindern oder auflösen, je mehr Strategien mir für die Erfüllung meiner Bedürfnisse zur Verfügung stehen. Ein Beispiel: Ich möchte als Lehrerin oder Lehrer in Ruhe unterrichten können, weil ich mir mein Bedürfnis nach Sinn und Anerkennung erfüllen möchte. Und wenn ich in „Ruhe" unterrichten kann, dann stelle ich mir das so vor, dass die Schülerinnen und Schüler mir zuhören, Blickkontakt mit mir aufnehmen, meinen Ausführungen folgen, mitdenken und sich auf die Aufgaben konzentrieren. Wenn mir dazu lediglich die Strategie zur Verfügung steht, „unruhige" Schülerinnen und Schüler zu bestrafen, wird es ganz sicher sehr schnell zu Konflikten und zur Eskalation strafender Maßnahmen kommen. Wenn ich aber über ganz unterschiedliche Strategien verfüge, können Konflikte zumindest minimiert werden. Beispiele für mögliche Strategien sind:

- Ich kann „Störungen" Vorrang geben und meinen Unterricht unterbrechen.
- Ich kann eine Schülerin, deren Verhalten es mir sehr erschwert zu unterrichten, bitten, mit mir über ihr Verhalten zu sprechen.
- Ich kann meinen Unterricht anders gestalten und solche Alternativen bereits in der Planung berücksichtigen.
- Ich kann humorvoll reagieren, ohne den Schüler oder die Schülerin dabei bloßzustellen.
- Ich kann das Verhalten übersehen und den Unterricht fortsetzen, als wäre nichts geschehen.
- Ich kann schützende Macht[31] anwenden.

2.3.3 Übungen

Wir schlagen Ihnen zunächst eine Übung vor, in der Sie Strategien zu Bedürfnissen sammeln.

---

31 S. dazu unten S. 118 ff.

> **ÜBUNG**
>
> Wählen Sie drei der Bedürfnisse, die Sie auf Ihrer Bedürfnis-Hitliste[32] als Ihre wichtigsten Bedürfnisse entdeckt haben, und notieren Sie dann alle Strategien, die Ihnen einfallen, um diese Bedürfnisse (ggf. auch in unterschiedlichen Kontexten) zu erfüllen.
>
> Bedürfnis: _____
> Strategien:
>
> _____
> _____
> _____
> _____
> _____
> _____
>
> Bedürfnis: _____
> Strategien:
>
> _____
> _____
> _____
> _____
> _____
> _____

---

32 S. o. S. 33.

Bedürfnis: _____

Strategien:

_____

_____

_____

_____

_____

_____

Bitte überlegen Sie nun, welche der Strategien, die Sie notiert haben, aus Ihrer Sicht gewaltfrei und wertschätzend sind, also solche, die Gewaltfreier Kommunikation entsprechen, und markieren Sie diese. Je mehr solcher gewaltfreier und wertschätzender Strategien Ihnen zur Verfügung stehen, desto mehr Möglichkeiten haben Sie, sich Ihre Bedürfnisse so zu erfüllen, dass Sie sich damit gegenüber anderen Menschen und sich selbst gewaltfrei und wertschätzend verhalten.

ÜBUNG

Wir laden Sie ein, ein letztes Mal zu den von Ihnen notierten drei Situationen zurückzukehren, die Ihnen schwerfallen, wo Sie Probleme sehen, sich unwohl fühlen … Sie haben hierzu bisher Ihre unerfüllten Bedürfnisse in diesen Situationen erkannt und haben den Gefühlen nachgespürt, die Sie dabei empfanden. Jetzt geht es um die Frage, welche unterschiedlichen Strategien Sie hätten anwenden können, um sich Ihre Bedürfnisse zu erfüllen.

Sie erinnern sich sicher noch an das Beispiel der Schulsozialarbeiter und -arbeiterinnen.[33]
Als wir gemeinsam nach möglichen Strategien suchten, sind diesen folgende eingefallen:
- *Nachfragen: „Was wird erwartet?"*
- *„Danke für Info – Termin für Gespräch?"*

---

33 S. o. S. 34 und 44.

- „Ich freue mich darauf, das in Ruhe zu besprechen"
- Ignorieren
- Beschwerde beim Vorgesetzten
- „Danke"
- „Der schon wieder ..."
- „Na, dann kümmere dich mal ..."
- Frage nach Zuständigkeit
- Körperlich an dem davon stürmenden Lehrer dranbleiben

Wir haben uns dann gefragt, welche Strategien uns wertschätzend und gewaltfrei erscheinen. Dies waren die folgenden:
- Nachfragen: „Was wird erwartet?"
- „Danke für Info – Termin für Gespräch?"
- „Ich freue mich darauf, das in Ruhe zu besprechen"
- „Danke"
- Frage nach Zuständigkeit

Als eher gewaltförmig erschienen uns:
- Ignorieren
- Beschwerde beim Vorgesetzten
- „Der schon wieder ..."
- „Na, dann kümmere dich mal ..."
- Körperlich an dem davon stürmenden Lehrer dranbleiben

Bitte überlegen Sie zunächst, wie Sie das sehen, ob Sie den Einschätzungen der Schulsozialarbeiterinnen und -arbeiter zustimmen oder ob Sie einer anderen Zuordnung den Vorrang geben oder ob Ihnen weitere Strategien einfallen. Vielleicht ist das hilfreich auch für Ihre eigene schulische Praxis, denn wir haben auch unter Lehrerinnen und Lehrern ähnliche Situationen im Schulalltag erlebt.

Bitte vergegenwärtigen Sie sich nochmals die Situationen und Ihre unerfüllten Bedürfnisse und suchen Sie dann nach mindestens drei alternativen Strategien, um Ihre Bedürfnisse in der jeweiligen Situation zu erfüllen:

Situation 1:
_____
_____
_____
_____

Situation 2:

Situation 3:

All diese Strategien stehen Ihnen in den von Ihnen als schwierig empfundenen Situationen zur Verfügung. Dadurch erhöhen sich Ihre Möglichkeiten, zu reagieren und sich Ihre Bedürfnisse zu erfüllen.

Vielleicht haben Sie ja bei Ihrer Suche nach möglichen Strategien, nachdem Sie jetzt schon viel Gewaltfreie Kommunikation kennengelernt haben, solche Strategien ausgewählt, die zu Ihrem eigenen Wohlbefinden und zum Wohlbefinden aller beitragen und gewaltfrei sind.

Vielleicht haben Sie auch einfach Ihrer Phantasie freien Lauf gelassen, wie die Schulsozialarbeiterinnen und -arbeiter, was eine sehr kreative Möglichkeit der Strategienfindung ist. Dann möchten wir Sie nun anregen, die ‚Gewaltfreie Kommunikations-Brille' aufzusetzen und Ihre notierten Strategien daraufhin zu befragen, ob sie zum eigenen Wohlbefinden und dem anderer beitragen können und gewaltfrei sind.

2.4 Zusammenfassung: Was haben wir Ihnen in diesem Kapitel angeboten?

Wir haben begonnen mit dem Stichwort **Bedürfnisse** – dem Herz der Gewaltfreien Kommunikation. Die Erkenntnis, dass es um Bedürfnisse geht, macht darauf aufmerksam, gut für uns selbst, für unsere Bedürfnisse zu sorgen. Gehen wir davon aus, dass sich alle Menschen ihre Bedürfnisse erfüllen möchten, gilt dies für Schülerinnen und Schüler und Lehrerinnen und Lehrer gleichermaßen. Und wir spüren, wenn wir uns ein Bedürfnis erfüllen, dass wir dann froh, glücklich, zufrieden, entspannt, zuversichtlich, beschwingt, lebendig und/oder angeregt sind. Wenn wir in dieser Weise gut für uns selbst sorgen, dann können wir auch das erfahren, was Marshall B. Rosenberg so beschreibt: „Jedem Menschen eine grundsätzliche Wertschätzung entgegenzubringen ist die schönste Umgangsform, die wir uns selbst gegenüber wählen können. Wenn ich mich dafür entscheide, in jedem Menschen seine Schönheit zu sehen, dann behandle ich auch mich selbst mit Liebe."[34]

Wir haben dann nach unseren **Gefühlen** gefragt. Sie sind es,
- die uns anzeigen, ob unsere Bedürfnisse erfüllt sind oder nicht;
- die unsere Lebendigkeit ausmachen;
- die uns die Welt als bunt oder trist oder irgendwie dazwischen erfahren lassen.

Dabei, so hoffen wir, ist deutlich geworden, dass jede/jeder selbst für ihre/seine Bedürfnisse wie auch Gefühle verantwortlich ist. Die Selbstverantwortung für unsere Gefühle und für die Erfüllung unserer Bedürfnisse ist ein wesentliches Element, das uns unabhängig und frei macht.

Schließlich haben wir dazu angeregt, **Strategien** zu entdecken und sie von Bedürfnissen zu unterscheiden.

Für uns, Autorin und Autor, war die Wahrnehmung der Differenz von Bedürfnissen und Strategien eine erste wichtige Entdeckung. Die zweite in diesem Zusammenhang war, dass wir unsere Bedürfnisse mit ganz unterschiedlichen Strategien erfüllen können. Schließlich haben wir drittens die Erfahrung gemacht, dass es unsere Freiheit und unsere Autonomie (zwei wirklich starke Bedürfnisse) erhöht, wenn wir über viele Strategien verfügen.

Mit diesem Einstieg, Gewaltfreie Kommunikation zu lernen und einzuüben, wollen wir deutlich machen: Gewaltfreie Kommunikation ist eine Haltung, die erlernbar ist. Für uns ist sie keine Technik oder Methode, die wir einfach so anwenden können. Vielmehr ist sie verbunden mit der Arbeit der Selbstreflexion und damit, Menschen

---

34 M. B. Rosenberg, Konflikte lösen durch Gewaltfreie Kommunikation. A. a. O. S. 88.

und Verhältnissen zu widerstehen, die die Erfüllung unserer Bedürfnisse über den Weg der Macht einschränken oder unmöglich machen.[35] Dazu kann auch die Schule gehören, wenn wir sie belassen, wie sie noch ist und wie sie J. T. Gatto („Dumbing us down") in sicherlich zugespitzten Thesen beschreibt:

1. Sie macht die Kinder konfus. Sie präsentiert ein zusammenhangloses Ensemble von Informationen, die das Kind memorieren muss, um nicht von der Schule zu fliegen. ... Man sieht und hört irgendetwas, um es gleich wieder zu vergessen.
2. Sie lehrt Klassenzugehörigkeit zu akzeptieren.
3. Sie macht Kinder gleichgültig gegenüber Inhalten.
4. Sie macht sie emotional abhängig.
5. Sie bringt ihnen ein Selbstvertrauen bei, das auf ständige Bestätigung durch Experten angewiesen ist (provisional self-esteem).
6. Sie macht ihnen deutlich, dass sie sich nicht verstecken können, weil sie immer überwacht werden.[36]

Wir stimmen diesen Überlegungen zu. Was denken Sie über diese Thesen? Entsprechen sie (auch) Ihrer Erfahrung von Schule? Oder regen Sie die Thesen eher zu Widerspruch an?

_____

_____

_____

_____

_____

_____

_____

_____

---

35 Vgl. M. Rosenberg, Erziehung, die das Leben bereichert. Gewaltfreie Kommunikation im Schulalltag. Paderborn 2005. S. 123 ff.
36 Vgl. wikipedia. Stichwort: J. T. Gatto.

3. Die vier Schritte und der Umgang mit einem „Nein" auf eine Bitte

Mathematikunterricht, neunte Klasse: Die Schüler sitzen nach einigen Minuten an ihren Plätzen, unterhalten sich noch, und ich bitte die Klasse: „Okay, lasst uns anfangen. Nehmt bitte eure Hefte mit den Hausaufgaben heraus und gleich dazu auch die Mathematikbücher." Die meisten Schülerinnen und Schüler folgen so nach und nach meiner Bitte, nicht so Gero. Er spricht weiter mit seinem Nachbarn. Ich werde lauter: „Gero, das gilt auch für dich. Leg bitte deine Mathesachen auf den Tisch." Keine Reaktion, nicht einmal ein Kopfdrehen. Gero spricht weiter. Ich gehe zu ihm: „Gero, wir haben Mathe. Hol bitte deine Sachen heraus."
Auch jetzt: Keine Reaktion.

Ich fühle mich ziemlich hilflos, geradezu fassungslos, beginne zu „kochen" – und um mich herum scheinen die anderen gespannt zu sein, was jetzt passiert ...

2.2 Die vier Schritte und der Umgang mit einem "Nein" auf eine Bitte

Ging es im vorigen Kapitel vor allem um die Haltung Gewaltfreier Kommunikation, so geht es nun um den methodischen Vorschlag M. Rosenbergs, diese Haltung zu erlernen und einzuüben und im Zusammensein mit anderen Menschen zu praktizieren. Dazu dient das Kommunikationsmodell der vier Schritte, das wir Ihnen in diesem Kapitel zunächst vorstellen möchten. Zwei dieser vier Schritte – die beiden mittleren Sequenzen des von Rosenberg entworfenen Kommunikationsmodells – haben Sie bereits kennengelernt und ihren Gebrauch geübt: Bedürfnisse und Gefühle. Hinzu kommen noch die Beobachtung am Beginn und die Bitte am Schluss der vier Schritte. Auch zum Stichwort Bitte haben Sie bereits Wesentliches erfahren, denn dabei geht es um die Strategien zur Erfüllung unserer Bedürfnisse.

Das Modell dieser vier Schritte erleben wir als Hilfe zu einer achtsamen, entschleunigten und zugewandten Sprache ebenso wie zu einem aufmerksamen Zuhören. Beides erfordert Präsenz in der jeweiligen Situation.

> Elias Canetti über Hermann Brochs Zuhören[37]
>
> ... Er brachte es dazu, dass man über sich sprach, in Rage geriet und nicht mehr aufhören mochte. Man hielt das für ein besonderes Interesse an der Person, die man war, die Absichten und Pläne, die man hatte, die großen Entwürfe. ... In Wirklichkeit war es seine Art des Zuhörens, der man verfiel. Man breitete sich in seiner Stille aus, nirgends stieß man auf Hindernisse. Man hätte alles sagen können, er wies nichts zurück, Scheu empfand man nur, solange man etwas nicht ganz und gar gesagt hatte. Während man sonst in solchen Gesprächen an eine Stelle gelangt, wo man sich mit einem plötzlichen Ruck „Halt!" sagt, „Bis hierher und nicht weiter!", da die Preisgabe, die man sich gewünscht hat, gefährlich wird – denn findet man wieder zu sich und wie soll man danach wieder alleine sein? –, gab es diesen Ort und diesen Augenblick bei Broch nie, nichts rief Halt, nirgends stieß man auf Warntafeln oder Markierungen, man stolperte weiter, rascher, und war wie betrunken.
>
> Es ist überwältigend zu erleben, wie viel man über sich zu sagen hat, je weiter man sich wagt und verliert, umso mehr fließt nach, von unter der Erde springenden heißen Quellen auf, man ist eine Landschaft von Geysiren. Nun war mir diese Art von Ausbrüchen nicht unbekannt, ich hatte sie von anderen erlebt, die zu mir sprachen. Der Unterschied lag darin, dass ich auf andere zu reagieren pflegte. Ich musste etwas darauf sagen, ich konnte nicht schweigen, und in dem, was ich sagte, bezog ich Stellung, urteilte, riet, ließ Anziehung oder Ablehnung spüren. Broch, in dieser Situation, ganz im Gegensatz dazu, schwieg. Es war kein kaltes oder machtgieriges Schweigen, wie es von der Analyse her bekannt ist, wo es darum geht, dass ein Mensch sich rettungslos einem anderen ausliefert, der sich kein Gefühl für

---

37 Vgl. dazu den Text von Pascal Gentner S. 23 f. und den Text von M. Ende S. 100.

> oder gegen ihn erlauben darf. Brochs Zuhören war von kleinen, vernehmlichen Atemstößen unterbrochen, die einem bezeugten, dass man nicht nur gehört, dass man aufgenommen worden war, so als wäre man mit jedem Satz, den man sagte, in ein Haus getreten und lasse sich da umständlich nieder. Die kleinen Atemlaute waren die Honneurs, die einem der Gastgeber erwies: „Wer immer du bist, was immer du sagst, tritt ein, du bist mein Gast, bleib solange du willst, komm wieder, bleib immer!" Die kleinen Atemlaute waren ein Minimum an Reaktion, voll ausgebildete Worte und Sätze hätten ein Urteil bedeutet und wären einer Stellungnahme gleichgekommen, bevor man sich noch ganz mir allem, was man mit sich herumschleppt, ins gastliche Haus eingebracht hatte. Der Blick des Gastgebers war immer auf einen selbst und zugleich auf das Innere der Räume gerichtet, in die er einen einlud.
>
> Es war eine geheimnisvolle Aufnahme, die er einem gewährte, um derentwillen man Broch verfiel, und ich kannte damals keinen Menschen, der nicht süchtig danach wurde. Diese Aufnahme hatte keine „Vorzeichen", keine Bewertung, bei Frauen wurde sie zu Liebe.[38]

Rosenbergs Kommunikationsmodell will dazu einladen, in Gesprächen in einem ganz spezifischen Sinne präsent zu sein: ganz bei sich selbst und ganz bei der Gesprächspartnerin oder dem Gesprächspartner. Unsere damit verbundene Erfahrung und Hoffnung ist es, dass Menschen auf diese Weise einander wohltuend begegnen, um das Leben zu bereichern. Dies ist für Menschen das Angenehmste, was sie tun können – so eine zentrale Ausgangsthese humanistischer Psychologie, deren Anliegen und Traditionen M. Rosenberg sich selbst zuordnet.

---

38 Elias Canetti, Das Augenspiel: Lebensgeschichte 1931–1937 (Gesammelte Werke in 10 Bänden, Band 9). München: Hanser, 1994. S. 31 f. Mit freundlicher Genehmigung des Carl Hanser Verlags. Den Hinweis verdanken wir G. Rothhaupt, vgl. ↗ http://www.visionenundwege.de.

3.1 Die vier Schritte

> **ÜBUNG**
>
> Beschreiben Sie bitte zunächst in drei Sätzen eine Situation, in der eine Schülerin oder ein Schüler sich so verhält, dass es für Sie unangenehm ist:
>
> _____
> _____
> _____
> _____
> _____
>
> Schreiben Sie nun bitte wörtlich auf, was Sie der Schülerin oder dem Schüler sagen:
>
> _____
> _____
> _____
> _____
> _____
> _____

Am Ende des Durchgangs durch die vier Schritte bitten wir Sie, auf Ihre Beschreibung und was Sie daraufhin sagten, zurückzukommen.

Schritt 1: Beobachtung

Der erste Schritt zielt darauf, eine Beobachtung – gleichsam im fotografischen Blick – zu äußern, ohne dass irgendeine Bewertung mitschwingt. Oft äußern Menschen Beobachtungen sogleich verbunden mit Urteil, Analyse, Kritik, Lob oder Diagnose. Das macht es dem/den Zuhörenden schwer, sich auf die Beobachtung zu konzentrieren, weil er/sie sogleich die Bewertung mithört.

Die Beschreibung der Beobachtung ist also so angelegt, dass sie von dem/der anderen vermutlich geteilt werden kann.

Beispiel:

Statt: „Also Marc, ich bin stinksauer, weil du ja nie Hausaufgaben machst!", sagt der Lehrer in GFK: „Marc, ich sehe, dass du in dieser Woche in Deutsch dreimal deine Hausaufgabe nicht dabeihattest."

Der Vorteil dieser beobachtenden Formulierung liegt zunächst darin, dass sie
- konkret ist: „in dieser Woche dreimal";
- sich auf beobachtbares Verhalten beschränkt: „Hausaufgaben nicht dabei";
- nicht wertet: Sie kommt ohne das in der Regel ebenso abfällige wie kaum nachprüfbare „nie" aus.

Ein weiterer Vorteil dieser Sprachform liegt darin, dass nun mit Marc nicht über „nie" diskutiert werden muss oder darüber, dass er die Hausaufgaben vielleicht gemacht und sie lediglich zu Hause vergessen hat. Vielmehr kann sofort über die jetzt nicht vorliegenden Hausaufgaben gesprochen werden.

Und ein dritter Vorteil: Dieser Beobachtung kann Marc aller Wahrscheinlichkeit nach zustimmen: Lehrer und Schüler haben einen gemeinsamen Ausgangspunkt!

Schritt 2: Gefühle

Rosenberg vergleicht Gefühle einmal mit den Lämpchen am Armaturenbrett eines amerikanischen Autos: wenn es in seinem Auto grün leuchtet, ist alles o. k. und das Bedürfnis erfüllt oder es ist fast o. k. und das Bedürfnis erkannt; wenn es rot leuchtet, heißt es Achtung: ein Bedürfnis ist nicht erfüllt, vielleicht nicht einmal erkannt. Ein Konflikt kann ins Haus stehen ...

Konflikte sind immer gefühlsgeladen, und es ist wichtig, seine Gefühle zu äußern – jedoch getrennt von der Beobachtung.

Beispiel:

Statt: „Also Marc, ich bin stinksauer, weil du ja nie Hausaufgaben erledigst!", sagt der Lehrer in GFK: „Marc, ich sehe, dass du in dieser Woche in Deutsch dreimal deine Hausaufgabe nicht dabeihattest." – „Ich bin besorgt jetzt!"

Getrennt von der Beobachtung äußert der Lehrer sein Gefühl. Und: Er übernimmt die Verantwortung für sein Gefühl. Er sagt nicht: „Du machst mir Sorgen" oder „Das macht mir Sorgen" oder eben: „Ich bin stinksauer, weil ...". Sondern: „Ich bin besorgt", und er fügt „jetzt" hinzu, weil der Auslöser (nicht die Ursache) des Gefühls ja die Beobachtung war, dass Marc in dieser Woche zum dritten Mal seine Hausaufgaben nicht dabeihatte.

Die Übernahme der Verantwortung für die eigenen Gefühle ist entscheidend: Der Lehrer könnte ja auch ganz andere Gefühle haben, z. B. Freude darüber, dass er weniger korrigieren muss, oder Ärger, weil er frustriert ist, dass Marc nun zum dritten Mal in dieser Woche die Hausaufgabe nicht dabeihat. Der mit Gewaltfreier Kommunikation arbeitende besorgte Lehrer befürchtet vielleicht, dass Marc den Stoff nicht ausreichend bearbeitet hat, um in der nächsten Arbeit ein gutes Ergebnis zu erzielen, oder dass er den Anschluss verpassen könnte, oder dass er in dieser Stunde nicht umfassend mitarbeiten kann, weil die aktuelle Stunde auf Erkenntnissen aus der Hausaufgabe basiert ...

Schritt 3: Bedürfnisse

Mit der Benennung dessen, was ich brauche, was mir wichtig ist, drücke ich aus, worauf die Gefühle mich hinweisen. Dies trägt zur Klarheit des Gesprächs ebenso bei wie dazu, Lösungsmöglichkeiten für einen Konflikt zu finden. Das mögliche Gefühl der Freude könnte auf das Bedürfnis des Lehrers nach Ruhe hinweisen, das des Ärgers auf das Bedürfnis nach Wertschätzung oder Akzeptanz.

> *Beispiel:*
>
> *Statt: „Also Marc, ich bin stinksauer, weil du nie Hausaufgaben erledigst, und du weißt: ich merk's mir!", sagt der Lehrer in GFK: „Marc, ich sehe, dass du in dieser Woche in Deutsch dreimal deine Hausaufgabe nicht dabeihattest." – „Da bin ich besorgt jetzt" – „weil mir Sicherheit wichtig ist, dass alle Schülerinnen und Schüler der Klasse sich am Unterricht beteiligen können."*

Ohne Marc zu drohen – „ich merk's mir!" –, bleibt der Lehrer ganz bei sich und dem, was er braucht für einen in seinen Augen gelingenden Unterricht. Da beginnt weder eine Spirale von immer härter werdenden Maßnahmen noch wird der Schüler bloßgestellt. Für den Lehrer ist vielmehr wichtig, dass er sicher sein kann, dass alle Schülerinnen und Schüler der Klasse sich heute am Unterricht beteiligen können, und dazu braucht es in seinen Augen nicht nur, dass die Hausaufgabe erledigt wurde, sondern ebenso, dass Marc sie dabeihat, weil die Stunde heute darauf aufbaut.

Schritt 4: Bitte

„Die Kriterien einer Bitte sind:

    Sie bezieht sich auf das Hier und Jetzt (sie ist also sofort umsetzbar).

    Sie ist konkret und handlungsbezogen.

    Sie ist erfüllbar.

    Sie bezieht sich auf das, was Sie wollen (Was genau soll jetzt beginnen?), statt auf das, was Sie nicht wollen (Was soll aufhören?)."[39]

Bitten unterscheiden sich von Forderungen dadurch, dass zu ihnen „Ja" und „Nein" gesagt werden kann. Ihr zentrales Kennzeichen ist, dass sie Freiwilligkeit voraussetzen und ermöglichen. Forderungen dagegen signalisieren Zwang und ermöglichen so lediglich Rebellion oder Unterwerfung.

Beispiel:

Statt: „Also Marc, ich bin stinksauer, weil du nie Hausaufgaben erledigst! Du bleibst jetzt heute Nachmittag in der Schule und erledigst alle deine Hausaufgaben!", sagt der Lehrer in GFK: „Marc, ich sehe, dass du in dieser Woche in Deutsch dreimal deine Hausaufgabe nicht dabeihattest." – „Da bin ich besorgt jetzt" – „weil mir Sicherheit wichtig ist, dass alle Schülerinnen und Schüler der Klasse sich am Unterricht beteiligen können." – „Bist du bitte bereit, mit mir in der nächsten großen Pause darüber zehn Minuten zu sprechen?"

Ob Marc dies wirklich als Bitte hören kann, entscheidet sich zum einen an seinen Vorerfahrungen mit Erwachsenen, speziell mit Lehrerinnen und Lehrern oder Eltern: Hat Marc auch Bitten immer nur als ‚getarnte Forderungen' gehört, so wird er auch diese Bitte nur als eine solche hören können. Darauf hat der gewaltfrei reagierende Lehrer im Moment keinen Einfluss. Entscheidend wird sein, wie der Lehrer ein mögliches Nein des Schülers auf seine Bitte hört: Mindert ein Nein des Schülers nicht den Respekt des Lehrers vor diesem und hat der Schüler keine Strafe wegen eines Neins zu erwarten, dann ist das Nein kein Abschluss des Gesprächs, sondern die Kommunikation kann weitergehen.

Fassen wir die bisherige Reaktion des Lehrers zusammen, so lautet sie:

---

39 G. Fritsch, Praktische Selbst-Empathie. Paderborn 2009. S. 112.

„Marc, wenn ich sehe, dass du in dieser Woche in Deutsch dreimal deine Hausaufgabe nicht dabeihattest,

dann bin ich besorgt jetzt,

weil mir Sicherheit wichtig ist, dass alle Schülerinnen und Schüler der Klasse sich am Unterricht beteiligen können.

Bist du bitte bereit, mit mir in der nächsten großen Pause darüber zehn Minuten zu sprechen?"

Wenn Marc dieser Bitte zustimmt, leuchten die ‚Gefühls-Lämpchen' des Lehrers grün, und alles ist o.k.: Ohne die meist sinnlose Eskalation eines Maßnahmenkatalogs weiß der Schüler nun, warum der Lehrer besorgt darüber ist, dass er seine Hausaufgaben nicht dabeihat – und ein Gespräch darüber findet zeitnah statt.

Wenn es uns gelingt, Gespräche mit Schülerinnen und Schülern in dieser Haltung[40] zu führen, was dann auch nicht länger dauert als ein Streit über „nie" oder eine Eskalation von Strafen, bemerken wir zweierlei: eine Entspannung bei den Schülerinnen und Schülern und (!) bei der Lehrerin oder dem Lehrer. Schülerinnen und Schüler können hören, dass Lehrerinnen und Lehrer ihren Unterricht sorgfältig vorbereiten, am Lernzuwachs ihrer Schülerinnen und Schüler interessiert und in der Lage sind, dies mitzuteilen. Lehrerinnen und Lehrer können mitteilen, was ihnen wichtig ist, damit sie ihre zentrale Aufgabe in der Schule, Unterricht zu gestalten, gerne gemeinsam mit den Schülerinnen und Schülern und nicht gegen sie erfüllen können.

Doch wenn der Lehrer eine Bitte äußert, rechnet er auch damit, dass Marc ihr nicht zustimmt. Wenn dieser mit „Nein" auf die Bitte des Lehrers antwortet, dann stehen die ‚Gefühls-Lämpchen' des Lehrers auf rot. Jetzt sehen wir prinzipiell zwei Reaktionsmöglichkeiten:

- Entweder: Der Lehrer fällt in traditionelle Reaktionsweisen zurück, richtet eine Forderung an den Schüler oder bestraft diesen. Meistens hören wir ein „Nein" auf solch wölfische Weise, nämlich als eine Zurückweisung oder Missachtung der eigenen Person, und dann ist es schwierig, dem anderen Einfühlung zu geben.
- Oder: Der Lehrer reagiert „giraffisch" und hört das „Nein" einfühlsam, das heißt, er hört etwas, was der Schüler nicht sagt. In unserem Beispiel vielleicht Folgendes: Marc hat für die nächste Pause schon einem Freund zugesagt, dass er mit ihm in

---

40 Entscheidend ist für uns die Haltung, in der wir mit Schülerinnen und Schülern und anderen Menschen kommunizieren – nicht die konkrete Sprachform. So hilfreich Rosenbergs Kommunikationsmodell zur Selbstreflexion uns erscheint, so ‚strohern' kann GFK-Talk klingen. Es gibt ein schönes radikales Zitat von Augustinus: „Liebe und tu, was du willst." Wir können dies abwandeln für Gewaltfreie Kommunikation: „Sei empathisch, versteh, unterstelle sinnvolle Absichten und Bedürfnisse, schätze wert und rede, wie du willst" – und jeder wird spüren, in welcher Haltung du dies tust.

der Pausenhalle Tischtennis spielen möchte, und sich in die entsprechende Liste eingetragen. Oder Marc hat Hunger und möchte in Ruhe sein Pausenbrot essen. Oder Marc hat schon eine andere Absprache mit der Physiklehrerin, dass er ihr beim Aufbau eines Versuchs hilft.

3.2 Übungen zu Beobachtung und Bitte

Bevor wir dazu kommen, ein solches „Nein" einfühlsam und wertschätzend hören zu können, schlagen wir vor, dass Sie sich zunächst noch einmal die Beschreibung der Situation und Ihre Reaktion darauf vornehmen:

ÜBUNG

War die Beschreibung eine Beobachtung im Sinne der Gewaltfreien Kommunikation mit den beschriebenen Vorteilen? Wenn nicht, formulieren Sie sie bitte um:

_____
_____
_____
_____
_____
_____

Schauen Sie nun bitte Ihre Reaktion an und prüfen Sie, ob es im Sinne Gewaltfreier Kommunikation eine Bitte war. Wenn nicht, formulieren Sie sie bitte um:

_____
_____
_____
_____
_____

So oder auch weniger formell, doch in der gleichen Haltung mit Schülerinnen und Schülern zu sprechen markiert einen mehr oder weniger radikalen Wechsel im Verhältnis der Lehrerinnen und Lehrer zu diesen. Wir haben die Erfahrung gemacht, dass eine solche Veränderung hilfreich ist für die Gemeinschaft in der Klasse und für gelingenden Unterricht. Oftmals laufen mittlerweile die vier Schritte auch lediglich noch in unserem Kopf ab, und wir nutzen sie zu kurzem selbstreflexivem Innehalten, um dann frei von formalisierten Sprachmustern – quasi ‚straßengiraffisch' oder ‚realogiraffisch' – das Gespräch mit Schülerinnen und Schülern zu führen.

Wenn Sie sich nun Ihre eigenen Formulierungen anschauen, passen sie zu Ihnen? Vielleicht ist es lediglich ungewohnt, so mit Kindern oder Jugendlichen zu sprechen? Oder meldet sich bei Ihnen Widerspruch? Bitte überlegen Sie diese Fragen für sich.

ÜBUNG

Wir laden Sie noch zu einer weiteren Übung ein. Wir kennen schulische Schlagwörter, die wir früher oft verwendet haben und die uns auch heute noch manches Mal rausrutschen: „der stört", „die ist auffällig", „der hat keinen Bock auf Schule", „die gehört nicht hierher!" – vielleicht fallen Ihnen weitere ein. Wir schlagen Ihnen vor, diese Wörter nun in Beobachtungen im Sinne Gewaltfreier Kommunikation zu übersetzen. Wenn Sie lieber mit Ihren eigenen Schlagwörtern und nicht mit den von uns vorgeschlagenen weiterarbeiten möchten, können Sie dies natürlich gerne tun:

„der stört"

_____

_____

_____

_____

„die ist auffällig"

_____

_____

_____

_____

> „der hat keinen Bock auf Schule"
>
> _____
> _____
> _____
> _____
>
> „die gehört nicht hierher"
>
> _____
> _____
> _____
> _____
>
> Was verändert sich für Sie, wenn Sie diese oder Ihre Schlagwörter in Giraffensprache übersetzen? Was ist Ihnen daran plausibel, was vielleicht nicht? Bitte denken Sie über diese beiden Fragen für sich nach.

3.3 Ein „Nein" einfühlsam und wertschätzend hören

Wir kommen noch einmal auf Marc und seinen Lehrer zurück und nehmen die zweite Möglichkeit an, dass Marc die Bitte des Lehrers verneint, und versuchen, der Maxime zu folgen: „Ich höre was, was du nicht sagst."[41] Wenn Marc „Nein" sagt, hat er in dieser Situation zu etwas anderem „Ja" gesagt, und zwar zu etwas, was im Moment in ihm lebendig ist, im Moment sein aktuelles Bedürfnis erfüllt; vielleicht, so haben wir vermutet, hat er sich in der großen Pause bereits mit jemandem verabredet oder er braucht einfach die Ruhe und Erholung und will in dieser großen Pause dabei seinen Hunger stillen. Der Unterschied zwischen einer Bitte und einer Forderung wird nun daran deutlich, dass der Lehrer die Entscheidung von Marc respektiert, wenn dieser seine Bitte mit „Nein" beantwortet. Bringt der Lehrer diesen Respekt Marc gegenüber auf?

---

41 S. Pásztor, K.-D. Gens, Ich höre was, was du nicht sagst: Gewaltfreie Kommunikation in Beziehungen. Paderborn 2008. Dazu s. o. S. 63.

Das ist nicht einfach:
- Zum einen gibt es viele Arten eines „Neins": Ein „Nein" wird ja oft nicht als „Nein" auf eine konkrete Bitte hin gesagt, sondern es zeigt sich auch einfach im Verhalten. Wenn Sie eigene Kinder haben, kennen Sie folgende Erfahrung vermutlich: Sie bitten Ihren Sohn oder Ihre Tochter, den Mülleimer runterzubringen und auszuleeren. Selten hören wir dann ein begeistertes oder auch nur zustimmendes „Ja". Meist lauten die Antworten: „Nö!", „Warum immer ich?!" oder: „Ja" – und es passiert eben nichts.
- Zum anderen haben wir gelernt, ein „Nein" auf wölfische Weise als eine gegen uns gerichtete Antwort zu hören. Wenn wir ein „Nein" als eine Zurückweisung oder Missachtung unserer Person hören, ist es schwierig für uns, mit der/dem anderen die Kommunikation fortzuführen und einfühlsam auf ihn oder sie einzugehen.
- So ist es drittens nicht leicht, ein „Nein" so wahrzunehmen, dass eine Lehrerin oder ein Lehrer darin ein „Ja" des Schülers zu etwas anderem hört, also erkennen und annehmen kann, dass ein solches „Nein" nicht gegen sie oder ihn gerichtet ist, sondern etwas Schönes signalisiert oder zumindest signalisieren kann, was diese Schülerin oder dieser Schüler gerade für sich tut, auch wenn es der Bitte der Lehrerin oder des Lehrers nicht entspricht. Diese Wahrnehmung dann als Grundlage für ein Gespräch zu nehmen setzt auf den ersten Blick unglaubliche Veränderungen des Denkens und des Umgehens miteinander in der Schule voraus. Wir erleben es als einen großen Lern- und Umstellungsprozess, neu mit solchen Situationen umzugehen, sie neu zu sehen und auch nach einem „Nein" von Schülerinnen und Schülern als Lehrerin oder Lehrer mit ihnen weiterhin respektvoll zu kommunizieren.

Weil es wirklich nicht einfach ist und für uns ein erhebliches Umdenken voraussetzt, ein „Nein" giraffisch zu hören und entsprechend darauf zu reagieren, haben wir im Folgenden Möglichkeiten aufgelistet, um die vielen verschiedenen Chancen anzudeuten, die darin liegen, ein „Nein" giraffisch zu hören und nicht mit strafenden Maßnahmen auf unangenehmes Verhalten von Schülerinnen und Schülern (oder im Mülleimerbeispiel auf unangenehmes Verhalten der eigenen Kinder) zu reagieren.[42]

---

42 Eine ähnliche Liste verdanken wir Hinweisen von Gerlinde Fritsch aus einem Seminar im Oktober 2010.

Möglichkeiten, ein „Nein" giraffisch zu hören

- Ich kann nachfragen, welches Bedürfnis hinter dem „Nein" steht: Magst du mir bitte sagen, was dir im Moment wichtiger ist, als auf meine Bitte mit „Ja" zu antworten?
- Ich kann mir Selbst-Empathie gönnen und dem/der anderen mitteilen, was das „Nein" bei mir auslöst: Wenn ich höre, dass du auf meine Bitte mit „Nein" antwortest, bin ich traurig, weil mir Unterstützung wichtig ist, und ich bitte dich, mir jetzt noch weiter zuzuhören.
- Ich kann andere Strategien wählen, z. B. die Bitte anders formulieren oder eine weitere Person hinzuziehen.
- Ich kann Dritte um Empathie bitten, die es mir ermöglichen kann, mich selbst in dieser Situation zu verstehen und anzunehmen.
- Ich kann überprüfen, was verstanden wurde: Ich habe meine Bitte geäußert, weil ich damit mein Leben schöner machen wollte, magst du mir bitte sagen, was ich gesagt habe und wie du es verstanden hast?
- Ich kann versuchen, das Herz des anderen erneut zu berühren und mich mit ihm zu verbinden.
- Ich kann das hinter dem „Nein" liegende Bedürfnis begrüßen und mich mit der Schönheit und Kraft dieses Bedürfnisses verbinden, weil ich ein solches Bedürfnis auch bei mir kenne und wertschätze.
- Ich kann alleine oder gemeinsam mit der/dem anderen Strategien suchen, mit denen mein Bedürfnis und das Bedürfnis der/des anderen erfüllt werden kann.
- Ich kann den/die andere fragen: „Was brauchst du, damit du ‚Ja' sagen kannst?"
- Ich kann jemand anderen für mich bitten lassen, wenn ich das Gefühl habe, mich im Moment nicht verständlich ausdrücken zu können.
- ‚Giraffenschrei': „Wenn ... ich dem anderen keine Empathie (für sein ‚Nein') geben kann, weil ich selbst zu sehr leide, dann finde ich es für mich und andere völlig in Ordnung, giraffisch zu ‚schreien'. Und das heißt, ich kann dir keine Empathie geben, sondern jetzt mache ich dir klar, wo ich stehe. Aber ich muss das tun können, ohne zu sagen, dass du etwas falsch gemacht hast. D. h. ich ‚schreie', aber mein Schrei teilt nur meine Gefühle und meine Bedürfnisse mit. Ich sage nichts über dich. Keinerlei Urteil. Mein Schrei drückt nur aus, was ich in dem Moment brauche."[43]
- Ich kann darüber trauern, dass meine Bitte von dem/der anderen jetzt nicht erfüllt wird.
- Ich kann mitteilen, was ich tun werde zum Schutz meiner Bedürfnisse, die ich mir mit der Bitte erfüllen wollte.

---

43 M. B. Rosenberg, Ärger einfühlend hören. Berlin o. J. S. 37.

All diese Reaktionsmöglichkeiten erfordern nun wieder die vier Schritte:
- Wenn ich höre, dass du „Nein" zu meiner Bitte sagst, *(Beobachtung)*
- bin ich ... *(Gefühl)*
- weil mein Bedürfnis nach .... nicht erfüllt ist. *(Bedürfnis)*
- Und ich bitte ... *(Bitte)*

3.4 Übungen, ein „Nein" einfühlsam zu hören

Wir haben Ihnen im Folgenden drei Situationen vorgegeben, die alle mit einem klaren „Nein" enden: das Gespräch zwischen dem Lehrer und Marc, ein Gespräch zwischen zwei Lehrern und eines zwischen einem Lehrer und einem Hausmeister. Wir bitten Sie, den begonnenen Dialog weiterzuführen, indem Sie die vier Schritte anwenden. Diese können Sie in einer realen Gesprächssituation jeweils ganz aussprechen oder Sie können dies still für sich tun. In dieser Übung bitten wir Sie, Ihre Überlegung bzw. den Dialog zu verschriftlichen.

Ziel der Übung ist, dass Sie herausfinden, ob es Ihnen, soweit dies in einer Einzelübung möglich ist, gelingt zu hören, was hinter der Botschaft stecken, welches Bedürfnis die Person mit Ihrem eindeutigen „Nein" ausdrücken könnte. Sie können diese Übung auch als Rollenspiel in einer Gruppe, in Ihrer Klasse oder in Ihrer Familie durchspielen.

ÜBUNG

Gespräch zwischen einem Lehrer und einem Schüler

Lehrer: Marc, ich sehe, dass du in dieser Woche in Deutsch dreimal deine Hausaufgabe nicht dabeihattest. Da bin ich wirklich besorgt jetzt, weil mir Sicherheit wichtig ist, dass alle Schülerinnen und Schüler der Klasse sich am Unterricht beteiligen können. Bist du bitte bereit, mit mir in der nächsten großen Pause darüber zehn Minuten zu sprechen?" Daraufhin Marc: „Nein, das geht gar nicht!"

Lehrer: Wenn ich höre, dass du meine Bitte verneint hast, _____

_____

_____

Marc: _____

_____

_____

Lehrer: _____

_____

_____

Marc: _____

_____

_____

Lehrer: _____

_____

_____

Marc: _____

_____

_____

ÜBUNG

Gespräch zwischen zwei Lehrern

Am Beginn der großen Pause treffen sich zwei Lehrer am Kopierer. Lehrer 1 kommt etwas später als Lehrer 2. Letzterer muss, so seine Auskunft, die ganze Pause über kopieren. Lehrer 1 fragt ihn, ob er, wenn er früher fertig ist, für ihn einige wenige Kopien fertigen kann, da er die Pause nach einem heftigen Konflikt mit einem Schüler unbedingt brauche. Darauf Lehrer 2: „Nein, das kommt nicht infrage!"

Lehrer 1: Wenn ich höre, dass du meine Bitte verneint hast, _____

_____

_____

Lehrer 2: _____

_____

_____

Lehrer 1: _____

_____

_____

Lehrer 2: _____

_____

_____

Lehrer 1: _____

_____

_____

Lehrer 2: _____

_____

_____

ÜBUNG

Gespräch zwischen einem Lehrer und einem Hausmeister

Der Elternabend in einem extra für diesen bestuhlten Raum dauert unvorhergesehen länger als geplant. Voraussichtlich wird er erst gegen 22 Uhr zu Ende sein. Doch am nächsten Morgen finden im gleichen Raum Klassenarbeiten statt. Der Raum muss also wieder hergerichtet werden. Gegen 21.30 Uhr ruft deshalb ein Lehrer den Hausmeister an und schildert ihm die Situation. Der Lehrer bittet den Hausmeister, um 22 Uhr in dem betreffenden Raum zu sein, um die Umräumarbeiten gemeinsam zu erledigen. Der Hausmeister lehnt dies mit den Worten ab: „Nein, das kommt überhaupt nicht infrage, da habe ich Feierabend!"

Lehrer: Wenn ich höre, dass Sie meine Bitte verneint haben, _____

_____

_____

Hausmeister: _____

_____

_____

Lehrer: _____

_____

_____

Hausmeister: _____

_____

_____

Lehrer: _____

_____

_____

Hausmeister: _____

_____

_____

Wenn Sie unserem Vorschlag, diese Übungen für sich zu machen, gefolgt sind, haben Sie vielleicht gemerkt, dass es zunächst wirklich schwierig ist, ein „Nein" giraffisch zu hören, dass es Mühe macht, sich von gewohnten (schulischen) Denkmustern zu lösen und hinter dem „Nein" eines Schülers, eines Kollegen oder des Hausmeisters dessen „Ja" zu etwas anderem zu hören. Vielleicht hilft Ihnen in Ihrem Nachdenken der Bericht von HF, die sich auf den Weg gemacht hat, das „Nein" von Schülerinnen und Schülern neu zu hören:

„Im Kollegium haben wir uns oft darüber unterhalten, ob mit solchen (Selbst-)Veränderungen Schule nicht viel anstrengender wird: Da sagt eine Schülerin oder ein Schüler ‚Nein' zur Bitte einer Lehrerin oder eines Lehrers, und die Lehrkraft versteht dies – ‚Ich höre was, was du nicht sagst'[44] – als Einladung, sich mit dem Schüler in einen neuen Kommunikationsprozess einzulassen. Wäre es da nicht wirklich einfacher, klar anzukündigen: ‚Das ist jetzt so, wie ich es sage, und das wird jetzt auch so gemacht.'?

Für mich ist es nicht anstrengender. Für mich wird es leichter, das heißt nicht, dass ich nicht auch sagen kann: ‚Mir ist das jetzt so wichtig, und ich bitte dich, ob du das, was dir wichtig ist, zurückstellen kannst, oder ob du rausgehen kannst, einfach weil ich jetzt hier weitermachen möchte, und wir können vielleicht nachher noch darüber sprechen.' Das heißt nicht, dass es konfliktfrei ist. Aber ich finde es viel anstrengender, mir dauernd Maßnahmen zu überlegen, die für das und für das und für das nur gelten sollen. Da habe ich den Eindruck, ich ‚strampele mich da ab', und die Schülerin oder der Schüler ist dem auf der einen Seite einfach ausgeliefert und auf der anderen Seite auch kaum beteiligt an dem, was da passiert. Dass er Verantwortung für sich selbst hat, wird da jedenfalls nicht deutlich.

Für mich wird Schule leichter, wenn ich denke, dass Schülerinnen und Schüler alles, was sie tun, deshalb tun, um sich ein Bedürfnis zu erfüllen, und dass es das Beste ist, was er oder sie gerade im Moment für sich tun kann. Das heißt nicht, dass es immer toll ist, aber dass es das Beste ist, was dem Schüler gerade einfällt. Das ist für mich so erleichternd. Erleichternd wirklich im Sinne auch von leicht machend, zu sehen, das geht nicht gegen mich, das geht nicht gegen die Schule, das geht nicht gegen einen anderen Schüler, das geht nicht gegen die Unterrichtsinhalte, die mir gerade so wichtig sind, sondern diese Schülerin oder dieser Schüler tut das für sich, und manchmal ist es tragisch. Für mich ist dies eine leichtere Art zu denken und auch eine leichtere Art, damit umzugehen."

---

44 S. Pásztor, K.-D. Gens, a. a. O. S. o. S. 66.

3.5 Zusammenfassung: Was haben wir Ihnen in diesem Kapitel angeboten?

In diesem Kapitel haben wir Ihnen das **Kommunikationsmodell der vier Schritte** vorgestellt, wie es der Haltung Gewaltfreier Kommunikation entspricht. Man muss beileibe nicht immer so sprechen, wenn man gewaltfrei und wertschätzend kommunizieren möchte.

Wenn Sie mit Ihrem Partner/Ihrer Partnerin oder mit Schülerinnen und Schülern unvermittelt versuchen, in den vier Schritten gewaltfrei zu kommunizieren, wird die Reaktion möglicherweise so ausfallen: „Aber hallo, tickst du noch richtig ...?!" Deshalb schlagen wir vor, mit Ihrem Partner/Ihrer Partnerin, mit Ihren Kindern, in Ihrer Klasse zu vereinbaren, dass Sie nun aus den und den Gründen üben wollen, anders, wertschätzender, liebevoller und gewaltfrei und deshalb vielleicht auch nur vorübergehend in der bestimmten Weise der vier Schritte zu sprechen. Wenn Sie es dann praktizieren und eine entsprechende Haltung Ihnen im vielen Üben zu eigen wird, dann ist ein mehr oder weniger starres Gerüst nicht mehr nötig. Dann kann auf formal-korrekten GFK-Talk verzichtet und eben ganz normal gesprochen werden. Wir nennen dies ‚straßen- oder realogiraffisch' ...

Wir lassen mittlerweile die vier Schritte still in unserem Innern ablaufen und zur eigenen Klarheit über unsere Gefühle und Bedürfnisse beitragen. Wie gesagt: Entscheidend im Sinne Gewaltfreier Kommunikation sind nicht die vier Schritte, entscheidend ist die Haltung, mit der Sie sich und anderen Menschen begegnen: möglichst wertschätzend, liebevoll, gewaltfrei ...

> M. B. Rosenberg hat das von ihm entwickelte Kommunikationsmodell einmal mithilfe einer abgewandelten buddhistischen Parabel mit einem Floß verglichen:
>
> „Sie stehen am Ufer eines Flusses, den Sie überqueren wollen, um an einen wunderbaren Ort zu gelangen. Deshalb besorgen Sie sich ein Floß. Dieses Floß ist genau das richtige Hilfsmittel, um Sie über den Fluss zu bringen. Sobald Sie erst einmal auf der anderen Seite des Flusses angelangt sind, müssen Sie nur noch wenige Kilometer zurücklegen, um diesen wunderbaren Ort zu erreichen. Und die buddhistische Parabel endet folgendermaßen: ‚Der ist ein Narr, der den Weg zum heiligen Ort fortsetzt, und sich dabei das Floß auf seinen Rücken lädt.' GFK ist ein Werkzeug, um mir über meine kulturellen Konditionierungen hinwegzuhelfen, damit ich zu dem wunderbaren Ort gelangen kann. GFK ist nicht der Ort."[45]

---

45 M. B. Rosenberg, Konflikte lösen durch Gewaltfreie Kommunikation. A. a. O. S. 48.

Ein erstes schwieriges Übungsfeld, ‚das Floß zu nutzen', haben wir Ihnen sodann mit dem **Hören eines „Neins" auf eine Bitte** angeboten und Sie eingeladen wahrzunehmen, was Ihre Gesprächspartnerin oder Ihr Gesprächspartner nicht sagt, wo Sie jedoch nachfragen können, um das Ungesagte zu verstehen. So wird ein „Nein" nicht mehr notwendigerweise zum Ende einer Kommunikation, sondern Sie können es aufnehmen und das Gespräch einfühlsam fortführen.

Wie solche „Einfühlung", in der Gewaltfreien Kommunikation sprechen wir von Selbst-Empathie und Empathie, aussieht, eingeübt und gelebt werden kann, davon handelt das folgende Kapitel.

4. Weil Beziehung so entscheidend ist ... – Wertschätzung, Selbst-Empathie und Empathie

„Ich verschwitz doch nicht meine normalen Sachen, ey, ich gucke zu!" „Meine Mutter sagt, Sport ist ungesund, wenn man die Regel hat." „Mein Freund und ich haben Stress, sorry, ich kann heute einfach nicht mitmachen." „Ich gebe mein Handy nie ab!" „Aber nur Fußball!" „Keinen Bock auf Sport!" „Wenn wir nicht Fußball spielen, machen wir nicht mit." „Ich spiel nie Fußball, Prollsport!" „Fuß verknickt am Wochenende!" „Kopfschmerzen!" „Ich habe Asthma und mein Spray nicht dabei." „Wir könnten doch einfach chillen, so auf der dicken Matte liegen!" ... so klingt es vor dem Sportunterricht einer achten Klasse.

Wie gut, dass es abschließbare Umkleidekabinen für Lehrer gibt. Fünf Minuten Ruhe! Meine Gedanken dort: „Oh menno, sowieso schon Nachmittagsunterricht – Nervkram. Ich krieg diesen Sportunterricht nicht hin in dieser Klasse. Mir fällt einfach nichts ein, wozu alle Lust haben ... und wenn so viele auf der Bank sitzen, wollen die anderen auch nichts machen ...

Grundpredigt im Studium: Freude an der Bewegung erzeugen und erhalten. Was tue ich jetzt nur? Motivieren? Eigentlich habe ich gar keine Lust mehr auf diese Klasse. Die sind so anstrengend ..."

Begeisterung ist ein Beziehungswort, und sie ist der Stoff für Veränderung. Gewaltfreie und wertschätzende Kommunikation ist Begeisterung für lebendigen Kontakt unter allen, die in Schulen arbeiten und leben. Und Begeisterung ist eine beschwingte Form der Wertschätzung meiner selbst und anderer Menschen. Sie macht unsere Arbeit, die ja oft auch anstrengend ist, schön. Wenn etwas schön ist, darf es für uns auch anstrengend sein.

> „Wir sind die einzigen Lebewesen, die sich nicht nur selbst mit Begeisterung etwas ausdenken können, sondern die dazu auch eine Gemeinschaft brauchen. Die Lust am eigenen Entdecken und Gestalten würde uns rasch vergehen, wenn sich die anderen, mit denen wir uns verbunden fühlen ... nicht ebenfalls darüber freuen. Und je mehr andere Menschen daran beteiligt sind, umso großartiger und verrückter wird das, was von Menschen dann gemeinsam erdacht und geschaffen werden kann. ... Wir sind begeisterte und einander begeisternde Entdecker und Gestalter einer miteinander geteilten und miteinander geschaffenen gemeinsamen Lebenswelt."[46]

Wir bieten Ihnen eine kleine Übung zum Einstieg in dieses Kapitel an, die auch eine Möglichkeit ist, uns Autoren ein wenig besser kennenzulernen.

ÜBUNG

Gottfried: Hilde, was begeistert dich in deiner Arbeit als Förderschullehrerin?

Hilde:
- am Morgen in die Schule zu kommen und von Schülern in ihren jeweiligen Stimmungen, mit Freude und Sorgen und Fragen begrüßt zu werden ...
- die Lebendigkeit der Beziehungen unter den Schülern, in der Klasse, zwischen mir und den Schülern, zwischen den Kollegen – es gibt einfach jeden Tag Neues ...
- Schule gestalten zu können und Schule zu „spielen" ...
- eigene Ideen und Schwerpunkte umsetzen zu können ...
- mit anderen Erwachsenen und Schülern Schulalltag zu reflektieren ...

Gottfried, was begeistert dich in deiner Arbeit als Hochschullehrer?

Gottfried:
- die Freiheit und die Zeitsouveränität, die ich habe ...
- dass ich dafür bezahlt werde, immer Neues lernen zu können ...
- universitäres Leben in unterschiedlichen Formen gestalten zu können ...

---

46 G. Hüther, Was wir sind und was wir sein können. Frankfurt 2011. S. 47 f.

- in jedem Semester die Chance zu haben, so viele neue junge Menschen, die mit großen Erwartungen an die Uni kommen, kennenzulernen ...
- junge Erwachsene auf ihrem Lebens- und Lernweg über vier bis fünf Jahre begleiten zu können ...

Und Sie? Was begeistert Sie in Ihrer Arbeit als Lehrerinnen und Lehrer? Bitte notieren Sie Ihre Antworten:

_____

_____

_____

Hilde: Gottfried, welche Bedürfnisse erfüllst du dir als Hochschullehrer?
Gottfried: Autonomie, Freiheit, Verbundenheit, Sinn, Wertschätzung, Authentizität, Wachstum, Liebe.
Gottfried: Hilde, welche Bedürfnisse erfüllst du dir als Förderschullehrerin?
Hilde: Authentizität, Kreativität, Verbundenheit, Verständigung, Sinn, Leichtigkeit, Lernen, Wertschätzung/Liebe.

Und Sie? Welche Bedürfnisse erfüllen Sie sich als Lehrerinnen und Lehrer? Bitte notieren Sie Ihre Antworten:

_____

_____

_____

Gottfried: Hilde, wie geht es dir, was fühlst du, wenn deine Bedürfnisse sich erfüllen?
Hilde: froh, glücklich, zufrieden, zuversichtlich, beschwingt, lebendig, entspannt, angeregt ...
Hilde: Gottfried, wie geht es dir, was fühlst du, wenn deine Bedürfnisse sich erfüllen?
Gottfried: leicht, lebendig, froh, zufrieden, angeregt, unbekümmert, glücklich, weich ...

Und Sie? Wie geht es Ihnen, was fühlen Sie, wenn sich Ihre Bedürfnisse erfüllen? Bitte notieren Sie Ihre Antworten:

_____

_____

_____

Wir, HF und GO, sind immer wieder ganz froh über die Vielfalt dessen, was wir bei solchen Überlegungen zusammentragen können. Es gibt eben neben anderem ganz vieles, was uns an unserer Arbeit begeistert! Wir erfüllen uns mit ihr viele Bedürfnisse und fühlen uns dabei erleichtert, angespornt, lebendig, glücklich. Und es tut gut, sich dessen immer wieder für sich selbst und mit anderen zu vergewissern ...

4.1 Wertschätzung

„Sieh die Schönheit in mir; such das Beste in mir. Das ist es, was ich wirklich bin und was ich wirklich sein will" – diese Intention und Wahrnehmungsmöglichkeit als Haltung zu erlernen, darum geht es uns in gewaltfreier und wertschätzender Kommunikation. „Kannst du das Wagnis eingehen, kannst du eine Möglichkeit finden, in allem, was ich tue, mich durchscheinen zu sehen und meine Schönheit wahrzunehmen?", so heißt es weiter in dem kleinen, schon zitierten Text[47]. Gewaltfreie und wertschätzende Kommunikation ist davon überzeugt, dass dieses Wagnis gelingen kann, denn: „Die schönste Umgangsform, die wir uns selbst gegenüber wählen können, ist diejenige, jedem Menschen eine grundsätzliche Wertschätzung entgegenzubringen."[48]

Wenn wir solche Wertschätzung ausdrücken möchten, ist eine prozessorientierte Sprache entscheidend wichtig – eine Sprache, mit der wir ausdrücken können, was jetzt lebendig in uns ist, ohne zu urteilen, zu diagnostizieren oder zu bewerten. Denn mit Urteil, Diagnose, Bewertung schreiben wir Menschen in einem bestimmten Zustand fest und machen sie zu einem Objekt dieser Urteile, Diagnosen und Bewertungen. Gewaltfreie und wertschätzende Kommunikation verstehen wir als eine solche Form prozessorientierter Sprache, die dem nachspürt, was jetzt in uns lebendig ist, verbunden mit den eigenen Bedürfnissen und Gefühlen. Indem ich übe, empathisch mit mir selbst zu sein, kann ich auch anderen empathisch begegnen.

Sich selbst und anderen mit Wertschätzung zu begegnen ist im Kontext von Schule nicht selbstverständlich.

---

47 S. o. S. 16.
48 Zit. nach G. R. Fritsch, a. a. O. S. 150.

> In einer schulinternen Lehrerfortbildung in gewaltfreier und wertschätzender Kommunikation an einem berufsbildenden Gymnasium wollte ich (GO) am dritten Tag mit einer emotionalen Tagesplanung[49] beginnen und bat die Teilnehmer und Teilnehmerinnen in einer Einstiegsrunde, zwei Fragen zu beantworten: Was möchte ich heute für mich tun, damit ich mich wohlfühle? Was möchte ich heute für andere tun, damit sie sich wohlfühlen?
>
> Dies stellte sich als ausgesprochen schwierig heraus: Nahezu übereinstimmend meinten die Teilnehmerinnen und Teilnehmer, alle erfahrene Lehrerinnen und Lehrer im Alter zwischen 30 und 55 Jahren: „Solche Fragen haben wir uns noch nie gestellt."
>
> Ich konnte dies gut nachvollziehen, war es mir doch ähnlich gegangen, bevor ich Gewaltfreie Kommunikation kennenlernte. Heute finde ich es schön, darauf zu achten, dass es mir gut geht, ich mich wohlfühle und dazu beitragen kann, dass Menschen in meiner Umgebung sich wohlfühlen.

Gewaltfreie und wertschätzende Kommunikation gründet in besonderer Weise auf Selbstfürsorge. Auch deshalb erscheint es uns entscheidend wichtig, sich immer wieder selbst zu vergewissern und die Frage zu beantworten: Welche Bedürfnisse erfülle ich mir mit meiner Arbeit, und was begeistert mich heute an ihr? So geht es auch in der Schule darum, dass ich darauf achte und mich selbst-empathisch darum kümmere,

- dass *ich* vorkomme und wichtig bin;
- dass *ich* nach meinen Gefühlen und Bedürfnissen frage;
- dass *ich* mich wohlfühle;
- dass *ich* mein Tun wertschätze und ernst nehme;
- dass *ich* mit mir selbst verbunden bin;
- dass *ich* nur dann, wenn *ich* vorkomme und wichtig bin, nach mir, meinen Gefühlen und Bedürfnissen frage, mein Tun wertschätze, wichtig nehme und mit mir verbunden bin, anderen wertschätzend und empathisch begegnen kann.

Mich selbst in dieser Weise wichtig zu nehmen, mir Wertschätzung zu schenken, erleben wir sehr oft als wenig selbstverständlich. Ein Werkzeug dazu haben wir schon benannt: die prozesshafte Sprache, mit der wir ausdrücken, was jetzt in uns lebendig ist, ohne dass wir uns beurteilen, unser Verhalten diagnostizieren oder bewerten. Auch dies widerspricht oft erlerntem Kommunikationsverhalten, in dem wir eher gewohnt sind, Selbstdiagnosen zu stellen, uns selbst zu verurteilen, zu vergleichen, zu bewerten oder unsere Positionen zu vertreten, zu argumentieren, recht haben zu wollen, und so eine statische Sprache benutzen, die uns und andere festlegt. Mit den

---

49 Die Idee habe ich von Th. Jennrich übernommen. ↗ http://www.komonton.de.

vier Schritten, die wir im Kapitel zuvor beschrieben haben, lässt sich diese prozesshafte Sprache erlernen. Wenn wir im ersten Schritt eine Beobachtung äußern, also beschreiben, was wir sehen, hören, riechen, dann ‚verführt' dies gleichsam bereits dazu. Wenn wir dann im zweiten Schritt uns selbst wahrnehmen, unsere Gefühle spüren in all ihrer Vielfalt und manchmal auch Ambivalenz, treten wir ein in einen Prozess nicht lediglich der Selbstwahrnehmung, sondern auch der Selbstreflexion. Gewaltfreie Kommunikation bietet dazu als weiteres Werkzeug die Möglichkeit der Selbst-Empathie an.

4.2 Was verstehen wir in Gewaltfreier Kommunikation unter Selbst-Empathie? – Einige Hinweise

Grundlage Gewaltfreier Kommunikation ist Empathie mir selbst und anderen gegenüber. Das folgende Schaubild kann dies verdeutlichen:

84 · Gewaltfreie Kommunikation in der Schule

Selbstwahrnehmung, Selbsteinfühlung, Selbstverbindung – das ist die Basis, die ‚kräftigende Wurzel', der ‚starke Stamm' Gewaltfreier Kommunikation. „Eine einfühlsame Haltung", schreibt Rosenberg, „ist nicht einfach immer da, sondern entsteht immer wieder, wenn wir gut für uns sorgen und uns selber nähren."[50] Gut für sich selbst zu sorgen und sich selbst zu nähren lässt sich erlernen und einüben. Selbstverständlich ist es in unserer Kultur nicht.

Ich lerne, mich selbst wahrzunehmen und die inneren Kritiker, Perfektionisten, Richter, Befrieder, Harmonisierer, Entwerter und Antreiber im inneren Dialog willkommen zu heißen, zu spüren und zu hören, mitfühlend zu verstehen. Ganz bewusst will ich sie wahrnehmen, sie zulassen, mir eingestehen, dass sie da sind, mit ihnen arbeiten, sie ggf. auch zurückweisen können. Dabei möchte ich meine Körperempfindungen spüren und mir meiner erfüllten und nicht erfüllten Bedürfnisse bewusster werden.

Ich verbinde mich mit mir selbst und fühle, was jetzt in mir gegenwärtig ist, was sich in mir abspielt. Ich fühle meine einzigartigen Gefühle und verbinde mich mit den Bedürfnissen, die ich jetzt erlebe. Ich werde empfindsam für mich. Ich trainiere meine Wahrnehmung für mich selbst. Achtsam lerne ich, in einer guten inneren Verbindung mit mir selbst zu sein. Wenn ich so bewusst wahrnehme, wie ich mich fühle, was mir gerade wichtig ist, was ich brauche – dann bin ich frei für Präsenz mit einem anderen Menschen.

Rosenberg schreibt einmal: „Wenn wir innerlich gewalttätig mit uns selbst umgehen, dann ist es schwierig, auf andere empathisch zu reagieren. ... Wir sind darauf getrimmt, uns selbst als Objekte zu betrachten – Objekte, die nicht perfekt sind. Wundert es dann, dass sich viele von uns in gewalttätigen Handlungsweisen gegen sich selbst wiederfinden?"[51] Dann sagen wir zum Beispiel, und vielleicht kennen Sie auch solche Redewendungen: „Ich kann das ja nie", „Ich bin nichts wert", „Ein Einzelner kann da eh nichts tun", „Ich bin nicht gut genug", „Anderes geht gar nicht", „Die Situation ist ‚alternativlos', und deshalb muss ich da durch". Wenn uns solche kritischen Selbsteinschätzungen davon abhalten, die Schönheit in uns, unsere Kraft und unsere Handlungsmöglichkeiten zu erkennen, dann verlieren wir den Kontakt zur Liebe als unserer Quelle und Lebensenergie.

Gegenüber solcher Selbstentwertung lädt gewaltfreie und wertschätzende Kommunikation dazu ein, mir selbst empathisch zu begegnen, mich selbst so zu betrachten, dass ich meine Schönheit sehe, dass ich so mein Wachstum fördere und nicht mich und andere klein mache. Wir können uns jederzeit – ebenso wie bei der Einfühlung

---

50 Zit. in: G. Fritsch, a. a. O. S. 9.
51 M. B. Rosenberg, Gewaltfreie Kommunikation. A. a. O. S. 149.

in andere – neu entscheiden, ob wir einfühlsam oder bewertend mit uns umgehen und über uns nachdenken möchten. Übrigens: Ein solcher Umgang mit uns selbst hat einen salutogenetischen Effekt und schützt vor dem, was viele Lehrerinnen und Lehrer bedroht: Burn-out.[52]

Perfektionsansprüche, ein inneres Müssen und Sollen, das uns antreibt zu funktionieren und perfekt zu sein, führen zu einem bewertenden, meist zu einem abwertenden Umgang mit uns selbst. Einfühlsam gehen wir dann mit uns um, wenn wir wahrnehmen, was jetzt in uns lebendig ist und was wir jetzt brauchen – und wenn wir dann annehmen können, dass unsere „gelungenen Halbheiten"[53] uns zufriedener und glücklicher machen als jene in unserer Gesellschaft selbstverständlichen, funktionsorientierten Perfektionsansprüche.

Ich werde mir selbst klar(er) und lerne, andere (in einem sehr qualifizierten Sinne) zu sehen und ihnen zuzuhören. Ich lerne, Verantwortung für mich selbst wahrzunehmen. Ich lerne, dass all meine Gefühle, Bedürfnisse, Gedanken, Handlungen mir gehören und ich selbst sie verändern kann (und manchmal brauche ich dafür auch Unterstützung).

Ich lerne, mich jederzeit zu entscheiden, welche ‚Ohren' ich mir selbst und anderen gegenüber aufsetze, mit welchen Augen ich mich und andere sehe, welche Sprache ich spreche und welche Handlungen ich auswähle. Ich verdeutliche mir immer neu: Wie ich mit mir selbst umgehe, so gehe ich auch mit anderen Menschen um.

Dabei ist es, wie wir oben gesehen haben, nicht selbstverständlich, wertschätzend und liebevoll mit sich selbst umzugehen. In der Regel sind wir kulturell und gesellschaftlich geprägt von jenen funktionsorientierten Perfektionsansprüchen. Doch Selbst-Empathie kann man lernen – für sich alleine oder in einer Gruppe. Solche Selbst-Empathie wird in Konfliktsituationen besonders wichtig, wenn wir Angst oder Ärger, Verzweiflung oder Wut empfinden oder auch gerade gar nicht richtig wissen, was mit uns jetzt los ist ...

Auf den folgenden Seiten finden Sie nun Möglichkeiten, Selbst-Empathie praktisch kennenzulernen und einzuüben. Es folgen zunächst zwei Beispiele, eines aus dem Schulalltag, ein zweites aus dem Familienleben, mit denen wir zeigen wollen, wie Selbst-Empathie gelingen kann. An diesen Beispielen entdecken Sie, dass zu den vier Schritten Gewaltfreier Kommunikation – Beobachtung, Gefühl, Bedürfnis, Bitte – ein fünfter Schritt unmittelbar nach der Bobachtung hinzukommt: Es kommt da-

---

52 Vgl. O.-A. Burow, Positive Pädagogik. Weinheim 2011. S. 172 f.; vgl. weiter K. I. Bitschnau, Die Sprache der Giraffen. Paderborn 2008. S. 210 ff.
53 F. Steffensky, Mut zur Endlichkeit. Stuttgart 2007. S. 21: „Gegen den Totalitätsterror möchte ich die gelungene Halbheit loben."

rauf an, unsere Gedanken, Verhaltensimpulse und Urteile, die in uns hochkommen, wahrzunehmen, uns deutlich zu machen, denn diese Gedanken, Verhaltensimpulse und Urteile geben uns wichtige Hinweise auf unsere nicht erfüllten Bedürfnisse.[54] Marshall Rosenberg nennt dies „Wolfsshow", weil wir hier im selbsteinfühlsamen Prozess unseren inneren Wolf ungehemmt und unzensiert ausgiebig zu Wort kommen lassen – eine Übung, die wir sehr genießen und die uns ausgesprochen hilfreich ist, weil sie uns auf unsere unerfüllten Bedürfnisse aufmerksam macht, über die wir nach dem Prozess der Selbst-Empathie, wenn wir dies möchten, mit anderen sprechen können, ohne sie zu beschuldigen oder anzugreifen.

Es folgen vier Übungsbeispiele für Sie. Wir beginnen bewusst nicht mit „Angst", „Ohnmacht" oder „Ärger", sondern mit „Freude". Auch wenn dies untypisch ist, wünschen wir uns, dass es Sie vielleicht verlockt, mit einer Übung zu einer erfreulichen Erfahrung zu beginnen (auch wenn Sie dazu den für Selbst-Empathie in Konfliktsituationen nötigen Zwischenschritt „Gedanken / Verhaltensimpulse / Urteile" nicht benötigen, weil Ihre Bedürfnisse ja erfüllt sind). Es folgen je eine Übung zu „Angst / Ohnmacht" und „Ärger" sowie eine Aufgabe, mit der Sie dann, wenn Sie sich ein wenig mit der Technik vertraut gemacht haben und sich etwas sicherer fühlen, frei eine für Sie schwierige Situation wählen.

Vielleicht ist Selbst-Empathie das, was Lehrerinnen und Lehrer, gleich in welchen Bildungsinstitutionen sie arbeiten, angesichts immer schwieriger werdender Arbeitssituationen und eines immer stärker belastenden Berufsalltags am meisten brauchen: Klärung und Stärkung, die wir uns selbst schenken (oder von anderen in Form der Empathie erbitten) können. Wir wünschen uns deshalb besonders an dieser Stelle – wenn Sie sich darauf einlassen möchten –, dass Sie sich ausreichend Zeit dafür nehmen, um die klärende und stärkende Erfahrung von Selbst-Empathie machen zu können.[55]

---

54 Vgl. G. Fritsch, Praktische Selbst-Empathie. A. a. O. S. 17–20. Hier spricht G. Fritsch von den Bewertungen und Urteilen als „verborgenen Geschenken", uns auf unsere unerfüllten Bedürfnisse aufmerksam zu machen! Hierzu s. auch o. den Abschnitt „Wie finde ich Bedürfnisse heraus?", S. 37.
55 Wir selbst haben dazu viel gelernt aus dem bereits mehrfach zitierten Buch von G. Fritsch, Praktische Selbst-Empathie. Herausfinden, was man fühlt und braucht. A. a. O.

4.3 Übungen zur Selbst-Empathie

ÜBUNG

Ein erstes Beispiel aus einer Förderschule (HF):

1. *Beobachtung: Was geschah genau? Was löste die Gefühle aus?*
   Tommi (15) trinkt zu Beginn der Stunde aus seiner Apfelsaftflasche. Ich fordere ihn dreimal auf, die Flasche wegzustellen. Er folgt dieser Aufforderung nicht und lässt den Inhalt auf den Boden tropfen. Dabei schaut er mich an.
2. *Gefühle: Welche Gefühle habe ich?*[56]
   Ich bin ärgerlich, genervt und hilflos, fühle mich ohnmächtig ... erschöpft, müde ...
3. *Gedanken / Verhaltensimpulse: Welche Gedanken – Interpretationen, Bewertungen, Urteile, Vorwürfe, Phantasien, Annahmen – und Verhaltensimpulse kommen mir in den Sinn? („Wolfsshow")*
   „Verdammt, nicht das auch noch! Schon 6. Stunde! Muss der dauernd nerven?! Der will mich auf die Palme bringen. Der gehört in eine EH-Schule ..."[57]
4. *Bedürfnisse: In welche Bedürfnisse lassen sich meine Urteile und Gedanken aus der Wolfsshow übersetzen? Welche Bedürfnisse stecken hinter meinen Urteilen und Gefühlen?*
   Es könnten Schutz, Selbstwirksamkeit, Leichtigkeit, Erholung, Verständnis, Mitgefühl ... sein.
5. *Bitte: Was kann ich nun ganz praktisch für mein wichtigstes Bedürfnis tun?*
   Leichtigkeit/Erholung entdecke ich als mein jetzt wichtigstes Bedürfnis: Ich bitte mich selbst, fünf Minuten auf den Flur zu gehen und aus dem Fenster zu schauen, meine Müdigkeit zu spüren und die Augen zuzumachen und mir zu sagen: Oh, Hilde, ich verstehe gut, wie müde du bist und wie gern du jetzt eine leichte, lockere 6. Stunde hättest ...

---

56 Die Schritte 2 und 3 der Selbst-Empathie können individuell unterschiedlich sein: Bei den einen sind spontan Gefühle da, und dann kommen Gedanken und Verhaltensimpulse, bei anderen ist dies umgekehrt. Sie können für sich ausprobieren, welche Reihenfolge für Sie passend und hilfreich ist.
57 Förderschule mit dem Schwerpunkt Erziehungshilfe.

> **ÜBUNG**
>
> Ein zweites Beispiel aus dem Familienleben, das in einer Fortbildung mit Studierenden wichtig wurde (GO); eine Studentin berichtet von einem Konflikt mit ihrer Tochter und möchte dies in einem angeleiteten Prozess der Selbst-Empathie für sich klären:
>
> 1. Beobachtung: Was geschah genau? Was löste die Gefühle aus?
>   Gestern haben meine Tochter Anna und ich uns verabredet, heute ab 9.00 Uhr gemeinsam ihr Zimmer neu zu streichen. Ich habe mir dafür einen halben Tag freigenommen. Heute Morgen war ich zwei Mal bei Anna und habe sie gebeten, aufzustehen. Jetzt ist es 9.30 Uhr, und Anna liegt in ihrem Bett.
> 2. Gefühle: Welche Gefühle habe ich?
>   Ich bin wütend, hilflos, gereizt, traurig, frustriert, entmutigt, enttäuscht, lustlos ...
> 3. Gedanken/Verhaltensimpulse: Welche Gedanken – Interpretationen, Bewertungen, Urteile, Vorwürfe, Phantasien, Annahmen – und Verhaltensimpulse kommen mir in den Sinn? („Wolfsshow")
>   Es ist immer dasselbe mit den Kindern, keines hält sich an Verabredungen; blöde Henne, liegt immer faul im Bett, und ich hab mir dafür extra freigenommen; so ein Scheiß, dann hätte ich heute Morgen auch mal länger schlafen können; soll die ihren Kram doch selber machen; nicht mal um ihre eigenen Sachen kümmert sie sich, der ist wohl alles egal ...
> 4. Bedürfnisse: In welche Bedürfnisse lassen sich meine Urteile und Gedanken aus der Wolfsshow übersetzen? Welche unerfüllten Bedürfnisse stecken hinter meinen Gefühlen?
>   Es könnten Wertschätzung, Verbundenheit, Gegenseitigkeit, Freude und Leichtigkeit, Klarheit ... sein.
> 5. Bitte: Was kann ich nun ganz praktisch für mein wichtigstes Bedürfnis tun?
>   Verbundenheit, Klarheit und Wertschätzung sind meine jetzt wichtigsten Bedürfnisse: Ich bitte meine Tochter, die mittlerweile aufgestanden ist: Bevor wir damit beginnen, dein Zimmer zu streichen, möchte ich gerne zehn Minuten mit dir sprechen. Geht das jetzt gleich?

Was die Beispiele deutlich machen, ist zum einen, dass HF und die Studentin gut für sich selbst sorgen möchten. Und dazu gehört, den Raum zwischen Reiz und Reaktion zum eigenen Wohlbefinden zu erweitern. Dies war für uns eine hilfreiche Erfahrung im Einüben von Selbst-Empathie: Wir können uns lösen – mühsam oft – von unseren gewohnten Reaktionen und entsprechenden Reiz-Reaktions-Schemata und lebensdienlichere Reaktionen einüben und gebrauchen. Dazu gehört, dass wir uns Zeit nehmen, nach uns selbst zu fragen und für uns selbst zu sorgen.

> **ÜBUNG**
>
> ### Selbst-Empathie „Freude"
>
>
>
> Bitte erinnern Sie eine Situation der vergangenen Woche, in der Sie sich gefreut haben. Und nun schenken Sie sich in Selbstverbindung ein Innehalten für Ihre Freude.
>
> *Auslösende Situation/Beobachtung:* Was geschah genau? Was löste die Gefühle aus?
>
> _____
>
> _____
>
> _____
>
> *Gefühle:* Welche Gefühle hatten Sie?
>
> _____
>
> _____
>
> _____
>
> *Bedürfnisse:* Welche Bedürfnisse waren für Sie in dieser Situation erfüllt?
>
> _____
>
> _____
>
> _____

Formulieren Sie nun eine *Bitte*[58],

a) die Sie an sich selbst richten können:

_____

_____

b) die Sie an eine andere Person oder andere Person(en) richten können:

_____

_____

ÜBUNG

Selbst-Empathie „Angst" / „Ohnmacht"

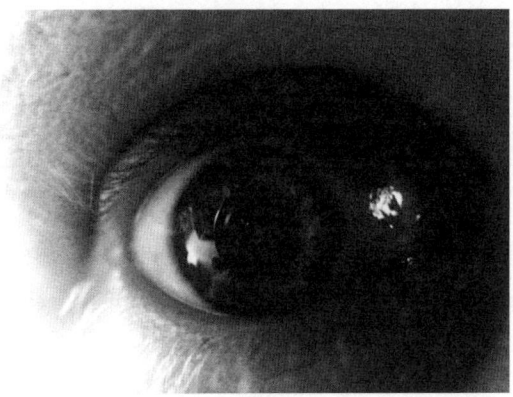

Denken und fühlen Sie sich bitte in eine der folgenden Situationen ein:

1. Sie sind am Beginn des Referendariats, haben die Klassen in Ihrer Schule zugeteilt bekommen und erfahren, dass Sie in der Ihnen am schwierigsten erscheinenden Klasse die erste Unterrichtsprobe zu halten haben. Sie suchen das Gespräch mit dem Studienleiter, doch die Entscheidung bleibt bestehen. Und der Studienleiter sagt abschließend: „Da sehen Sie doch gleich, wie es Ihnen später ergeht, da können Sie sich auch die Klassen nicht aussuchen."

---

58 Bei erfüllten Bedürfnissen kann die Bitte wegfallen. Sie können diese freilich auch aufrechterhalten und sich bitten, etwas zu tun oder zu lassen, was Ihrer Freude über das erfüllte Bedürfnis Ausdruck gibt. S. u. S. 241.

2. Sie unterrichten eine 5. Klasse im Fach Religion. In der nächsten Woche wird ein Unterrichtsbesuch sein. Sie sind am Beginn der Unterrichtseinheit, in der auch die Besuchsstunde sein wird. Während der Unterrichtsstunde lachen und unterhalten sich links hinten in der Ecke vier Schüler, ohne zu flüstern. Mehrmals sagen Sie den Schülern: „Seid jetzt ruhig und arbeitet mit." Beim dritten Mal rafft sich ein Schüler auf und sagt: „Keinen Bock! Scheiß Thema!"
3. Sie haben Pausenaufsicht. Sie sehen, dass neben der Schaukel mehrere Schüler der neunten Klasse einander anschreien. Plötzlich geht ein Schüler auf sein Gegenüber los und schlägt ihm die Faust ins Gesicht. Der andere schlägt zurück. Sie schlagen einander, treten, schreien, kämpfen. Drumherum johlen andere Schülerinnen und Schüler ...
4. Sie kommen am Morgen in die Schule, und Ihr Schulleiter trifft Sie auf dem Flur: „Frau/Herr ..., kommen Sie bitte nach Schulschluss in mein Büro. Ich muss etwas Unangenehmes mit Ihnen besprechen. Ein Vater hat mich angerufen und sich über Sie beschwert." „Beschwert?", fragen Sie. „Ja, beschwert. Über Ihren Unterricht. Er bezweifelt, dass Sie Ihr Fach beherrschen. Aber das werden wir heute Mittag besprechen."

Beobachtung: Bitte wählen Sie Situation 1, 2, 3 oder 4.

Gefühle: Welche Gefühle hatten Sie?

_____

_____

_____

Gedanken/Urteile: Welche Gedanken – Interpretationen, Bewertungen, Urteile, Vorwürfe, Phantasien, Annahmen – und Verhaltensimpulse kommen Ihnen in den Sinn? („Wolfsshow")

_____

_____

_____

Bedürfnisse: In welche Bedürfnisse lassen sich Ihre Urteile und Gedanken aus der Wolfsshow übersetzen? Welche unerfüllten Bedürfnisse stecken hinter Ihren Gefühlen?

_____

_____

_____

> Formulieren Sie nun eine *Bitte*,
>
> a) die Sie an sich selbst richten können:
>
> _____
>
> _____
>
> b) die Sie an eine andere Person oder andere Person(en) richten können:
>
> _____
>
> _____

Selbst-Empathie „Ärger"

Bevor wir zu der Übung zur Selbst-Empathie in einer Situation des Ärgers kommen, schlagen wir vor, dass Sie sich zunächst einen Moment dem starken Gefühl des Ärgers zuwenden.

„Ärger" empfinden Menschen unterschiedlich oft: Anlass können ganz unterschiedliche Erlebnisse sein. In der deutschen Diskussion um Gewaltfreie Kommunikation gibt es eine breite Auseinandersetzung darüber, ob Ärger ein primäres, also ein „echtes" Gefühl ist oder ein sekundäres Gefühl, das auf dahinter liegende Gefühle hinweist. Wir wollen hier diese Diskussion nicht führen und folgen stattdessen zwei Hinweisen von Rosenberg, die uns ausgesprochen einleuchtend erscheinen: „Ärger zeigt mir zwei Dinge: Ich bekomme nicht, was ich will, und gebe jemand anderem die Schuld dafür."[59] „Ärger ist das Ergebnis nach außen gerichteter Wolfsohren. Wir finden Fehler, beurteilen, identifizieren und analysieren, was am andern falsch ist."[60] Wir schlagen Ihnen nun, gleichsam als Vorübung zur Selbst-Empathie bei Ärger, eine kleine Übung vor, die wir von M. Rosenberg übernommen haben: „‚Ich mag Leute nicht, die ...' Schreiben Sie alle negativen Urteile auf, die Ihnen einfallen, und dann fragen Sie sich bei jedem einzelnen: Wenn ich dieses Urteil über jemanden fälle, was brauche ich dann und bekomme es nicht? So lernen Sie, auf der Ebene Ihrer unerfüllten Bedürfnisse zu denken und weniger auf der Ebene der Beurteilungen anderer."[61]

---

59 M. Rosenberg, Ärger einfühlend hören und ausdrücken. Berlin o. J. S. 39; vgl. auch M. Rosenberg, Gewaltfreie Kommunikation. A. a. O. S. 69 und 161 ff.
60 M. Rosenberg, Ärger einfühlend hören und ausdrücken. A. a. O. S. 8.
61 A. a. O. S. 39.

Ich mag Leute nicht, die … sind.	Was brauche ich und bekomme es nicht?
ausländerfeindlich	Wertschätzung aller Menschen
faul	Effektivität in der Zusammenarbeit

ÜBUNG

Jetzt erinnern Sie sich bitte an eine Situation aus der/den vergangenen Woche(n), in der Sie sich „richtig" geärgert haben und die noch präsent ist in Ihrem Gefühl.

Beobachtung: Was geschah genau? Was löste die Gefühle in Ihnen aus?

_____

_____

_____

Gefühle: Welche Gefühle hatten Sie?

_____

_____

_____

_____

Gedanken / Verhaltensimpulse: Welche Gedanken – Interpretationen, Bewertungen, Urteile, Vorwürfe, Phantasien, Annahmen – und Verhaltensimpulse kommen Ihnen in den Sinn? („Wolfsshow")

_____

_____

_____

_____

Bedürfnisse: In welche Bedürfnisse lassen sich Ihre Urteile und Gedanken aus der Wolfsshow übersetzen? Welche unerfüllten Bedürfnisse steckten hinter Ihren Gefühlen?

_____

_____

_____

_____

Formulieren Sie nun eine *Bitte*,

a) die Sie an sich selbst richten können:

_____

_____

b) die Sie an eine andere Person oder andere Person(en) richten können:

_____

_____

> **ÜBUNG**
>
> ### Eine eigene frei gewählte Erfahrung
>
>
>
> Bitte erinnern Sie eine konfliktreiche Erfahrung, die Sie in den letzten Tagen in Ihrer Schule oder Familie gemacht haben, in der Sie sehr verärgert oder wütend, hilflos oder ängstlich, schockiert oder traurig waren. Und üben Sie nun ausgehend von Ihrer Erfahrung die fünf Schritte.
>
> *Beobachtung:* Was geschah genau? Was löste Gefühle in Ihnen aus?
>
> _____
> _____
> _____
>
> *Gefühle:* Welche Gefühle haben / hatten Sie?
>
> _____
> _____
> _____

Gedanken / Verhaltensimpulse: Welche Gedanken – Interpretationen, Bewertungen, Urteile, Vorwürfe, Phantasien, Annahmen – und Verhaltensimpulse kommen Ihnen in den Sinn? („Wolfsshow")

_____
_____
_____

Bedürfnisse: In welche Bedürfnisse lassen sich Ihre Urteile und Gedanken aus der „Wolfsshow" übersetzen? Welche unerfüllten Bedürfnisse stecken/steckten hinter Ihren Gefühlen?

_____
_____
_____

Formulieren Sie nun eine *Bitte,*

a) die Sie an sich selbst richten können:
_____
_____

b) die Sie an eine andere Person oder andere Person(en) richten können:
_____
_____

Nach unserer Erfahrung lohnt es sich, Selbst-Empathie immer wieder zu üben, damit Sie in diesen intensiven Modus der Selbstverbindung quasi automatisch wechseln können. Es wird dann nach einiger Übung gar nicht mehr nötig sein, bewusst alle Schritte nacheinander durchzuarbeiten, weil Sie Ihre eigenen Abkürzungen entdecken werden. Und von Zeit zu Zeit spüren Sie dann vielleicht selbst die Notwendigkeit, einmal wieder ganz schulmäßig einen solchen Selbst-Empathieprozess zu durchlaufen.

4.4 Was verstehen wir in Gewaltfreier Kommunikation unter Empathie? – Einige Hinweise

Einfühlungsvermögen und Achtsamkeit mir selbst und anderen gegenüber sind die Basis einer gewaltfreien und wertschätzenden Haltung: „In dem Maße, in dem wir uns von Moment zu Moment in der spielerischen Freude der Lebensbereicherung engagieren – einzig und allein motiviert durch den Wunsch, das Leben schöner, reicher, bunter, lebenswerter zu machen –, in dem Maße gehen wir auch einfühlsam mit uns selbst und anderen um."[62] Wenn Sie dagegen über die Worte eines Menschen nachdenken und darauf hören, wie sie in Ihre Theorien passen, was ja eine ganz übliche und gewohnte Umgangsform ist, die wir auch von uns selbst gut kennen, dann schauen wir auf (!) den Menschen – wir sind nicht bei (!) ihm. Der andere ist Objekt unseres Denkens.[63] So verfehlen wir oftmals die Begegnung zweier Subjekte, und Wertschätzung wird ebenso wenig möglich wie Einfühlung und Achtsamkeit im Umgang miteinander.

Die wichtigsten Voraussetzungen für Empathie sind Präsenz und Respekt: Ich bin jetzt ganz da – bei mir und, wenn der oder die andere dies möchte, bei dem oder der anderen und seinen bzw. ihren Erfahrungen. Ich bin „einfach" da und „muss" nichts machen. Eine Weisheit Buddhas formuliert dies so: „Versuche nicht, etwas in Ordnung zu bringen, sondern sei einfach da."[64] Die Qualität der Präsenz unterscheidet in besonderer Weise Empathie von ausschließlich vernunftmäßigem Verstehen. Ich mache mich und den anderen nicht zum Objekt, sondern setze darauf, dass zwei Subjekte einander begegnen. „Empathie erfasst", so formuliert es Gerlinde Ruth Fritsch, „welche Sehnsucht einen Menschen dazu drängt, zu handeln, ungeachtet dessen, wie er seine Sehnsucht umzusetzen versucht. Empathie ist die Suche danach, was den anderen bewegt: Was sind seine Schmerzen, was seine Freuden? Und bei allen Fragen, bei aller Suche gibt es keinerlei Verurteilung oder Ablehnung, sondern tiefes Verständnis und Mitgefühl. Wie wird eine solche liebevoll-zugewandte Haltung möglich? Sie wird möglich, wenn Menschen sich auf das Paradigma einlassen, dass allem, was Menschen denken, sagen oder tun, eine sinnvolle und zutiefst positive Absicht zugrunde liegt: sich Bedürfnisse zu erfüllen – auch wenn durch die Art, wie sie es bislang getan haben, großer Schaden und Schmerz entstanden ist."[65]

---

62 Marshall B. Rosenberg, Gewaltfreie Kommunikation. A. a. O. S. 159.
63 Die Nähe zu Martin Bubers anthropologischem Ansatz einer Beziehungsphilosophie ist hier gleichsam mit Händen zu greifen. Vgl. M. Buber, Ich und Du. Stuttgart 1985. Vgl. etwa S. 4 und 6: „Wer Du spricht, hat kein Etwas zum Gegenstand. ... Das Grundwort Ich – Du stiftet die Welt der Beziehung."
64 Zit. nach M. B. Rosenberg, Wie ich dich lieben kann, wenn ich mich selbst liebe. Paderborn 2006. S. 48.
65 Gerlinde R. Fritsch, Praktische Selbst-Empathie. A. a. O. S. 9 f.

Als Lehrerin oder Lehrer kann ich beispielsweise Strategien von Schülerinnen oder Schülern zutiefst ablehnen und/oder für tragisch halten – und mich doch mit dem dahinter liegenden Bedürfnis verbinden, das eine Schülerin oder ein Schüler sich erfüllen will. Ich kann mich mit diesem dahinter liegenden Bedürfnis verbinden, weil ich selbst dieses Bedürfnis kenne. Auch ich brauche Wertschätzung, Sicherheit, Erholung, Geborgenheit, Kontakt, Nähe, Selbstbestimmung, Sinn u. a. m. Habe ich das Bedürfnis vermutet, erfragt, erfühlt und (!) bestätigt bekommen (die Deutungshoheit liegt nicht bei mir, sondern bei demjenigen, der Empathie möchte), fällt es mir leicht, mich zu verbinden – und dann kann über Strategien gesprochen werden, die dieses Bedürfnis lebensdienlich und vielleicht angenehmer für Schülerinnen und Schüler und andere am Schulleben Beteiligte erfüllen können.

Solches empathisches Verstehen – und dies ist uns wichtig zu betonen – bedeutet nicht Einverständnis. Alles verstehen zu wollen bedeutet nicht, mit allem einverstanden sein zu wollen. Vielmehr ist das Verstehen, ist Empathie gleichsam die notwendige Basis, miteinander die Strategien anzusprechen, die der oder die Empathie Gebende – beispielsweise ein Lehrer in einer Konfliktsituation zwischen einer Schülerin und einem Schüler – möglicherweise ablehnt oder für tragisch hält.[66] Rosenberg beschreibt dies so: „Wir schenken unsere Aufmerksamkeit voll und ganz der anderen Person. Wir denken nicht darüber nach, wie wir das finden, was der andere gesagt hat. Denn wenn wir einer Person Einfühlung geben, dann geht es uns nicht darum, was sie denkt, was übrigens nicht bedeutet, dass wir zustimmen. Wenn wir dem zustimmen, was die andere Person sagt, dann ist es nicht mehr Empathie."[67]

Präsenz und Respekt drücken sich aus in einer besonderen und intensiven Form des Zuhörens. Ich kommentiere nicht, ich werte nicht, ich beurteile nicht, ich diagnostiziere nicht. Ich höre zu und versuche, zu verstehen.

---

66 Thich Nhat Hanh (Ich pflanze ein Lächeln. München 2007. S. 100) drückt dies in seiner buddhistisch geprägten Sprache so aus: „Wenn du verstehst, kannst du nicht anders, als zu lieben. Du kannst nicht ärgerlich werden. Um das Verstehen zu entwickeln, musst du üben, alle Lebewesen mit den Augen des Mitgefühls zu betrachten. Wenn du verstehst, kannst du nicht anders, als zu lieben. Und wenn du liebst, handelst du ganz natürlich auf eine Weise, die das Leiden der anderen lindern kann."

67 M. B. Rosenberg, Konflikte lösen durch Gewaltfreie Kommunikation. A. a. O. S. 44.

Momo[68]

„War Momo vielleicht so unglaublich klug, dass sie jedem Menschen einen guten Rat geben konnte? Fand sie immer die richtigen Worte, wenn jemand Trost brauchte? Konnte sie weise und gerechte Urteile fällen?

Nein, das alles konnte Momo ebenso wenig wie jedes andere Kind.

Konnte Momo dann vielleicht irgendetwas, das die Leute in gute Laune versetzte? Konnte sie zum Beispiel besonders schön singen? Oder konnte sie – weil sie doch in so einer Art Zirkus wohnte – am Ende gar tanzen oder akrobatische Kunststücke vorführen?

Nein, das war es auch nicht.

Konnte sie vielleicht zaubern? Wusste sie irgendeinen geheimnisvollen Spruch, mit dem man alle Sorgen und Nöte vertreiben konnte? Konnte sie aus der Hand lesen oder sonst wie die Zukunft voraussagen?

Nichts von alledem.

Was die kleine Momo konnte wie kein anderer, das war: Zuhören. Das ist doch nichts Besonderes, wird nun vielleicht mancher Leser sagen, zuhören kann doch jeder.

Aber das ist ein Irrtum. Wirklich zuhören können nur ganz wenige Menschen. Und so wie Momo sich aufs Zuhören verstand, war es ganz und gar einmalig.

Momo konnte so zuhören, dass dummen Leuten plötzlich sehr gescheite Gedanken kamen. Nicht etwa, weil sie etwas sagte, was den andern auf solche Gedanken brachte, nein, sie saß nur da und hörte einfach zu, mit aller Aufmerksamkeit und aller Anteilnahme. Dabei schaute sie den andern mit ihren großen, dunklen Augen an, und der Betreffende fühlte, wie in ihm auf einmal Gedanken auftauchten, von denen er nie geahnt hatte, dass sie in ihm steckten.

Sie konnte so zuhören, dass ratlose und unentschlossene Leute auf einmal ganz genau wussten, was sie wollten. Oder dass Schüchterne sich plötzlich frei und mutig fühlten. Oder dass Unglückliche und Bedrückte zuversichtlich und froh wurden. Und wenn jemand meinte, sein Leben sei ganz verfehlt und bedeutungslos und er selbst nur irgendeiner unter Millionen, einer, auf den es überhaupt nicht ankommt und der ebenso schnell ersetzt werden kann wie ein kaputter Topf – und er ging hin und erzählte alles das der kleinen Momo, dann wurde ihm, noch während er redete, auf geheimnisvolle Weise klar, dass er sich gründlich irrte, dass es ihn, genauso wie er war, unter allen Menschen nur ein einziges Mal gab und dass er deshalb auf seine besondere Weise für die Welt wichtig war.

So konnte Momo zuhören!"

---

68 M. Ende, Momo. Stuttgart: Thienemann, 2009. S. 14 f. Mit freundlicher Genehmigung des Thienemann Verlags. Vgl. dazu den Text von Elias Canetti (s. o. S. 57 f.), der gleichsam als eine ‚Urform' dieses Textes gelesen werden kann.

Entscheidend für Empathie und das damit verbundene Zuhören ist die Wahrnehmung der Differenz von Bedürfnissen und Strategien[69]: Für die Erfüllung eines Bedürfnisses gibt es immer eine ganze Anzahl verschiedener Strategien. Während das Bedürfnis immer positiv ist, gilt dies nicht für alle Strategien. So kann ich mich empathisch aus vollem Herzen auf der Ebene der Bedürfnisse mit jemandem verbinden, während ich möglicherweise dessen gewählte Strategien zutiefst ablehne. Aufgrund dieser Verbindung auf der Ebene der Bedürfnisse wird es dann möglich, gemeinsam die gewählten Strategien zu besprechen und/oder gemeinsam nach weiteren und anderen Strategien zu suchen.

Dieses tiefe Verständnis und Mitgefühl, diese Verbundenheit fehlt häufig in der Besprechung/Bearbeitung von Problemen auch in der Schule. Es ist diese besondere Art der Präsenz, der eigenen Gegenwärtigkeit in der Situation jetzt und hier, mit der jene besondere Nähe empathischer Kommunikation – Beziehung statt Erziehung[70] – möglich wird: Ich bin einfach da und ich muss nichts bewirken oder erreichen wollen. Ich versehe den anderen auch nicht mit einem Zuspruch oder ungefragtem Rat – und ich schenke auch anderes als Sympathie.

4.5 Übungen zur Empathie

4.5.1 Übungsspiel: Zuspruch, Vergleich, Sympathie, Empathie – Möglichkeiten, einem Problem/einem Konflikt zu begegnen[71]

Ziel dieses Spiels ist es, sich bewusst zu machen, wie unterschiedlich wir auf Probleme reagieren können, und spielerisch zu zeigen und einzuüben, was GFK-Sprache in ihren vier Schritten leisten kann.

Die Probleme und Konflikte können „aus der Luft gegriffen" sein. Es geht nicht um das Gewicht des Problems, es ist einfach ein Spiel. Probleme könnten sein:
- „Ich habe mir einen Fingernagel abgebrochen."
- „Mein Auto ist ohne Benzin liegen geblieben."
- „Die Post hatte zu, als ich dort ankam."
- „Heute war Leberwurst 50 Cent teurer als gestern."
- etc. etc.

---

69 S. o. S. 46 ff.
70 Vgl. auch hierzu noch einmal M. Buber, Werke. Bd. 1. Heidelberg 1962. S. 818: „Sie wollen nicht, dass man sie erziehen wolle."
71 Vorgestellt von Thomas Jennrich in einem Fortbildungsseminar im August 2010. Vgl. ↗ http://www.komontom.de.

Und: Es darf auch witzig und banal sein ... Verschiedene Reaktionsmöglichkeiten auf einen solchen Problemerzählsatz können allein oder in einer Gruppe ausprobiert werden.

Hören wir ein Problem, so können wir darauf reagieren mit Zuspruch, mit einem Vergleich, mit Sympathie oder auch empathisch:
- Zuspruch: „Das schaffst du schon, du bist doch stark und gesund."
- Vergleich: „Da geht's dir ja noch gut, andere sind viel schlimmer dran."
- Sympathie: „Das ist ja ganz schrecklich, das hatte ich auch mal. Bei mir war das so und so ..."
- Empathie: „Gefühl und Bedürfnis: Bist du (Gefühl), weil dir (Bedürfnis) wichtig ist?"

Mögliche Reaktionen auf ein Problem können auch sein:
- „Stell dich nicht so an! Soo schlimm ist das ja auch nicht!"
- Oder: „Mach nicht gleich ein Drama draus, das ist doch wirklich nicht der Rede wert!"
- Oder: „Ich würde dir das und das raten."

Wie würden Sie diese Reaktionen benennen? Wenn Sie mögen, fügen Sie diese noch in das Reaktionsrepertoire des Spiels mit ein.

ÜBUNG

Wenn Sie für sich allein arbeiten, formulieren Sie bitte für sich:

Einen Problemerzählsatz:
_____

Einen Zuspruch:
_____

Einen Vergleich:
_____

Eine sympathische Reaktion:
_____

Empathie:
_____

> **ÜBUNG**
>
> Wenn Sie das Spiel in der Gruppe machen, brauchen Sie fünf Gruppenmitglieder: Die Gruppe bekommt fünf Karten, auf jeder steht nur ein Wort: Problem, Vergleich, Zuspruch, Sympathie, Empathie – und außer bei der Problemkarte das entsprechende Satzmuster (s. o.).
>
> Ein Gruppenmitglied denkt sich ein „Problem" aus und spricht es aus. Die anderen reagieren entsprechend ihrer Kartenaufgabe mit „Zuspruch", „Vergleich", „Sympathie" oder „Empathie" – bezogen auf dieses spezielle „Problem". Das Gruppenmitglied mit dem „Problem" versucht, nach der Runde die Reaktionen zu identifizieren: „Zuspruch", „Vergleich", „Sympathie" und „Empathie", und hat am Ende der Runde die Möglichkeit, den anderen mitzuteilen, was die unterschiedlichen Botschaften bei ihm oder ihr ausgelöst haben. Es darf gerne übertrieben werden und vor allem: Es soll Spaß machen.
>
> *Beispiel*
>
> *Problem:* „Mir ist heute ein Fingernagel abgebrochen."
>
> *Zuspruch:* „Ach, der wächst doch nach. Du wirst sehen, in drei Wochen ist alles wieder in Ordnung."
>
> *Vergleich:* „Da geht's dir ja noch gut, meiner Freundin sind gestern vier Fingernägel abgebrochen."
>
> *Sympathie:* „Oh, wie schrecklich, das hatte ich auch mal. Da bin ich morgens zum Einkaufen gefahren und hab mir am Einkaufswagen einen Fingernagel abgebrochen. Direkt morgens. Das war vielleicht schlimm, denn ich musste ja anschließend noch in die Schule …"
>
> *Empathie:* „Bist du besorgt, weil du sicher sein willst, dass du gut aussiehst?"
>
> (So in etwa, auf „Richtiges" kommt es gar nicht an.)
>
> … und ein ernsthaftes Beispiel zum Schluss des Übungsspiels aus dem Universitätsalltag:
>
> *Problem:* „Herr Orth, das können Sie nicht machen, Sie können mir doch keine 5 auf meine Hausarbeit geben."
>
> *Zuspruch:* „Das ist doch so tragisch nicht. Sie können das doch locker mit anderen Noten ausgleichen. Also: Keine Sorge!"
>
> *Vergleich:* „Im Vergleich zu anderen haben Sie es mit Ihren Ausgleichsmöglichkeiten doch wirklich gut."
>
> *Sympathie:* „Ach, wissen Sie, ich habe im Studium auch 5er geschrieben, und das war nur zuerst schlimm. Die eine war in Bibelwissenschaften, die andere mal in Philosophie. Mir

> war das auch zuerst ganz unangenehm und ich mochte das gar keinem sagen. Irgendwie ging's dann schon wieder, und mein Professor hat immer gesagt, aus Fehlern könne man lernen ... Und, Sie sehen es ja, aus mir ist dann auch noch was geworden ..."
>
> Empathie: „Sind Sie jetzt traurig und enttäuscht, weil Sie Anerkennung Ihrer Arbeit und Verständnis für die vielen Schwierigkeiten darin brauchen? ... Vielleicht brauchen Sie auch Unterstützung für die Neuanfertigung der Arbeit? ..."

4.5.2 Übung zu Empathie und Selbst-Empathie im Schulalltag

Wir geben Ihnen zunächst Beispiele der Empathie und Selbst-Empathie für eine Situation während einer Schulpause. Auf Situationen im Schulhof kann ich als Lehrerin oder Lehrer ganz unterschiedlich reagieren. Ich kann Schülerinnen oder Schüler zurechtweisen, sie auf die Schulordnung verweisen, ihnen Strafe androhen, sie gleich bestrafen oder auf andere Maßnahmen zurückgreifen; ich kann die Situation auch einfach übersehen ... Oder ich kann im Gespräch mit Schülerinnen und Schülern versuchen, empathisch auf sie einzugehen.[72]

Auf Zurechtweisung, Strafe oder „Maßnahmen", das kennen Sie wahrscheinlich aus Ihrem Schul- oder Familienalltag, reagieren nicht nur Schülerinnen und Schüler in aller Regel entweder mit Unterwerfung oder mit offensichtlicher Rebellion oder verdeckter ‚Jaja sagen und nichts tun'-Rebellion. Auf jeden Fall ist die Stimmung anschließend in aller Regel bedrückender als zuvor.[73]

Anhand einer Situation aus dem Schulalltag geben wir Ihnen zunächst ein Beispiel für eine empathische Reaktion dem betreffenden Schüler gegenüber und eine selbstempathische Reaktion der Lehrerin. Es ist uns immer wieder wichtig zu verdeutlichen, dass Lehrerinnen und Lehrer nicht lediglich für Schülerinnen und Schüler da sind, sondern dass ihr eigenes Wohlbefinden und das, was sie dafür tun können,

---

72 Zur Anwendung „schützender Macht" sowie insgesamt zum Umgang mit Macht in gewaltfreier und wertschätzender Kommunikation s. u. S. 111 ff.

73 Dazu schreibt Marshall B. Rosenberg in seinem Buch Gewaltfreie Kommunikation. A. a. O. S. 36: „Wir bezahlen alle teuer dafür, wenn Leute aus Angst, Schuldgefühl oder Scham auf unsere Werte und Bedürfnisse eingehen und nicht aus dem Wunsch heraus, von Herzen zu geben. Früher oder später werden wir die Konsequenzen nachlassenden Wohlwollens von denen zu spüren bekommen, die aus einem Gefühl äußerer oder innerer Nötigung heraus unsere Wünsche erfüllt haben. Sie selbst bezahlen ebenfalls emotional, denn wenn sie etwas mitmachen aus Angst, Schuldgefühl oder Scham, werden sie höchstwahrscheinlich Widerwillen empfinden und einen Teil ihres Selbstbewusstseins einbüßen. Dazu kommt noch, dass jedes Mal, wenn andere uns in ihrer Vorstellungswelt mit diesen Gefühlen zusammenbringen, die Wahrscheinlichkeit abnimmt, dass sie in Zukunft auf unsere Werte und Bedürfnisse einfühlsam eingehen werden."

ebenso wichtig sind. Diesem ersten Beispiel folgt ein kurzer Bericht eines selbst-empathischen und eines empathischen Prozesses aus einer GFK-Fortbildung für Lehrerinnen und Lehrer.

ÜBUNG

Beispiel der empathischen Reaktion einer Lehrerin (HF) einem Schüler gegenüber

1. *Beobachtung:* „Als du (Fabian) in der Pause gerade den Olli zweimal getreten hast, nachdem er zu dir ‚Hurensohn' sagte,
2. *Gefühl:* ... warst du da sehr wütend?
3. *Bedürfnis:* ... weil dir Respekt ganz wichtig ist?
4. *Bitte z. B.:* Möchtest du gern erst einmal eine halbe Stunde allein in einem Raum sein? Und würdest du mir dann bitte sagen, ob du bereit bist, mit mir und Olli darüber zu sprechen?"

Beispiel der selbst-empathischen Reaktion einer Lehrerin (HF)

1. *Beobachtung:* „Wenn ich höre, dass Olli Fabian als ‚Hurensohn' beschimpft, und sehe, dass Fabian Olli zwei Mal tritt,
2. *Gefühl:* ... bin ich genervt/ärgerlich/wütend ...
3. *Gedanken/Verhaltensimpulse:* ... und ich denke/sage mir:
   - ‚Verdammt noch mal, schon wieder. Haben wir doch letzte Woche schon besprochen.' (weist hin auf Bedürfnisse wie Effektivität, Lernen, Selbstwirksamkeit, Verlässlichkeit)
   - ‚Denen ist es egal, was ich sage.' (weist hin auf Bedürfnisse wie Anerkennung, Bedeutung, Kontakt, Wertschätzung, Verbindung)
   - ‚Ich kann diese Schimpfwörter nicht mehr ab, wie kann man nur so miteinander umgehen. Völlig unerzogen! Die kennen nur Gewalt!' (weist hin auf Bedürfnisse wie Integrität, Frieden, Rücksichtnahme, Würde)
   - ‚Bei solchen Schülern ist Schule doch völlig überfordert.' (weist hin auf Bedürfnisse wie Entlastung, Sicherheit, Kompetenz, Unterstützung, Wirksamkeit)
   - ‚Ich bin doch keine Streetworkerin!' (weist hin auf Bedürfnisse wie Klarheit, Sicherheit, Sinn, Wissen, Unterstützung)
   - ‚Die sagen wahrscheinlich wieder, es sei nur *Spaß*!' (weist hin auf Bedürfnisse wie Ehrlichkeit, Verlässlichkeit, Verständnis)
   - ‚Immer wenn ich Aufsicht habe! Kann es nicht einmal ruhig ablaufen hier.' (weist hin auf Bedürfnisse wie Erholung, Leichtigkeit, Ruhe)
   - ‚Die müssen Pausenverbot kriegen!' (weist hin auf Bedürfnisse wie Wirksamkeit, Sicherheit, Schutz)
   - ‚Ich bringe die beiden zur Rektorin!' (weist hin auf Bedürfnisse wie Selbstbehauptung, Unterstützung, Wirksamkeit)
   - ‚Am besten wäre: Ausschließen sofort. Drei Tage!' (weist hin auf Bedürfnisse wie Entlastung, Schutz, Sicherheit, Wirksamkeit)

4. *Bedürfnisse: .... weil mir Frieden / Entlastung / Sicherheit und Wirksamkeit ... sehr wichtig sind.*
5. *Selbst-Bitte: Ich bitte mich, die beiden zu trennen, und dann die Klassenlehrerin / Sozialarbeiterin / Vertrauenslehrerin / Streitschlichterin zu bitten, das Gespräch mit den beiden Schülern zu führen."*

Beispiel aus einer GFK-Fortbildung für Lehrerinnen und Lehrer[74]

Lehrerinnen und Lehrer eines berufsbildenden Gymnasiums berichten davon, dass ihr Schulleiter mit ihnen im Wesentlichen über Aushänge und E-Mails kommuniziert. Der Schulleiter möchte,
- *dass seiner Art der Kommunikation vertraut wird,*
- *dass befolgt wird, was er sagt.*

Das Kollegium ist mit dieser Art der Kommunikation ausgesprochen unzufrieden. Einige Lehrerinnen und Lehrer berichten, dass sie Aushänge und Mails nicht mehr regelmäßig zur Kenntnis nehmen und eher gleichgültig sind: „Vieles ist mir scheißegal!" Andere sind wütend und ärgerlich.

Gemeinsam fragten wir nun nach den Bedürfnissen, die in dieser Situation nicht erfüllt sind. Folgende unerfüllten Bedürfnisse wurden genannt:
- *Wertschätzung*
- *Würde*
- *Autonomie*
- *Nähe und Verbundenheit*
- *Kooperation*
- *Menschlichkeit*
- *Wahrgenommen werden*
- *Anerkennung*

In einem zweiten Schritt fragten wir, welche der genannten Bedürfnisse für die Lehrerinnen und Lehrer am bedeutsamsten sind. Genannt wurden mit großem Abstand: Wertschätzung sowie Autonomie und Nähe/Verbundenheit.

In einem dritten Schritt bat ich die Lehrerinnen und Lehrer, zu vermuten, welche Bedürfnisse sich der Schulleiter mit seiner Art zu kommunizieren vielleicht erfüllt. Genannt wurden:
- *Effektivität*
- *Verstanden werden wollen,*
- *Wertschätzung, weil er alle Lehrerinnen und Lehrer gleich behandelt*
- *Transparenz*

---

74 S. o. S. 82.

- *Wahrgenommen werden*
- *Kooperation*
- *Nähe und Verbundenheit*
- *Sicherheit*
- *Harmonie*

Als stärkste Bedürfnisse, die sich der Schulleiter wohl erfüllt, vermuteten die Lehrerinnen und Lehrer recht einhellig: Effektivität, Wahrgenommen werden, Nähe/Verbundenheit und Wertschätzung.

Als wir dann gemeinsam wahrnahmen, dass Kollegium und Schulleiter eine ganze Reihe Bedürfnisse gemeinsam haben, hatten die Lehrerinnen und Lehrer den Wunsch, nach der Fortbildung nun auf dieser Ebene das Gespräch mit dem Schulleiter zu suchen, um gemeinsam Strategien zu finden, die seine und des Kollegiums Bedürfnisse erfüllen. Mir (GO) war noch wichtig, die Teilnehmerinnen und Teilnehmer zu ermutigen, ihre Bedürfnisse dem Schulleiter mitzuteilen. Ist nicht das Beste, was einem Schulleiter passieren kann, dass sein Kollegium das Bedürfnis nach Kooperation sowie nach Nähe/Verbundenheit und Wertschätztung – bei Achtung der Autonomie der Lehrerinnen und Lehrer – mit ihm teilt ...?

ÜBUNG

Bitte wählen Sie jetzt eine von Ihnen als schwierig empfundene Situation aus Ihrem schulischen Alltag aus und gehen Sie zweimal die vier Schritte durch. Zunächst im Modus der Selbst-Empathie.

Beobachtung: Was geschah genau? Was löste Gefühle in Ihnen aus?

_____
_____
_____

Gefühle: Welche Gefühle hatten / haben Sie?

_____
_____
_____

Gedanken / Verhaltensimpulse: Welche Gedanken – Interpretationen, Bewertungen, Urteile, Vorwürfe, Phantasien, Annahmen – und Verhaltensimpulse kamen / kommen Ihnen in den Sinn? („Wolfsshow")

_____

_____

_____

Bedürfnisse: In welche Bedürfnisse lassen sich Ihre Urteile und Gedanken aus der „Wolfsshow" übersetzen? Welche unerfüllten Bedürfnisse stecken hinter Ihren Gefühlen?

_____

_____

_____

Formulieren Sie nun eine *Bitte*,

a) die Sie an sich selbst richten können:

_____

_____

b) die sie an eine oder mehrere andere Person(en) richten können:

_____

_____

Sie können dafür auch eine Kurzform wählen:

Wenn ich sehe, _____,

bin ich _____,

weil mein Bedürfnis nach _____ nicht erfüllt ist,

und ich bitte mich, _____

Und nun versuchen Sie, ausgehend von der gleichen Situation den Modus der Empathie zu wählen und die vier Schritte zu erarbeiten.

Als Beobachtung nehmen Sie bitte die Situation aus Ihrem schulischen Alltag, die Sie eben für sich als schwierig empfunden und notiert haben.

Gefühle: Welche(s) Gefühl(e) vermuten Sie bei der / den beteiligten Personen (Schüler / der Schülerin / dem Kollegen / der Kollegin, dem Schulleiter / der Schulleiterin, den Eltern, dem Hausmeister / der Hausmeisterin oder einem / einer anderen in der Schule)?

_____

_____

_____

Bedürfnisse: Welche Bedürfnisse vermuten Sie hinter dem / den Gefühl(en)?

_____

_____

_____

Bitte: Worum möchten Sie die/den andere(n) bitten:

_____

_____

_____

Sie können dafür auch eine Kurzform wählen:

Wenn ich sehe _____,

vermute ich, dass du / Sie _____ bist / sind,

weil dein / Ihr Bedürfnis nach _____ nicht erfüllt ist,

und bitte dich / Sie, _____

Entscheidend ist, dass wir, wenn wir empathisch sein wollen, zum einen danach fragen, ob der- oder diejenige dies möchte, und zum anderen Gefühle und Bedürfnisse als Vermutungen erfragen, denen der Gesprächspartner oder die Gesprächspartnerin zustimmen kann oder auch nicht, was dann zum weiteren Nachfragen veranlasst. Die Hoheit über die eigenen Gefühle und Bedürfnisse liegt immer bei dem- oder derjenigen, dem/der wir Empathie schenken.

4.6. Zusammenfassung: Was haben wir Ihnen in diesem Kapitel angeboten?

Wir begannen mit der Erfahrung der **Begeisterung**. Es gibt Menschen, die uns begeistern, und es gibt Erlebnisse in unserer Arbeit in der Schule, die uns begeistern. Begeisterung ist der Stoff, der uns Kraft gibt und Veränderungen möglich macht, wenn wir achtsam mit uns selbst und anderen unser Leben und unsere Arbeit gestalten wollen.

Begeisterung füreinander und miteinander wird leicht, wenn Menschen sich wertschätzend begegnen. Sie wird zum Motor für Selbst-Wertschätzung und die Wertschätzung anderer. Gewaltfreie Kommunikation kann dann – wenn wir im Bild des Motors bleiben – als „Sprit" für solche wertschätzenden Beziehungen angesehen werden. **Wertschätzung**, das erfahren wir immer wieder in unserem Arbeitsalltag wie in Fortbildungen mit Lehrerinnen und Lehrern oder Schulsozialarbeiterinnen und Schulsozialarbeitern, ist an den Schulen ein rares Gut. Es wird dort täglich viel gute Arbeit geleistet, doch es wird einander wenig Wertschätzung mitgeteilt und erfahren. Vieles, was nicht gut läuft oder als schwierig erlebt wird, kommunizieren wir ständig. Die vielen Sternstunden bleiben dagegen meist unkommuniziert.

Zu beidem, zu Begeisterung und Wertschätzung, benötigen wir **eine prozessorientierte Sprache**, die auszudrücken und zu hören hilft, was gerade in uns lebendig ist und woran es uns mangelt. Gewaltfreie Kommunikation ist eine solche Sprache.

Gewaltfreie Kommunikation hilft dabei, zu erlernen und einzuüben, sowohl anderen solche Wertschätzung entgegenzubringen und zu schenken als auch sich selbst. Ein wertschätzender Umgang mit sich selbst ermöglicht es, anderen mit Wertschätzung zu begegnen. So können in der Schule einander wertschätzende Beziehungen aufgebaut werden – etwas, was Lehrerinnen und Lehrer gerade dort oft vermissen.

Wir haben Ihnen die Praxis der **Selbst-Empathie** und der **Empathie** als zentrale Elemente einer gewaltfreien Haltung vorgestellt und Ihnen Übungen dazu angeboten.

5. | Umgang mit Macht

Zum dritten Mal in dieser Woche kommt Cynthia zur ersten Stunde eine halbe Stunde zu spät, gestern war sie gar nicht in der Schule. Zum dritten Mal sagt sie heute, sie habe den Bus verpasst. Sie kommt nicht einmal leise und mit schlechtem Gewissen in die Klasse. Sie reißt die Tür auf, grinst, sagt auf dem Weg durch die Klasse zu ihrem Platz kurz: „Bus verpasst!", wirft ihre Tasche auf ihren Tisch und lässt sich auf ihren Stuhl fallen.

Ich sage wütend: „Jetzt reicht es, Cynthia! Ewige Zuspätkommerei! Das stört! Und dann dieses Trara beim Reinkommen. Ich werde heute deine Eltern informieren. Und die versäumte Zeit wirst du am Montag und Dienstag doppelt nachsitzen, also drei halbe Stunden machen 90 Minuten. Das sind zwei Unterrichtsstunden mal zwei. Vier Stunden Nachsitzen. Du könntest den Busfahrplan abschreiben. Vielleicht hilft das ja, und du kommst in Zukunft pünktlich."

In der Schule ist der Gebrauch von Macht ein zentrales Thema, und sie ist asymmetrisch verteilt. Sicher verfügen Schülerinnen und Schüler auch über Macht untereinander und gegenüber Lehrerinnen und Lehrern. Doch der ‚legalisierte' Machtvorsprung liegt bei den Lehrerinnen und Lehrern bzw. bei der Schulleitung.

Innerhalb Gewaltfreier Kommunikation wird reflektiert und erprobt, wie mit Macht so umgegangen werden kann, dass sie gewaltfreie und wertschätzende Kommunikation fördert und nicht verhindert oder gar zerstört. Im Kontext einer „Zwangseinrichtung", wie wir die Schule erleben, kann dies nur ansatzweise gelingen.

5.1 Machtsituationen

ÜBUNG

Welche Situationen erinnern Sie, in denen Sie als Lehrerinnen oder Lehrer Ihre Macht gegenüber Schülerinnen und Schülern eingesetzt haben? Bitte notieren Sie drei Situationen. Am Ende dieses Kapitels bitten wir Sie, mit diesen Situationen weiterzuarbeiten.

Situation 1:
_____
_____
_____
_____

Situation 2:
_____
_____
_____
_____

> Situation 3:
> _____
> _____
> _____
> _____

5.2 Welches Verständnis haben wir in der Gewaltfreien Kommunikation von Macht? – Einige Hinweise

In der Gewaltfreien Kommunikation gibt es eine breite Diskussion darum, ob „Macht" ein Bedürfnis, eine Strategie oder ein Gefühl ist. Wir verstehen „Macht" als eine Strategie, die Bedürfnisse wie Gesehenwerden, Gehörtwerden, Akzeptanz, Struktur, Autonomie oder auch Selbstbestimmung u. a. erfüllen kann. Ziel Gewaltfreier Kommunikation ist Empowerment, ein Gebrauch von Macht, der diese mit anderen teilt: Es geht um gegenseitige Ermächtigung, kraftvoll und gewaltfrei die eigenen Bedürfnisse zu erfüllen. So bedeutungsvoll uns ein solcher Machtgebrauch erscheint und so sehr wir ihn für erstrebenswert halten[75], so sehr ist Schule strukturell eine hierarchische Institution und von jenem asymmetrischen Machtgebrauch geprägt, in dem Lehrerinnen und Lehrer Macht über Schülerinnen und Schüler haben und die Schulleitung innerhalb der Schule die höchste Machtinstanz innehat. Rosenberg hat eine u. E. gerade für den schulischen Alltag wichtige Differenzierung des Gebrauchs von Macht über andere herausgefunden: Er unterscheidet zwischen strafender und schützender Anwendung von Macht.

Was meint schützende Anwendung von Macht? Wir nennen, bevor wir dies theoretisch erläutern, zwei Beispiele: Ein kleines Kind will über eine stark befahrene Straße rennen, und ich halte es zurück, weil ich es in diesem Moment vor Verletzungen schützen möchte. Im Pausenhof ist ein handgreiflicher Streit entbrannt, und ich gehe dazwischen, um Verletzungen zu vermeiden. Die (körperliche) Sicherheit der Schülerinnen und Schüler ist mir wichtig.

Was meint strafende Anwendung von Macht? Auch dazu zunächst die beiden Beispiele, mit einer entsprechend anderen Reaktion: Ein kleines Kind will über die Stra-

---

[75] Vgl. G. Orth, H. Fritz, Ich muss wissen, was ich machen will. A. a. O. S. 193 ff.

ße rennen, und ich halte es am Arm, drehe es zu mir und sage mit einem Klaps auf den Po: „Du sollst doch aufpassen! Wie oft habe ich dir schon gesagt, dass du nicht einfach auf die Straße laufen sollst?!" Im Pausenhof ist ein handgreiflicher Streit entbrannt, und ich rufe quer über den Hof: „Marc, komm sofort her! Pausenverbot! Schulordnung zehn Mal abschreiben!" Strafender Machtgebrauch zeichnet sich dadurch aus, dass ich andere in ihrem Verhalten kontrollieren möchte, damit sie sich jetzt und in Zukunft so verhalten, wie ich es für richtig halte. Strafende Anwendung von Macht enthält zudem mehr Gewalt, als in dieser Situation absolut nötig ist.[76]

Wir zitieren nun zunächst ausführlich M. B. Rosenberg, an einigen Stellen leicht verändert und ergänzt durch einige Einschübe von uns:

„Ob Macht beschützend oder strafend eingesetzt wird, kann man unter anderem aufgrund einer Untersuchung dessen unterscheiden, was die Person, die die Macht ausübt, denkt." Es geht also entscheidend darum, mit welcher Haltung und aufgrund welcher Werte Macht angewendet wird. Sie können so bei sich selbst nachforschen und überprüfen, ob Sie Macht im Sinne Gewaltfreier Kommunikation schützend oder strafend anwenden: „Eine Möglichkeit festzustellen, ob es sich um schützende oder strafende Anwendung von Macht handelt, besteht darin, die Absicht der Person, die die Macht ausübt, zu betrachten. Jemand, der Macht einsetzt, um zu schützen, möchte Verletzungen oder die Missachtung der Rechte anderer Menschen verhindern." Wer Macht schützend anwendet, dem geht es darum, das eigene Wohl oder das Wohl anderer zu schützen. Er oder sie verzichtet auf Urteile, fällt also insbesondere keine moralischen Wertungen, und stellt keine Forderungen. Er oder sie ist bestrebt, sein Handeln im Anschluss an die Anwendung beschützender Macht zu erläutern.

„Strafendem Einsatz von Macht hingegen liegt die Absicht zugrunde, Menschen für ihre als böse bewerteten Handlungen leiden zu lassen." Wer Macht strafend einsetzt, ist überzeugt von seiner eigenen Funktion als Richter oder Richterin, der oder die besser weiß, was richtig und falsch, gut oder schlecht u. a. m. ist. „Bestrafungsaktionen basieren auf der Annahme, dass Menschen Dinge, mit denen sie sich selbst und/oder anderen schaden, deshalb tun, weil sie ‚ungezogen' oder, wenn sie älter werden, schlicht und einfach böse sind. Eine Konsequenz dieser Denkweise ist, dass wir, um eine solche Situation zu korrigieren, den Übeltäter durch die Bestrafung dazu bringen müssen, seinen Irrtum einzusehen, ihn zu bereuen und sich zu verändern. Doch in der Praxis gelingt das nur selten. Strafen bewirken gewöhnlich nicht, dass die Gestraften Reue zeigen und sich ändern, sondern in den meisten Fällen erzeugen sie bei den Betroffenen Groll und Feindseligkeit, und ihr Widerstand gegen eine Veränderung ihres Verhaltens wird noch stärker."

---

76 Vgl. Jochen Hiester, Skript zu beschützender und strafender Macht. Seminarmitteilung 2011.

Solche Bestrafung funktioniert oft aufgrund kultureller Gewohnheiten und deshalb quasi natürlich, weil solche Gewohnheiten als allgemeine soziale Normen erfahren werden, denen man unreflektiert folgt – sie sind scheinbar natürlich geworden. Im Bereich von Erziehung und Schule gibt es eine Fülle solcher Gewohnheiten und Glaubenssätze: Schon kleinen Babys wird unterstellt, dass sie beispielsweise schreien, um ihre Eltern oder andere Erwachsene unter ihre Kontrolle zu bringen: „Sei vorsichtig, dass du es nicht jedes Mal hochnimmst, wenn es schreit! Es will nur deine Aufmerksamkeit, und wenn du es zu sehr verwöhnst, dann wird es dich letztlich nur noch tyrannisieren!" Oder Menschen nehmen an, dass andere „Fehler" machen und dass sie dies deshalb tun, um sie zu ärgern oder ihnen zu schaden. Solche Menschen sehen es als selbstverständlich, notwendig, ja sogar als Pflicht an, dieses Verhalten zu kontrollieren und dem anderen durch „Erziehung" (Belohnung für gutes Benehmen/Verhalten und Strafe für „ungezogenes" Benehmen/Verhalten) „auszutreiben" bzw. das Verhalten in die „richtigen", sozialverträglichen Bahnen zu lenken. Um diese beispielhaft genannten Gewohnheiten als solche zu erkennen, hat für Rosenberg eine Unterscheidung Gandhis zentrale Bedeutung gewonnen: „Verwechsle nicht, was gewohnheitsmäßig ist, und was natürlich ist."[77] Diese Einladung regt an, bei allem, was uns natürlich und quasi natürlich erscheint, zu fragen, ob es sich um eine Gewohnheit handelt oder tatsächlich um ein natürliches Phänomen. Wir haben dabei die Entdeckung gemacht, dass es überwiegend tatsächlich Gewohnheiten sind, denen wir uns wie naturgegeben fügen.

„Die schützende Anwendung von Macht basiert auf der Annahme, dass Menschen Dinge, durch die sie sich selbst und/oder anderen schaden, aus Unwissenheit tun. Diese Unwissenheit kann darin bestehen, dass ihnen nicht klar ist, wie sich ihr Handeln auf andere – oder sie selbst, von uns – auswirkt; oder sie wissen nicht, wie sie ihre eigenen Bedürfnisse erfüllen können, ohne dass Bedürfnisse anderer darunter leiden; außerdem kann es sich um kulturell erlernte Unwissenheit handeln, die es als gerechtfertigt hinstellt, die Bedürfnisse anderer zu verletzen (indem sie beispielsweise die Überzeugung rechtfertigt, dass andere es verdienen, für etwas, das sie getan haben, zu leiden)."[78]

Wir haben Ihnen vorgestellt, wie wir schützende und strafende Anwendung von Macht im Kontext Gewaltfreier Kommunikation verstehen. Bevor wir anhand von wenigen Beispielen diese Differenz näher erläutern, überlegen Sie bitte:
- Ist diese Unterscheidung für Sie theoretisch einleuchtend?
- Kann diese Unterscheidung für Sie praktisch im Rahmen persönlicher und/oder beruflicher Beziehungen bedeutsam werden?

---

77 M.B. Rosenberg, Kinder einfühlsam erziehen. Elternsein mit gewaltfreier Kommunikation. Berlin 2000. S. 9.
78 M.B. Rosenberg, Erziehung, die das Leben bereichert. A.a.O. S. 141 f. Text leicht geändert.

Und notieren Sie bitte Ihre Fragen zu dieser Unterscheidung:

_____
_____
_____
_____

5.3 Schützender und strafender Machtgebrauch – Beispiele aus der Schule

In diesem Abschnitt erläutern wir die Differenz von strafender und schützender Anwendung von Macht anhand von Beispielen aus der schulischen Praxis.

5.3.1 Strafende Anwendung von Macht

Handlungen, die dem entsprechen, was wir oben als strafende Macht erläutert haben, kennen wir aus unserer eigenen Schulzeit wie aus der gegenwärtigen schulischen Praxis. Und auch wir selbst fallen zurück in altes Denken und Tun eines strafenden Machtgebrauchs, obwohl wir von dessen Kontraproduktivität überzeugt sind. Es sitzt einfach tief in vielen von uns, weil wir selbst auch so erzogen, kulturell geprägt und ausgebildet sind.

Hierzu gehören Strafarbeiten, auch wenn sie nicht mehr so genannt werden dürfen, Nachsitzen, zehn Mal einen Text abschreiben, ein strafender böser Blick, Drohungen hinsichtlich von Notengebung und Versetzungschancen, bestrafendes Auseinandersetzen oder einen Schüler oder eine Schülerin an einen Einzeltisch setzen, Entzug von Zuwendung u. v. a. m. Bitte notieren Sie weitere Möglichkeiten bestrafender Macht, die Sie aus Ihrer Schulzeit kennen und / oder die Sie selbst oder andere anwenden:

_____
_____
_____
_____

Wir vermuten, dass eine stattliche Liste entstanden ist. Und wir vermuten weiter, dass Sie wie wir unter solchen Maßnahmen leiden,
- weil sie Ihren Werten, die Ihnen als Lehrerin oder Lehrer wichtig sind, nicht entsprechen;
- weil sie viel Zeit in Anspruch nehmen;
- weil Sie die Erfahrung gemacht haben, dass sie kaum nachhaltig erfolgreich sind;
- weil sie in eine meist sinnlose Spirale weiterer Maßnahmen münden;
- weil sie Angst erzeugen;
- weil sie zu Ausgrenzung führen;
- weil sie auf die Dauer das gemeinsame Leben und Arbeiten in der Schule vergiften usw.

Vielleicht fallen Ihnen weitere Gründe ein, denn wir gehen aufgrund unserer eigenen Erfahrungen in Schule (und Universität!) davon aus, dass die Leidenserfahrungen strafender Lehrerinnen und Lehrer sehr zahlreich sind. Sie können diese Gründe hier notieren:

_____

_____

_____

_____

5.3.2 Schützende Anwendung von Macht

Schützende Anwendung von Macht gewinnt an Bedeutung, wenn wir mit einer gewaltfreien Haltung davon ausgehen, dass Schülerinnen und Schüler sich mit all ihrem Handeln eigene Bedürfnisse erfüllen, und wahrnehmen, dass sie dabei manchmal Strategien wählen, die Bedürfnisse anderer verletzen oder mit denen sie sich selbst in Gefahr bringen. Schützendem Machtgebrauch geht es nun gerade nicht um Bestrafung, Reue oder schlechtes Gewissen, sondern zunächst darum, Menschen davor zu bewahren, dass sie sich selbst in Gefahr bringen oder die Bedürfnisse anderer verletzen. In einem zweiten Schritt geht es dann darum, zunächst den schützenden Gebrauch von Macht zu erläutern und dann gemeinsam mit Schülerinnen und Schülern Strategien zu finden, wie sie ihre Bedürfnisse für sich und andere lebensdienlich und gewaltfrei erfüllen können.

> **Ein Beispiel schützender Anwendung von Macht: Wenn zwei Schüler sich prügeln**
>
> Schützende Anwendung von Macht im Zusammenhang beispielsweise mit Pausenkonflikten, wenn sich zwei Schüler prügeln, bedeutet, zunächst dazwischenzugehen, die Streitenden auseinanderzubringen und so Verletzungsgefahren möglichst auszuschließen. Wichtig ist, dass die/der Macht schützend ausübende Lehrerin/Lehrer das eingreifende Verhalten unmittelbar im Anschluss daran erläutert: „Mir sind Schutz und Sicherheit aller in der Schule wichtig, und ich möchte nicht, dass ihr euch verletzt."
>
> Sodann geht es darum, den Konflikt zu verstehen, d.h. in von Empathie geprägten Einzelgesprächen über den Weg der Bedürfnisse mit den Schülern zu erarbeiten, welche gute Absicht hinter den von ihnen gewählten Strategien steht. Im nächsten Klärungsschritt wird mit den Schülern nach lebensdienlichen und gewaltfreien Strategien gesucht, die ihr Bedürfnis erfüllen. Ein gemeinsames Gespräch mit beiden oder mehreren am Konflikt beteiligten Schülern kann abschließend folgen. Dieses stellt entweder ein Einvernehmen darüber her, dass die an dem Konflikt Beteiligten ihre in diesem Punkt unterschiedlichen Auffassungen anerkennen, oder es ermöglicht eine lebensdienliche, gemeinsam getragene Lösung des Konflikts.

Entscheidend für die schützende Anwendung von Macht sind also zwei Gesichtspunkte:
- zum einen – und dies ist der alles entscheidende Punkt – die innere Einstellung derjenigen, die Macht gebrauchen, ob sie sich wirklich freimachen können von dem Gedanken, andere bestrafen zu wollen;
- und zum andern, dass diejenigen, die schützende Macht anwenden, ihr Verhalten erläutern. Dazu gehören drei Elemente, die Jochen Hiester so zusammenfasst: „1) Alle beteiligten Parteien bekommen Einfühlung hinsichtlich der Bedürfnisse, die sie mit ihrem Verhalten erfüllen wollten. 2) Der Intervenierende kommuniziert, welche Bedürfnisse er durch die Anwendung beschützender Macht erfüllen wollte. Dadurch stellt er auch sicher, dass die Parteien seine Intervention nicht als Bestrafung (nicht als ‚gegen sie', sondern ‚für Bedürfnisse') deuten. 3) Es wird gemeinsam nach Wegen gesucht, wie in Zukunft alle bis hierhin besprochenen Bedürfnisse erfüllt werden können."[79]

Wir wollen dies an einem weiteren Beispiel verdeutlichen[80]: Vanessa und Pit ziehen durch ihr Verhalten – Papierkügelchen werfen, miteinander reden und Grimassen schneiden – die Aufmerksamkeit von Lehrerinnen oder Lehrern und Mitschülerinnen oder Mitschülern auf sich, und konzentriertes Unterrichten und Lernen wird

---

79 J. Hiester, a.a.O.
80 Vgl. dazu auch und anders: U. Kegler, In Zukunft lernen wir anders. Weinheim und Basel 2009. S. 187 ff.

erschwert. Häufig werden diese beiden bestraft – und die Reihe eskalierender Maßnahmen, die bis zum zeitweiligen Schulausschluss reichen kann, hat längst – und zugleich völlig wirkungslos – begonnen ...

Wähle ich den Weg der schützenden Anwendung von Macht, bedeutet dies zunächst, danach zu fragen, welche meiner Bedürfnisse oder der Bedürfnisse anderer durch das Verhalten von Vanessa und Pit verletzt werden. Nehmen wir an, dies sind die Bedürfnisse der Lehrerinnen und Lehrer nach Effektivität hinsichtlich des Unterrichts und die Bedürfnisse anderer Schülerinnen und Schüler nach Sicherheit und Schutz und vielleicht ja auch nach Anregung, Neugier, Wachstum (Lernen). Um diese Bedürfnisse zu schützen, kann die Lehrerin oder der Lehrer Macht schützend anwenden und Pit und Vanessa vom Unterricht zeitweilig ausschließen. Er erläutert ihnen in der Situation kurz, dass er dies tue, um sich selbst und die anderen Schülerinnen und Schüler zu schützen: „Mir sind Sicherheit und Wertschätzung für alle Schülerinnen und Schüler in der Klasse und die Effektivität meines Unterrichts wichtig, und ich möchte jetzt gerne in einer solchen Atmosphäre mit den anderen arbeiten."

Nicht das unerwünschte Verhalten der einzelnen Schülerin/des einzelnen Schülers steht hier im Mittelpunkt, sondern die Bedürfnisse der anderen Schülerinnen und Schüler und der jeweiligen Lehrkraft, und es wird betont, dass diese von Bedeutung sind, ernst genommen und von der Lehrkraft geschützt werden.

Die Verantwortung, die Bedürfnisse anderer zu respektieren und auf sie Rücksicht zu nehmen, verbleibt bei Vanessa und Pit. So besteht die Chance, gemeinsam zu lernen, dass alle am Unterricht Beteiligten Verantwortung für sich selbst übernehmen (können) – und dies auf der Basis gleichberechtigten, weil bedürfnisorientierten Schutzes.

Die Haltung der Lehrkraft, die ein solches Handeln nahelegt, wird darin deutlich, dass die Lehrerin oder der Lehrer hier Verantwortung für sich selbst und ihre/seine Aufgabe wahrnimmt, bei sich und ihren Bedürfnissen bleibt, diese schützen will und der Gedanke der Strafe gar nicht erst aufkommt.

Im Anschluss an die Stunde kommt es dann möglichst zeitnah zu einem Gespräch zwischen der Lehrkraft und Vanessa und Pit. Mit einer genauen Beobachtung wird sich eines gemeinsamen Verständnisses der Ausgangssituation vergewissert. Sodann geht es um Fragen nach den Gefühlen der beiden, die sie während ihres Verhaltens in der Stunde – Papierkügelchen werfen, miteinander reden und Grimassen schneiden – empfanden. In einem dritten Schritt steht der Versuch im Mittelpunkt, sich empathisch den Bedürfnissen der beiden anzunähern, um zu klären, welches Bedürfnis oder welche Bedürfnisse sie sich mit ihrem Verhalten erfüllen wollten. Schließlich wird gemeinsam überlegt, ob Vanessa und Pit sich diese Bedürfnisse in der Schule erfüllen können und wenn ja, wie sie dies so lebensdienlich und gewaltfrei tun können, dass sie dabei die Bedürfnisse anderer, der Mitschülerinnen und Mitschüler wie der Lehrkraft, beachten. In diesem Gesprächsteil bringt die Lehrkraft auch ihre Bedürfnisse und Werte zur Sprache und spricht so nochmals ihren schützenden Machtgebrauch an.[81]

Dieser neue und andere Umgang mit Macht ist ein weiterer, ähnlich weitreichender Lernprozess von Lehrerinnen und Lehrern wie derjenige, den neuen Umgang mit einem „Nein" einzuüben.[82] Und: Es sind – u. E. ausschließlich – die Lehrerinnen und Lehrer, die diesen neuen Umgang mit Macht beginnen und untereinander und mit den Schülerinnen und Schülern einüben können: Denn sie sind diejenigen, die auf der Basis der Schulgesetzgebung die legalisierte Macht haben, Schülerinnen und Schüler zu bestrafen. Wenn es ihnen gelingt, auf strafende Anwendung von Macht zu verzichten und ihren Machtgebrauch auf schützende Anwendung von Macht umzuorientieren und zu begrenzen, haben Schülerinnen und Schüler Vorbilder, und sie sehen als Mitakteure des Unterrichts eventuell Möglichkeiten, neue Handlungsperspektiven für sich zu entdecken und einzuüben.

5.4 Problematisierung der Differenz von bestrafender und schützender Anwendung von Macht an zwei Beispielen

Wir bedenken zunächst die aus dem Fußballspiel oder anderen Mannschaftssportarten entlehnte und uns an vielen Schulen begegnende Praxis sog. Gelber und Roter Karten und im Anschluss daran das Konzept des „Trainingsraums", das (nicht nur) in deutschen Schulen weite Verbreitung findet.

5.4.1 Die „Rote Karte!"

Während Gelbe Karten, wie im Fußball oder anderen Mannschaftsportarten, einer Verwarnung gleichen, die bei einem weiteren Regelverstoß unweigerlich die (gelbrote oder) Rote Karte folgen lässt, bedeutet die Rote Karte einen zunächst einstündigen Ausschluss vom Unterricht, in dem die Schülerin oder der Schüler die Rote Karte abschreiben und ihr / sein ‚falsches' Verhalten einsehen soll. Dabei wird, so unsere Vermutung, die Rote Karte wie im Fußball als Bestrafung eingesetzt oder zumindest so erfahren: Im Fußball folgt ihr der Spielausschluss und möglicherweise

---

81 Dazu s. u. S. 199 ff.
82 S. o. S. 66 ff.

ein Strafstoß, in der Schule der zeitweilige Ausschluss vom Unterricht und das Abschreiben der Roten Karte. Wir gehen davon aus, dass dieser Praxis eine gute Absicht zugrunde liegt: Die Schülerin und der Schüler kennen Gelbe und Rote Karten, entweder weil sie selbst eine Mannschaftssportart betreiben oder vom Zuschauen, und sie wissen vielleicht auch, dass damit Unfairness bestraft wird. So kennen sie auch den Automatismus, der den Weg von der Gelben zur Roten Karte bestimmt. Und die gute Absicht liegt möglicherweise weiter darin, den Schüler oder die Schülerin anzuregen, sein/ihr Verhalten in einem ruhigen Umfeld, etwa dem Besprechungszimmer einer Schule, zu bedenken und zu eigenen Einsichten in das ‚Fehlverhalten' zu finden, wozu ihr oder ihm Hilfestellungen angeboten werden. Wir legen unseren Überlegungen nun eine solche Rote Karte zugrunde und wollen sie ausgehend von der Haltung Gewaltfreier Kommunikation genauer ansehen.

> „Rote Karte!
>
> *Zeit, über mich und mein aggressives Verhalten nachzudenken*
>
> Nun sitze ich hier und soll abschreiben. Dabei könnte ich die Zeit doch besser nutzen. Eigentlich möchte ich lieber raus und spielen oder mich ausruhen.
>
> Meine Lehrer meinen, ich habe mich mal wieder nicht an die Regeln gehalten. Ich soll mir Gedanken über mein aggressives Verhalten machen.
>
> Dabei habe ich doch überhaupt nicht angefangen. Alles fing damit an, dass ich beleidigt wurde. Das hat mich wütend gemacht; so wütend, dass ich dann ausgerastet bin.
>
> Ich weiß ja, dass es eigentlich nicht richtig ist, jemanden zu schlagen oder zu treten, aber ich war so sauer in dem Moment!
>
> Ich weiß auch, dass ich der Aufsicht Bescheid sagen kann, wenn andere nicht aufhören, mich zu ärgern.
>
> Gewalt hilft nicht wirklich weiter. Ich selbst will ja auch nicht das Opfer sein. Deswegen ist die Regel schon sinnvoll.
>
> Sie soll ja auch mich schützen: *Jeder muss die Rechte des anderen respektieren.* Das gilt für alle. Leider habe ich mal wieder vergessen, dass die Regel auch für mich gilt."

Gehen wir zunächst den Text der „Roten Karte!" Satz für Satz nach Kriterien Gewaltfreier Kommunikation durch:

Die kursive Überschrift *„Zeit, über mich und mein aggressives Verhalten nachzudenken"* enthält mit dem Adjektiv „aggressiv" ein Urteil bzw. eine Bewertung des Verhaltens der Schülerin oder des Schülers. Offener und im Sinne Gewaltfreier Kommunikation formuliert könnte hier beispielsweise auch stehen: „Wir geben dir Zeit, über dich und dein Verhalten nachzudenken. Wenn dies dir hilft, kannst du dies gerne auch schriftlich tun."

„Nun sitze ich hier und soll abschreiben. Dabei könnte ich die Zeit doch besser nutzen. Eigentlich möchte ich lieber raus und spielen oder mich ausruhen." Dieser Satz enthält zunächst eine Forderung („soll"), die, davon gehen wir in Gewaltfreier Kommunikation aus, als Reaktion lediglich Rebellion oder Unterwerfung zulässt. Es folgt eine Wertung („besser"), die zudem der Schülerin oder dem Schüler noch unterstellt wird. Schließlich werden Handlungsalternativen zum Abschreiben der Roten Karte benannt, die als eigene Bedürfnisse oder Wünsche der Schülerin oder des Schülers „getarnt" und „verpackt" sind.

„Meine Lehrer meinen, ich habe mich mal wieder nicht an die Regeln gehalten. Ich soll mir Gedanken über mein aggressives Verhalten machen." Gedacht ist der Satz wohl als Hilfestellung zur Selbstreflexion. Nach Ansicht Gewaltfreier Kommunikation enthält er, „verpackt" als innerer Monolog, zunächst wiederum eine Bewertung („mal wieder"), eine Forderung („soll"), eine zweite Bewertung (aggressiv).

„Dabei habe ich doch überhaupt nicht angefangen. Alles fing damit an, dass ich beleidigt wurde. Das hat mich wütend gemacht; so wütend, dass ich dann ausgerastet bin." Dieser angeleitete innere Monolog soll, so vermuten wir, die Schülerin oder den Schüler in seinem Nachdenken unterstützen. Betrachten wir ihn im Kontext Gewaltfreier Kommunikation, so ist er im tiefen Wortsinn entmündigend. Er nimmt der Schülerin oder dem Schüler die eigene Sprache, und es werden ihr oder ihm Ablehnung von Verantwortung („Dabei habe ich doch überhaupt nicht angefangen"), Schuldzuweisung („Alles fing damit an, dass ich beleidigt wurde"), ein Gefühl („wütend") und unkontrolliertes Handeln („ausgerastet") suggestiv unterstellt.

„Ich weiß ja, dass es eigentlich nicht richtig ist, jemanden zu schlagen oder zu treten, aber ich war so sauer in dem Moment!" Innerhalb des angeleiteten inneren Monologs wird der Schülerin oder dem Schüler – wohl in „guter Absicht" – das Wissen unterstellt, dass sein Verhalten „eigentlich nicht richtig ist" (Wertung) und dass es sich durch die Gefühlslage („so sauer") erklären lässt. Ob dies der Schüler oder die Schülerin tatsächlich so denkt oder empfindet, bleibt dabei völlig offen.

„Ich weiß auch, dass ich der Aufsicht Bescheid sagen kann, wenn andere nicht aufhören, mich zu ärgern." „Verpackt" wiederum als Selbstreflexion wird nun eine – wir vermuten, die von Lehrerinnen und Lehrern erwünschte – Handlungsalternative aufgezeigt.

„Gewalt hilft nicht wirklich weiter. Ich selbst will ja auch nicht das Opfer sein. Deswegen ist die Regel schon sinnvoll." Wiederum „verpackt" als eine eigene Einsicht des Schülers oder der Schülerin wird nun eine dreifache Belehrung ausgesprochen suggestiv formuliert.

„Sie soll ja auch mich schützen: *Jeder muss die Rechte des anderen respektieren. Das gilt für alle.* Leider habe ich mal wieder vergessen, dass die Regel auch für mich gilt." Als Abschluss des suggerierten ‚Selbst'reflexionsprozesses soll der Schüler oder die Schülerin nun die Regel abschreiben. Dies erfolgt zunächst in einem Zuspruch („Sie soll ja auch mich schützen"), dem aber im nächsten Moment wieder suggestiv eine Abwertung des Verhaltens folgt („Leider habe ich mal wieder vergessen ...").

Die genaue Wahrnehmung des Textes nach Kriterien Gewaltfreier Kommunikation kann deutlich machen, wie viel Gewaltpotenzial ein solcher Text auf seiner sprachlichen Ebene durch Wertungen, Forderungen, vor allem aber durch seine manipulierende Suggestion haben kann, wobei wir davon ausgehen, dass dies der Autorin oder dem Autor kaum bewusst war und er oder sie in „guter Absicht" beim Verfassen des Textes handelte. Auf das als „aggressiv" bewertete Verhalten der Schülerin oder des Schülers wird – nach den Kriterien Gewaltfreier Kommunikation – mit einem ausgesprochen gewaltförmigen Text reagiert.

Bitte überlegen Sie, ob Sie dieser Analyse zustimmen können, ob sie Ihnen fremd vorkommt oder welchen Aspekten Sie zustimmen und welchen Sie widersprechen möchte, und notieren Sie Stichworte Ihres Nachdenkens:

_____

_____

_____

_____

Wir halten diesen Text und seine damit verbundene Praxis pädagogisch für nicht vertretbar und sehen dies als eine ethische Bewertung an. Sie fußt darauf, dass unsere Bedürfnisse (und die damit verbundenen Werte) der Integrität und Achtung der Integrität anderer Menschen durch das Abschreiben eines solchen Textes nicht erfüllt sind. Dabei ist für uns diese Vorstellung umso schmerzhafter, je jünger die Schülerinnen oder Schüler sind, die mit einem solchen Text konfrontiert werden.

Zwei weitere kritische Anfragen fügen wir an:
- Wir gehen davon aus, dass die Schülerinnen und Schüler die Regeln kennen, die sie übertreten, aber sie in bestimmten Situationen nicht einhalten wollen oder können. So entsteht ein Zirkel von Regelübertretung, Bestrafung, Regelübertretung, Bestrafung, der nach unserer Erfahrung fast immer eine Eskalation der be-

strafenden Maßnahmen beinhaltet. Lehrerinnen und Lehrer wie Schülerinnen und Schüler leiden darunter, und wertvolle Zeit geht damit verloren. Zudem geht Gewaltfreie Kommunikation davon aus, dass es auf Forderungen, wie sie in der Roten Karte mehrfach enthalten sind, lediglich zwei Reaktionsmöglichkeiten gibt: Man kann rebellieren oder sich ihnen unterwerfen. Rebellion führt schulisch, wie gesagt, zu immer wieder neuen, meist weiter eskalierenden Maßnahmen; Unterwerfung ist eine denkbar schlechte Voraussetzung für das, was dann getan wird, denn es wird nicht freiwillig getan, sondern aus Angst, Schuldgefühlen, Scham u. a. m.

- Und eine Überlegung aus der neurobiologischen Forschung: „Durch Maßnahmen kann man keine Haltungen verändern oder hervorbringen." Sie bestätigen vielmehr Lehrerinnen und Lehrer wie Schülerinnen und Schüler gegenseitig: Maßnahmen „machen immer neue, noch effizientere Maßnahmen erforderlich. Sie vergiften die Atmosphäre in der Schule und sie töten ihren Geist. ... So entsteht ein sich selbst stabilisierendes, von oben durch einen Ungeist und von unten durch dazu passende Haltungen wechselseitig gestütztes System. Das fällt so schnell nicht zusammen. Das verändert sich auch nicht. Und es bringt immer nur das Gleiche hervor: Unglückliche Lehrer und unglückliche Schüler."[83]

Wie kann sich dies verändern? Welche Möglichkeiten sieht Gewaltfreie Kommunikation, bestrafenden Machtgebrauch wieder in ein lebendiges Miteinander zu verwandeln? I. Holler schlägt im Anschluss an Rosenberg folgenden Weg vor: „Um eine Eskalation zu verhindern, schlägt die Gewaltfreie Kommunikation vor, strafende Ausübung von Macht durch Empathie wieder zurückzuverwandeln in ein lebendiges Miteinander, das auf Selbstbestimmung und gegenseitiger Wertschätzung basiert. Dazu ist ein Zugang zu den Bedürfnissen, die an der Wurzel der Strafen stehen, notwendig. Wenn diese Bedürfnisse in die Kommunikation mit einfließen, dann macht es das insbesondere Kindern (aber auch Erwachsenen) leichter, sich in ihren Handlungen von Werten und Bedürfnissen motivieren zu lassen. Aus dieser Motivation heraus steigt die Chance, dass sie freiwillig ... auf die Bedürfnisse anderer eingehen – ohne Angst vor Konsequenzen oder Strafe."[84]

---

83 Vgl. G. Hüther, Auf dem Weg zu einer anderen Schulkultur: Die Bedeutung von Geist und Haltung aus neurobiologischer Sicht. ↗ http://www.sinn-stiftung.eu/wissen/themen--beitraege/lernen--schule/index.html. S. 3.
84 I. Holler, Trainingsbuch Gewaltfreie Kommunikation. Paderborn 2006. S. 183. Vgl. M. Rosenberg, Gewaltfreie Kommunikation. A. a. O. S. 179 ff.

ÜBUNG

Bitte überlegen Sie, welche Bedürfnisse hinter dem Einsatz der „Roten Karte!" stehen können:

_____
_____

Welche Möglichkeiten sehen Sie, empathisch mit einer Situation umzugehen, die zu einer solchen „Roten Karte!" geführt hat?

_____
_____
_____
_____

Sehen Sie solche Handlungsmöglichkeiten im Moment als realistisch für Ihre eigene Praxis in der Schule an? Was spricht dafür? Was dagegen?

Dafür:

_____
_____

Dagegen:

_____
_____

5.4.2 Das „Trainingsraumkonzept"

Das zweite Beispiel, das wir bedenken wollen, ist das „Trainingsraumkonzept"[85], das vielfach in Deutschlands Schulen zur Anwendung kommt. S. Balke beschreibt das Trainingsraumprogramm und seine beiden zentralen Ziele wie folgt: „Der Ursprung des Trainingsraumprogramms liegt in Phoenix, Arizona. Dort wurde es zuerst 1994 von dem Sozialarbeiter Edward E. Ford auf der Basis der Wahrnehmungskontrolltheorie von William T. Powers eingeführt. Mittlerweile erfreut es sich wachsender Beliebtheit in Amerika, Australien und seit 1996 auch in Deutschland. ... 1) Das erste und wesentliche Ziel des Programms besteht darin, die lernbereiten Schüler/innen zu schützen und ihnen entspannten, ungestörten und qualitativ guten Unterricht anzubieten. 2) Das zweite Ziel des Programms besteht darin, häufig störenden Schüler/innen Hilfen anzubieten, die darauf ausgerichtet sind, dass sie ihr Sozialverhalten verbessern und die notwendigen sozialen Schlüsselqualifikationen erwerben."[86]

Die Idee des Konzepts halten wir im Sinne Gewaltfreier Kommunikation für lebensdienlich. Die beiden zitierten Ziele sind unseres Erachtens sehr eindeutig einem Konzept schützenden Machtgebrauchs zuzuordnen: Beide Ziele beschreiben eine Haltung, die nicht die Absicht hat zu bestrafen, sondern die der Lehrerin oder dem Lehrer zur Verfügung stehenden Möglichkeiten zum Schutz der Schülerinnen und Schüler und – auch wenn dies nur indirekt formuliert ist – zum eigenen Schutz zu nutzen. Kritisch sehen wir die Umsetzung dieser Ziele sowohl in der Literatur zum Konzept des Trainingsraumes als auch in der schulischen Praxis. Hier zeigt sich für uns aufgrund von eigenen Erfahrungen mit dem Konzept „Trainingsraum", was wir auch im Kontext Gewaltfreier Kommunikation wahrnehmen. In Trainings Gewaltfreier Kommunikation im Bereich großer Unternehmen sehen wir, dass die mit Gewaltfreier Kommunikation verbundene ethische Komponente und die ihr entsprechende Haltung aus dem Blick geraten können, wenn das Konzept auf seine Methode und einige Schritte reduziert und sie damit in einer anderen als der ursprünglich intendierten, dem Leben dienenden Weise lediglich angewendet wird; so kann Gewaltfreie Kommunikation auch Gewalt kaschieren: nichts ist schlimmer, so formulierte es Gerlinde Fritsch[87] in anderem Kontext sinngemäß, als dass ‚alle gewaltfrei reden und so die darunter liegende Gewalt verdecken'. Ähnliche Gefahren sehen wir im Trainingsraumkonzept: Die ursprünglichen schützenden und wachstumsfördernden

---

85 Vgl. S. Balke, Die Spielregeln im Klassenzimmer. Das Trainingsraum-Programm. Ein Programm zur Lösung von Disziplinproblemen in der Schule. Bielefeld 2001; H. Bründel, E. Simon, Die Trainingsraum-Methode. Umgang mit Unterrichtsstörungen: klare Regeln, klare Konsequenzen. Weinheim 2003. Kritisch dazu: J. Bröcher, Trainingsraum Kritik. Bedenken zu einem fragwürdigen Modell schulischer Disziplinierung. Norderstedt 2011.
86 ↗ http://www.trainingsraum.de/haupteil_das_programm.html.
87 ↗ http://www.gerlinde-fritsch.de.

Ziele werden – nicht erst in der Praxis, sondern bereits in der Theorie – nicht mehr hinreichend bedacht, und das Programm „Trainingsraum" kann so zu einem Anpassungsinstrument bestrafender Anwendung von Macht und Manipulation werden.

Wir benennen deshalb im Folgenden ausführlich unsere Kritikpunkte an diesem Konzept, die sich auf seine theoretische Beschreibung und auf praktische Schulerfahrungen beziehen. Diese Punkte zunächst klar zu benennen ist uns wichtig, weil wir durchaus gute Möglichkeiten sehen, die Grundidee des Trainingsraumes mit Gewaltfreier Kommunikation zu verknüpfen – für Lehrerinnen und Lehrer entlastend und Schülerinnen und Schüler gewinnbringend.

1. Wir nehmen wahr, dass das Konzept stärker auf ‚Störung' und Disziplin fixiert erscheint, als dass es an Beziehung orientiert ist.
2. Das Konzept scheint uns nicht ausgerichtet auf gemeinsame (!) Klärung eines Verhaltens, das von Lehrerinnen und Lehrern als ihre Arbeit erschwerend erlebt wird, sondern wir sehen seine Grundlage in einer klaren Schuldzuweisung an eine Schülerin oder einen Schüler.
3. Das Konzept lässt die Unterrichtende oder den Unterrichtenden außen vor; sie und er sowie der von der Lehrkraft angebotene Unterricht stehen nicht zur Diskussion.
4. Es besteht die Gefahr, dass das Konzept auf der Ebene des Verhaltens (der Strategien) verbleibt, ohne nach den Bedürfnissen oder der guten Absicht hinter dem Verhalten zu fragen.
5. Das Konzept ist bürokratisch orientiert, was Vertrauen – in schwierigen Situationen erst recht – zusätzlich erschwert.
6. Das Konzept ist in seinem Ablaufschema formalisiert, ohne auf individuelle Verhaltensmöglichkeiten von Schülerinnen und Schülern Bezug zu nehmen.
7. Das Konzept bedenkt an keiner Stelle, warum Schülerinnen oder Schüler oftmals Regeln nicht einhalten wollen oder können. Diese Wahrnehmung – und das sei ausdrücklich benannt – erscheint uns ebenso bedeutsam, wie sie die Schwierigkeit impliziert, dass es auch uns oftmals schwerfällt, dann nicht zu bewerten oder zu urteilen, sondern konsequent und empathisch nach den Gefühlen und Bedürfnissen beider „Seiten" zu fragen, wenn eine Schülerin oder ein Schüler eine Regel nicht einhalten will.
8. Das Konzept spricht von „Störattacken" (S. Balke) – das Wort „Attacke" ist aus der Militärsprache entnommen und das Wort „Störung" sehr ungenau; so entspricht Ersteres nicht unserem Bedürfnis nach einer gewaltfreien Sprache und Letzteres nicht unserem Bedürfnis nach Klarheit. Zudem ist mit diesem Wort, das ja verwendet wird, um eine Beobachtung wiederzugeben, eine eindeutige Bewertung verbunden, der eine Schülerin oder ein Schüler kaum zustimmen wird. Ähnlich gewaltförmig bewerten wir auch die „Schlüsselfragen bei Störungen im

Unterricht: Was tust du gerade? Gegen welche Regel verstößt du? Was geschieht, wenn du gegen die Regel verstößt? Wofür entscheidest du dich? Wenn du wieder störst, was passiert dann?" Ebenfalls ist hier der Kommentar der Lehrerin oder des Lehrers bei einer zweiten Störung zu nennen: „Ich sehe, du hast dich entschieden, in den Trainingsraum zu gehen."[88] Gerade dieser letzte Satz erscheint uns in besonderer Weise problematisch: Angesichts der Subjektivität des Störungsempfindens, der damit verbundenen Unklarheit, was denn nun Störungen sind, und der Vielfalt ihrer Möglichkeiten wird Schülerinnen oder Schülern mit diesem Satz unterstellt, sich mit einer zweiten ‚Störung' für den Weg in den Trainingsraum entschieden zu haben.

9. Mit Letzterem erscheint uns verschleiert, dass die Lehrerin oder der Lehrer die Schülerin oder den Schülern veranlasst, in den Trainingsraum zu gehen, dies aber als „Entscheidung" der Schülerin oder des Schülers ausgibt.

So sehen wir in diesem Konzept, so klar es vor allem in seinem primären Ziel der Anwendung schützender Macht entspricht und so sehr es die eigene Entscheidungsfähigkeit der Schülerinnen und Schüler postuliert und deren Selbstverantwortung suggeriert, eine klare Tendenz zu strafendem Machtgebrauch.

Ein solcher bestrafender, auf Regeln und Forderungen beruhender Machtgebrauch aber erschwert oder verhindert gar, dass das Interesse bei Lehrerinnen oder Lehrern entstehen kann, mit Empathie herauszufinden, woran es liegt, dass Schülerinnen und Schüler in bestimmten Situationen die Regeln nicht einhalten wollen oder können (auch wenn sie es wollten); wir nennen zwei solcher Möglichkeiten:

- Vielleicht können sie es nicht, weil sie emotional so in die Situation involviert sind, in der ihre Grenzen verletzt worden sind und alter Schmerz hochkommt, sie deshalb Wut spüren und sich so verteidigen und schützen müssen. Wir halten dies für zentrale Gründe, weshalb Schülerinnen und Schüler in bestimmten Situationen Regeln nicht einhalten können. Solches – auch unsicheres – Vermuten, Nachdenken und Fragen wird möglich, wenn ich auf bestrafenden Machtgebrauch, der bewertet, verurteilt und ins Unrecht setzt, verzichte und nach den Bedürfnissen frage, die hinter solchem Verhalten liegen.[89]
- Vielleicht wollte die Schülerin oder der Schüler „durchaus lernen oder sich produktiv betätigen oder auf ein besonderes Bedürfnis, ein Interesse, einen Konflikt hinweisen, nur anders als unter den gegebenen und durch Disziplinierungsinstrumente abgesicherten Verhältnissen, für die er oder sie nichts können und die sie nicht abändern können".[90]

---

88 H. Bründel, E. Simon, a.a.O. S. 42 ff.
89 S.o. S. 29 ff.
90 J. Bröcher, a.a.O. S. 98.

Wo können Sie unserer Kritik an den theoretischen Überlegungen zum und an praktischen Erfahrungen mit dem Trainingsraumkonzept zustimmen und wo nicht?

_____

_____

_____

_____

Wo haben Sie vielleicht in der Praxis andere Erfahrungen gemacht als wir, die Sie auch zu einer anderen Einschätzung des Trainingsraumkonzepts kommen lassen?

_____

_____

_____

_____

5.4.3 Kritische Weiterentwicklungen des Trainingsraumkonzepts

Was das Trainingsraumkonzept positiv anbietet, ist Entlastung für Lehrerinnen und Lehrer und Mitschülerinnen und Mitschüler: Vielleicht sind es die Bedürfnisse nach Sicherheit und Schutz, die Lehrerinnen und Lehrer sich damit erfüllen, um ihrer Unterrichtsaufgabe besser nachkommen zu können – oder nach Wertschätzung und Achtung oder Effektivität oder …

Diesen Gesichtspunkt halten wir für genauso wichtig wie den, für Schülerinnen und Schüler möglichst gute Reflexions- und Kommunikationsmöglichkeiten ihres Verhaltens bereitzustellen, zu denen auch eine Gesprächspartnerin oder ein Gesprächspartner gehören kann, die oder der von der ursprünglichen Konfliktsituation unbelastet mit der Schülerin oder dem Schüler spricht. Infrage steht, wie diese Entlastung der Lehrerinnen und Lehrer so gelingen kann, dass diese auf Strafmaßnahmen verzichten können.

Zugleich können wir uns vielleicht so auch einer Perspektive annähern, die Ziele des Konzepts aufzunehmen und sie im Sinne Gewaltfreier Kommunikation methodisch weiterzudenken.

Beide Gesichtspunkte aufnehmend, hat eine kritische Rezeption des Trainingsraumkonzepts dazu geführt, dass viele Schulen über einen solchen ‚dritten Ort' und seine Möglichkeiten nachdenken und eine entsprechende Praxis erproben. Bei manchen Schulen heißt dieser Raum dann auch nicht mehr Trainingsraum, sondern „Auszeitenraum", „Frei-Raum", „Zeit-Raum" „Raum für gute Lösungen" oder Ähnliches. Rosenberg entwickelte gemeinsam mit Schülerinnen und Schülern die Idee eines „Nichtstun-Raumes".[91]

Ein solcher Raum gehört in den Schulen, die wir kennen oder deren Schulprogramm wir eingesehen haben, konstitutiv zum Schulalltag. Dieser Gedanke erscheint uns bedeutsam gegenüber dem Trainingsraumkonzept, mit dem die Hoffnung verbunden ist, dass sich der Trainingsraum einmal selbst überflüssig macht. Damit werden zwei sehr unterschiedliche Sichtweisen auf Konflikte und Störungen deutlich.

Die eine Sichtweise geht von der Grundannahme aus, dass Konflikte und Störungen in der Schule nicht erwünscht oder nicht „normal" sind, dass – positiv gesagt – eine konfliktfreie Welt die anzustrebende Wirklichkeit ist und deshalb alles darangesetzt wird, Konflikte und Störungen zu eliminieren. Die andere Sichtweise betrachtet Konflikte als Normalität und ‚Störungen' als Symptome. Beides gehört zum Miteinander von Menschen – ganz selbstverständlich auch in der Schule. Der Fokus liegt dann darauf, Konflikte und ‚Störungen' in das Miteinander von Menschen zu integrieren und dieses so zu gestalten, dass alle darin vorkommen können: mit ihren Bedürfnissen, mit ihren Konflikten – auch mit ihren „Hilferufen". Diese Sichtweise, die Gewaltfreier Kommunikation entspricht, macht es notwendig, jeden Konflikt und jede verallgemeinernd sog. Störung als ein besonderes Geschehen – orientiert an Gefühlen und Bedürfnissen – wahrzunehmen. Einen solchen Umgang mit Konflikten und ‚Störungen' halten wir auch in der Schule für lebensbereichernd. In dieser zweiten Sichtweise wird also versucht, mit Konflikten und ‚Störungen' zu leben, anstatt sie wie in der ersten Sichtweise zu beherrschen und ihre Akteure zu bestrafen bzw. vordergründig anzupassen.

In einem solchen eher der zweiten Sichtweise entsprechenden Raum werden Schülerinnen und Schüler bei akuten Konflikten während der Schul- oder Unterrichtszeit unterstützt. Diese Unterstützung finden sie sowohl bei schwierigen Situationen zwischen Schülerinnen und Schülern und Lehrerinnen und Lehrern als auch zwischen Schülerinnen und Schülern untereinander. Außerdem kann ein Schüler eine Auszeit nehmen, wenn er so sehr mit eigenen Problemen beschäftigt ist, dass er dem Unterricht nicht folgen kann.

---

91 Vgl. M. Rosenberg, Gewaltfreie Kommunikation. A. a. O. S. 187 f.

Dass dies gelingen kann, hängt für uns entscheidend von folgenden Punkten ab:
1. vom Wissen darum, dass Macht im Moment ihrer schützenden Anwendung die Freiwilligkeit dessen ausschließt, dem gegenüber sie eingesetzt wird. Entscheidend ist deshalb die möglichst zeitnahe Erläuterung, weshalb ein Lehrer oder eine Lehrerin in diesem Moment so gehandelt hat;
2. von der Wahlmöglichkeit, im Trainingsraum ein Gespräch zu suchen, das Verhalten für sich selbst zu reflektieren oder möglicherweise lediglich zur Ruhe kommen zu können;
3. davon, wie sich das Gespräch zwischen Beratung suchenden Schülerinnen und Schülern und der personellen Begleitung in diesem Raum gestaltet. Unseres Erachtens gehören dazu drei Schritte:
   - Empathie[92] für die Bedürfnisse der Schülerin oder des Schülers, die den Raum aufsucht. Dieser erste Schritt ist entscheidend und schafft die Basis für alles Weitere. Dieser ‚Empathie-Modus' dauert so lange, bis die Schülerin oder der Schüler bereit erscheint, weitergehende Impulse, Perspektivenwechsel oder den Selbstausdruck der beratenden Person in diesem Raum zu hören.[93]
   - Dazu kann die Frage an die Schülerin oder den Schüler gestellt werden: „Möchtest du hören, was ich dazu denke?" Wird diese Frage bejaht, folgt nun eine klare Aussage, die Bezug nimmt auf das Problem, weshalb die Schülerin oder der Schüler den Raum aufgesucht hat.
   - Ein möglicher dritter Schritt kann in einer Vereinbarung zwischen der Schülerin oder dem Schüler und der beratenden Person bestehen. Diese wird nur dann an Dritte weitergegeben, wenn beide damit einverstanden sind.

Damit eine solche Praxis als schützende Machtanwendung gesehen werden kann, erscheint uns eine gemeinsame Grundhaltung aller nötig, die daran mitarbeiten. Wir sehen sie
- in einer Orientierung an gegenseitiger Wertschätzung,
- an der Akzeptanz der Menschen hinter den Rollen, also der Wahrnehmung der Person hinter den Schülerinnen und Schülern,
- in der Überzeugung, dass die Bedürfnisse aller positiv und gleich wichtig sind,
- in dem Wissen um die Unterscheidungen Gewaltfreier Kommunikation zwischen Beobachtung und Bewertung, Gefühlen und Gedanken, Bedürfnissen und Strategien sowie Bitten und Forderungen,
- darin, dass ein solcher Raum sich dezidiert als Angebot (!) von Unterstützung versteht,
- sowie in der Absicht, Bestrafungen und Schuldzuweisungen zu vermeiden.[94]

---

92   S. o. S. 98 ff.
93   S. dazu unten das Beispiel des Gesprächs mit Janine, S. 199 ff.
94   Deutlich wird: Wenn dies als ein möglicher Weg erscheint, hat die personelle Begleitung einen Anspruch, für diese Arbeit in besonderer Weise qualifiziert zu werden.

Einladend zum ebenso kritischen wie weiterführenden Bedenken erscheinen uns die folgenden beiden Beispiele aus unterschiedlichen Schulen und Rosenbergs eigene Idee eines Nichtstun-Raumes:

Raum der guten Lösungen der Grundschule Altmühlstraße Braunschweig[95]

Wir, das sind sieben ehrenamtlich tätige Damen und ein Herr[96], stehen den Kindern und Lehrkräften an 4 Wochentagen in der GS Altmühlstrasse zur Seite. Wir sind im Zweierteam im *Raum der guten Lösungen* anzutreffen. Unsere Arbeit ist geprägt durch Freiwilligkeit, Vertraulichkeit und Objektivität.

---

95 ↗ http://gsaltmhl.alfahosting.org/die-projekte/raum-der-guten-losungen/.
96 Die MediatorInnen des Raumes der guten Lösungen werden vom Bundesverband Seniorpartner in School ausgebildet. Vgl. ↗ http://www.sis-niedersachsen.de.

SchülerInnen, die zu uns kommen, begleiten wir bei der Konfliktbewältigung, die gewaltfrei und eigenverantwortlich von ihnen gelöst werden soll.[97] ... Unser Ziel ist, Kinder in ihrer persönlichen und sozialen Kompetenz zu fördern und zu stärken.

Evangelische Schule Neuruppin[98]

Lehren ohne Liebe macht müde
Lernen ohne Liebe macht blind
Leistung ohne Liebe macht erbarmungslos
Erfolg ohne Liebe macht einsam ...

Bleibt die Frage, was das eigentlich ist: „Liebe"? Wozu diese Worte, wo doch das Denken die Liebe nicht fassen, geschweige denn verordnen kann? Und doch ist deutlich, wie sehr sie uns überall fehlt! Vielleicht können wir gemeinsam nach einer Antwort suchen? Vielleicht können wir den täglich neuen, niemals endenden Versuch einer lebendigen Antwort zum obersten Ziel unseres Lehrens und Lernens machen ... (Klaus Goldkuhle, Lehrer)

Seit dem Schuljahr 2004 werden an unsere Schule Konfliktlotsen ausgebildet. Die Schüler haben ihre Ausbildung mit einer Prüfung beendet. Sie sind darin geschult, wie man mit Streitenden umgeht und sie zu tragfähigen Lösungen führt, bei denen es zwei Gewinner gibt. Die neu erworbene Kompetenz setzen die Schüler ein, um zur Verbesserung des Schulklimas und damit zum Schulfrieden insgesamt beizutragen. Lehrer und Schüler können die Konfliktlotsen bei Streitfällen und Unstimmigkeiten beauftragen. Sie kümmern sich um

---

97 Problematisch erscheint uns die Formulierung „soll". In der Sprache Gewaltfreier Kommunikation wäre die Formulierung: „... die gewaltfrei und eigenverantwortlich von ihnen gelöst werden kann." Damit ist eine einladende Offenheit signalisiert, die die Autonomie der Kinder achtet und ihnen Entscheidungsfreiheit eröffnet.

98 ↗ http://www.gymnasium-neuruppin.de/?oid=1 und
↗ http://www.gymnasium-neuruppin.de/?oid=8&id=360.

die Sorgen einzelner Schüler, denn sie sind auch für sogenannte Einzelberatungen ausgebildet. Die Kontaktaufnahme kann über die Homepage oder die Sprechzeiten geschehen.

Die Schülermediatoren können auch bei Problemen weiterhelfen, die die ganze Klasse betreffen, z. B. eine Beeinträchtigung des Klassenklimas, Cliquenbildung, Ausgrenzung bestimmter Schüler, Lästern untereinander usw. Hier werden dann Klassenmediationen durchgeführt. Vier Schüler übernehmen dazu eine Klassenleiterstunde und gestalten diese ganz selbstständig. Die Probleme werden gemeinsam bearbeitet, und die Klasse sucht nach gemeinsamen Lösungen.

Unsere Schule bildet die Konfliktlotsen in den Jahrgängen 5, 6, 7 und 8 aus. Die ersten sind jetzt schon in der 12. Klasse. Damit ist gewährleistet, dass aufmerksame und sensible junge Menschen immer ein Auge darauf haben, dass es in unserem Schulleben ein harmonisches und respektvolles Miteinander gibt. (S. Priesemuth, stellvertretender Schulleiter)

Ein Nichtstun-Raum

Rosenberg selbst[99] berichtet im Kontext eigener schützender Anwendung von Macht an Schulen und der Einrichtung eines Nichtstun-Raumes zunächst ein Gespräch mit Schülern. Es beginnt mit der Frage von Will: „Wenn so ein Typ halt nichts tun will, wieso kann man ihn dann nicht in einen Nichtstun-Raum stecken? MBR: Meinst du damit, Will, dass du gerne einen Raum hättest, wo man Leute hinschicken kann, damit sie die anderen Schüler nicht stören? Will: Ja, genau. Hat doch keinen Sinn, dass sie in der Klasse sind, wenn sie nichts tun wollen. MBR: Die Idee interessiert mich sehr. Ich würde gerne hören, wie du dir das vorstellst. Will: Manchmal kommst du in die Schule und fühlst dich einfach grauenhaft: Du willst überhaupt nichts tun. Dann haben wir eben einen Raum, wo die Schüler hingehen können, bis sie wieder Lust haben, etwas zu tun. MBR: Ich verstehe, was du sagst, aber ich kann mir vorstellen, dass die Lehrer sich Sorgen machen werden, ob die Schüler dann freiwillig in den Nichtstun-Raum gehen. Will (zuversichtlich): Das werden sie." Rosenberg schreibt weiter: „Ich sagte, dass ich mir vorstellen könnte, dass der Plan funktioniert, wenn wir klarmachen können, dass es nicht um Bestrafung geht, sondern darum, denjenigen einen Platz anzubieten, die im Moment nicht lernen können, und gleichzeitig denen eine Chance zu geben, die lernen wollen. Ich gab auch zu bedenken, dass ein Nichtstun-Raum leichter ein Erfolg werden könnte, wenn bekannt würde, dass die Idee aus einem Brainstorming unter Schülern entstanden war und nicht von den Lehrern angeordnet wurde. Es wurde ein Nichtstun-Raum für die Schüler eingerichtet, die durcheinander waren und keine Lust hatten zu lernen oder deren Verhalten die anderen vom Lernen abhielt. Manchmal fragten die Schüler, ob sie hingehen konnten; manchmal baten die Lehrer einen Schüler, hinzugehen. Wir setzten die Lehrerin, die am besten mit der GFK vertraut war, in den Raum, und sie hatte sehr produktive Gespräche mit einigen der Schüler, die hereinkamen."

---

99 M. Rosenberg, Gewaltfreie Kommunikation. A. a. O. S. 187 f.

Solche Beispiele sehen wir als Schritte auf einem Weg, an dessen Ziel das möglich werden kann, was Lehrerinnen und Lehrer der Albert-Schweitzer-Schule in Gießen in ihrem Schulprogramm so formulieren: „Soziales Lernen in unserer Schule stellt Beziehungen in den Mittelpunkt des Unterrichts und des Zusammenlebens in der Schule. Dies meint zuerst die Bereitschaft, die eigene Wahrnehmung zu schärfen, um Handlungsantriebe, Bedürfnisse und Wünsche bewusst zu machen, das eigene Verhalten zu hinterfragen, sich mitzuteilen, sich selbst und anderen einfühlsam zu begegnen sowie die Bedürfnisse von anderen zu hören und zu beachten. Zum Zweiten meint Soziales Lernen den Prozess, der kooperative Arbeitsformen und Begegnungen in der Schule unterrichtsimmanent unterstützt."[100]

Wo können Sie unseren Überlegungen zu einer kritischen Veränderung des Trainingsraumkonzepts zustimmen?

_____
_____
_____
_____

Wo können Sie unseren Überlegungen zu einer kritischen Veränderung des Trainingsraumkonzepts nicht zustimmen?

_____
_____
_____
_____

Wo empfinden Sie unsere Überlegungen als hilfreich für Sie im Blick auf Ihre schulische Praxis, in der Sie an Ihrer Schule einen ähnlichen ‚dritten Raum' anbieten?

_____
_____
_____
_____

---

100 Vgl. ↗ http://www.albert-schweitzer.giessen.schule.hessen.de.

5.5 Wie setzen Sie Macht ein?

ÜBUNG

Bitte schauen Sie sich jetzt nochmals die drei von Ihnen erinnerten Situationen an und fragen Sie danach, welcher Gebrauch von Macht vorliegt: strafender oder schützender. Wenn Sie feststellen, dass Sie Macht strafend angewandt haben und Ihnen die Differenz von strafender und schützender Anwendung von Macht einleuchtend erscheint, versuchen Sie bitte, alternative Möglichkeiten für sich zu notieren, mit der Situation umzugehen.[101]

Situation 1:

_____

_____

_____

_____

Situation 2:

_____

_____

_____

_____

Situation 2:

_____

_____

_____

_____

---

101 Eine weitere Übung zur Differenz bestrafender und schützender Macht anhand fremder Situationsvorgaben finden Sie in: M. B. Rosenberg, Erziehung, die das Leben bereichert. A. a. O. S. 143–145.

5.6 Zusammenfassung: Was haben wir Ihnen in diesem Kapitel angeboten?

Die Frage nach dem Umgang mit Macht, ein für Schule zentrales Thema, stand im Mittelpunkt dieses Kapitels: Wie gebrauche ich und wie möchte ich vielleicht anders Macht gebrauchen? Dies zu reflektieren wollten wir Sie einladen.

Wir haben zunächst Macht wahrgenommen im Kontext von Werten und kulturellen Prägungen und haben Ihnen vorgestellt, wie Gewaltfreie Kommunikation je nach der Absicht der oder des Handelnden den Gebrauch von Macht unterscheidet in die **strafende Anwendung von Macht**, die ausgesprochen kritisch gesehen wird, und in **schützende Anwendung von Macht**, die als notwendig angesehen wird. Wir haben dies an Beispielen aus unserer schulischen Praxis konkretisiert und insbesondere an der „Roten Karte!" und am Trainingsraumkonzept diskutiert.

Dabei wurde – so hoffen wir – deutlich, dass Gewaltfreie Kommunikation etwas Widerständiges hat, ihr Gebrauch Mut erfordert und die Bereitschaft, Konflikte einzugehen. Wir kennen Lehrerinnen und Lehrer, Kollegien und ganze Schulen, die dies versuchen.[102]

Wir haben Sie gebeten, Ihren eigenen Machtgebrauch an der Schule oder in anderen Kontexten, in denen Sie arbeiten, zu reflektieren und aufgrund der theoretischen Überlegungen des Kapitels Handlungsalternativen zu bedenken. Und wir wünschen uns, dass Sie sich davon anstecken, begeistern und vielleicht für Ihre eigene Schulpraxis inspirieren lassen – nicht zuerst, um zum Wohlbefinden anderer beizutragen, sondern um ausreichend für sich selbst, für Ihre Bedürfnisse und Werte zu sorgen ...

---

102 Vgl. G. Orth, H. Fritz, a. a. O.

6. | Wertschätzung ausdrücken

*Ein Gespräch im Lehrerzimmer. Frau Gein erzählt: „Heute ist mir etwas Merkwürdiges passiert. Ich habe mit Lukas gesprochen, Klasse 10. Der kriegt für seine tollen Bilder in Kunst immer eine Eins bei mir. Heute kommt er doch und sagt, die Einsen würden ihn beleidigen. Ich verstand gar nicht, was er damit meint, ich dachte, er freut sich immer –
und er erklärte, er würde nicht für Noten malen ..."*

Schule erleben wir als eine Institution, in der Bewertungen an der Tagesordnung sind. Wir Lehrerinnen und Lehrer strafen und loben Schülerinnen und Schüler. Weil mit Lob wie mit Strafe immer auch ein/eine Be-Urteil-ung verbunden ist, lehnt Gewaltfreie Kommunikation Bestrafung, also die Ausübung strafender Macht, ebenso ab wie das Loben. Loben wird in Gewaltfreier Kommunikation durch eine andere Praxis, den Ausdruck von Wertschätzung, abgelöst.

Schülerinnen und Schüler haben schnell das schulisch fast einzig relevante Schema von Bestrafung und Belobigung durchschaut und sind oft bereits im zweiten Schuljahr getrieben von der Jagd nach guten Noten – nicht zuletzt, weil sonst droht, dass sie schulisch auf der Strecke bleiben ... Inhalte werden dabei nahezu gleichgültig, entscheidend erscheint, dass die Schülerinnen und Schüler (wie Studierende dann auch in Bachelor- und Masterstudiengängen) eingepasst werden (und sich einpassen lassen) in das System von Bestrafung und Lob, von schlechten oder guten Noten. Die Konsequenz dieser in den letzten Jahren im Zuge gesamtgesellschaftlicher Veränderungen härter werdenden Entwicklung brachte eine Abiturientin kürzlich ungewollt auf den Punkt: „Ich weiß eigentlich gar nicht, wofür ich mich wirklich interessiere." Geht dann überhaupt noch, was Hartmut von Hentig einmal als Aufgabe der Schule formulierte: „Die Dinge klären und die Menschen stärken"[103], wenn es um „die Dinge" eigentlich gar nicht mehr geht? Können Menschen so zu starken, selbstbewussten Personen heranwachsen, die sich selbst vertrauen und an sich selbst glauben?

Ist es möglich, aus diesem System von Bestrafung und Belohnung auszusteigen? Gibt es dazu Alternativen?[104] Wenn Sie – wie wir – Lehrerin oder Lehrer an einer staatlichen oder diesen gleichgestellten Schule bleiben möchten, dann werden Sie dieses System vermutlich weiter mittragen müssen. Doch um dieses System von Bestrafung und Belohnung, von guten und schlechten Noten nicht zu der einzigen, alles entscheidenden Rückmeldung für Menschen in Schulen und Universitäten werden zu lassen, kann es – mit einiger Mühe und Nachdenken – gelingen, mit dem Ausdruck von Wertschätzung,[105] wie sie die Gewaltfreie Kommunikation versteht, einen Weg zu beschreiben, der dazu geeignet ist, die Menschen zu stärken. Sie können sich als selbstwirksam erfahren, sich als gesehen erleben und Wertschätzung spüren: Die Person und die Beziehung zu anderen Personen wird in den Blick genommen, ohne jemanden zu beurteilen. Deshalb wollen wir dies hier thematisieren und Sie dazu ermutigen, eine andere Form der Wahrnehmung ihrer Schülerinnen und Schüler und eine wertschätzende Sprache kennenzulernen, einzuüben und – so unsere Hoffnung – auch anzuwenden.

---

103 H. v. Hentig, Die Menschen stärken, die Sachen klären. Stuttgart 1985.
104 S. dazu u. S. 167 ff.
105 Zu Wertschätzung als Voraussetzung und Feld von Selbst-Empathie und Empathie s. o. S. 81 ff.

> Dass dies nicht einfach ist, macht die Erzählung einer in Gewaltfreier Kommunikation geschulten Mitarbeiterin an der Universität deutlich, als wir an diesem Kapitel arbeiteten: „In den letzten Tagen haben mir zwei Kinder Gelegenheit gegeben zu erkennen, wie schwierig es sein kann, aus diesem Schema von Bewertung auszusteigen.
>
> Heute Morgen habe ich mir bei einem Bäcker im Kassenraum eines Supermarkts ein Brötchen gekauft. Als ich rausgehe, steht neben Einkaufswagen und Fahrrad (die Mutter lud gerade die Einkäufe aufs Rad) ein kleines Mädchen, vielleicht 2½ Jahre alt, mit einer Packung in der Hand, schaut zu mir und sagt: „Ich kaufe ein." Das Erste, was mir auf der Zunge lag, war: „Oh, das ist ja toll!" – Klingt das nicht „irgendwie" nach Bewertung?!
>
> Ein anderes Beispiel: „Mein" neuer Schulleiter zeigt mir „meine" neue Schule. In einem Gruppenraum (es ist Nachmittag, und etwa ein Drittel der Kinder sind in der Nachmittagsbetreuung) kommt ein Mädchen auf ihn zu und erzählt ihm ganz detailliert von ihrem bald beginnenden Nachmittag: „Um halb zwei holt mich mein Papa ab, und wir nehmen die Janine mit, und dann spielen wir mit meinem Hamster, und dann …" Während ich still daneben stehe und die Szene beobachte, überlege ich, wie ich denn wertschätzend – nach GFK – auf diese Äußerungen des Mädchens reagieren könnte, denn mir ist aufgefallen, dass in meinem Kopf wieder einmal ‚nur' „Oh, das ist ja toll!" oder „Oh, da hast du aber ein volles Programm" herumgeistert …

6.1 Die Geschichte von Lars und seinem Vater

Eine alltägliche Erfahrung, die Väter oder Mütter mit ihren Kindern machen können: Der dreieinhalbjährige Lars sitzt am Küchentisch und wartet auf seinen Vater, der noch nicht von der Arbeit nach Hause gekommen ist. Seine Mutter schlägt ihm vor, ein bisschen zu malen, um sich die Zeit zu vertreiben. Eine Stunde und sechs Bilder später kommt der Vater nach Hause. Lars läuft ihm sofort entgegen und gibt ihm sein letztes Bild mit den Worten: „Schau, Papa, das ist für dich!" Sein Vater betrachtet das Bild und sagt: …

> **ÜBUNG**
>
> Notieren Sie bitte wörtlich, was Sie in der Rolle von Lars' Papa zu Lars jetzt sagen würden:
>
> _____
>
> _____

6.2 Was verstehen wir in der Gewaltfreien Kommunikation unter Wertschätzung? – Einige Hinweise

Zu dem schulischen System von Bestrafung und Belohnung gehört auch das Loben. So ablehnend Gewaltfreie Kommunikation bestrafender Macht gegenübersteht, so skeptisch ist sie auch dem Loben gegenüber. Rosenberg schreibt: „Vielleicht überrascht es Sie, dass ich Lob und Komplimente als lebensentfremdend ansehe – aber fällt Ihnen auf, dass eine Wertschätzung in dieser Form (erg. als Beispiel: „Sie sind ein sehr sensibler Mensch.") wenig darüber aussagt, was im Sprecher vor sich geht? Er oder sie wird zu jemandem, der Urteile abgibt. Ich definiere Urteile – ob positiv oder negativ – als lebensentfremdende Art, zu kommunizieren."[106]

Im Rahmen instrumentellen Lernens geht beispielsweise Pädagogische Psychologie selbstverständlich von positiven Verstärkungen durch Lob aus. Sie tut dies, weil es durchaus beabsichtigt ist, das Gegenüber dazu zu bringen, das zu tun, was ich will. Gewaltfreier Kommunikation geht es dagegen um lebensdienliches Miteinander „gleicher verschiedener" Personen. Als Beispiel für solche positive Verstärkung im Verständnis instrumentellen Lernens wird in einem gerade neu aufgelegten Lehrbuch für Pädagogische Psychologie folgendes Beispiel als selbstverständlich berichtet: „Ein Kind deckt ab und zu selbständig den Frühstückstisch. Die Eltern bringen darüber ihre Freude zum Ausdruck und loben es. Bald übernimmt das Kind diese Aufgabe fast regelmäßig."[107] Undiskutiert bleibt dabei, was solches Loben bewirkt: Deckt das Kind den Frühstückstisch nun fast regelmäßig, weil es gelobt wird und zukünftig gelobt werden möchte, oder tut es dies, wie vielleicht bei den ersten Malen, um den Eltern eine Freude zu machen, eine Überraschung zu bereiten und einfach seine Liebe zu zeigen? Diese Differenz halten wir für entscheidend: Warum möchten Eltern oder Lehrer und Lehrerinnen, dass ein Kind oder ein Jugendlicher etwas tut? Was soll die Motivation sein? Welche Grundüberzeugungen oder Glaubenssätze wirken hier im Stillen bei Eltern oder Lehrern und Lehrerinnen? Sollen Kinder und Jugendliche etwas tun, um gelobt zu werden, oder aus Freude am Leben, aus Liebe oder Zuneigung, um ihre Selbstwirksamkeit zu erproben, um ihr Können zu zeigen, um andere zu unterstützen ... Wir sehen hier einen zentralen Punkt Gewaltfreier Kommunikation, die eben kein Mittel, keine Methode sein möchte, Menschen dazu zu bringen, das zu tun, was ein anderer will.

Gewaltfreie Kommunikation intendiert anderes und vor allem: größere Klarheit. „Anstatt jemanden dafür zu loben, was er/sie getan hat, sprich deinen Dank aus, indem du der Person erzählst, welche deiner Bedürfnisse durch dieses Tun erfüllt

---

106 M. B. Rosenberg, Gewaltfreie Kommunikation. A. a. O. S. 203.
107 W. Edelmann, S. Wittmann, Lernpsychologie. 7. Aufl. Weinheim und Basel 2012. S. 77.

wurden, und evtl. noch, welche Gefühle damit verbunden sind."[108] So wird Lob durch wertschätzenden Dank ersetzt, der auf Urteile verzichtet und stattdessen das Gegenüber wissen lässt, was sein Tun ausgelöst hat. Rosenberg konkretisiert: „Die Gewaltfreie Kommunikation unterscheidet ganz klar drei Bestandteile im Ausdruck einer Wertschätzung:
1. Die Handlungen, die zu unserem Wohlbefinden beigetragen haben;
2. unsere jeweiligen Bedürfnisse, die sich erfüllt haben, und
3. die angenehmen Gefühle, die sich durch die Erfüllung dieser Bedürfnisse eingestellt haben."[109]

Ein Beispiel aus dem Schulalltag kann dies verdeutlichen. Ein Kind hat seine Hausaufgabe in ausgesprochen gelungener Schönschrift abgegeben. Die Lehrerin oder der Lehrer kann dies nun loben: „Das hast du toll gemacht; du schreibst jetzt schon wirklich viel schöner als früher!" So wird das Kind integriert in das schulisch zu lernende System von Belohnung und Bestrafung und wird sich zukünftig (vielleicht!) darauf einstellen. Oder sie/er kann seine Wertschätzung dem Kind gegenüber ausdrücken: „Ich war froh, dass das Lesen für mich so ganz leicht war." Oder: „Danke, dass du so schön geschrieben hast. Das hat mir das Lesen ganz leicht gemacht." Während das Lob in letzter Konsequenz an den Lobenden bindet, weil es das Selbstwertgefühl des Gelobten zunehmend vom Lob abhängig werden lässt, kann das Kind bei der wertschätzenden Anerkennung seiner Arbeit seine Selbstwirksamkeit spüren: Ich habe etwas getan, das etwas bewirkt hat; es hat das Lesen leicht gemacht.[110] Und was gibt es Stärkenderes und Wichtigeres für Kinder und Jugendliche in schulischen Kontexten, als Selbstwirksamkeit zu spüren – eine in unseren Schulen viel zu seltene und kaum zu lehrende, sondern eben nur eigenständig zu machende Erfahrung![111] Und was gibt es Schöneres, als dass Selbstwirksamkeit als Alternative zur Einpassung in das System von Belohnung und Bestrafung erfahren werden kann! Ein weiterer Gesichtspunkt kommt hinzu: „Es ist eben, anthropologisch betrachtet, ein beachtlicher Unterschied, ob man an die kindliche Persönlichkeit unter einem Teilaspekt, nämlich unter dem Aspekt ihres Verhaltens, herangeht und gezielt ‚Verhaltensmodifikation' betreibt, damit sich diese Persönlichkeit pädagogisch handhaben lässt, oder ob man den ganzen Menschen, die Entfaltung seiner Individualität und Beziehungsfähigkeit im Auge hat."[112]

---

108 10-Punkte-Programm, die Gewaltfreie Kommunikation in den Alltag zu bringen. Nach Gary Baran, CNVC, veröffentlicht durch das ORCA-Institut. ↗ http://www.orca-institut.de.
109 M. B. Rosenberg, a. a. O. S. 204.
110 Vgl. dazu, auch wenn dort ein weiterer Zusammenhang im Blick ist: U. Kegler, a. a. O. S. 151.
111 Vgl. dazu G. Hüther, Wie man sein Gehirn optimal nutzt. CD. Auditorium Netzwerk 2008.
112 M. Meißner, E. A. Stadter, Kinder lernen leben. Beziehungslernen in der Grundschule. München 1995. S. 194.

6.3 ... was haben Sie zu Lars gesagt?

> **ÜBUNG**
>
> Bitte schauen Sie sich nun an, was Sie oben zu Lars' Satz „Schau, Papa, das ist für dich!" aufgeschrieben haben, und reflektieren Sie Ihren Satz auf dem Hintergrund der Informationen, wie Wertschätzung innerhalb Gewaltfreier Kommunikation gesehen wird. Vielleicht haben Sie Lars gegenüber ja bereits Ihren wertschätzenden Dank ausgedrückt. Wenn es im Sinne gewaltfreier und wertschätzender Kommunikation nicht oder nicht ganz gelungen erscheint und Sie die Überlegungen bisher als bedeutsam für sich einschätzen, möchten wir Sie ermutigen, Alternativen auszuprobieren.[113]

6.4 (Selbst-)Reflexionen zum Lob

Wir formulieren im Folgenden sieben Thesen[114] und laden Sie ein, diese im Blick auf Ihre eigene Person und Ihre schulische Praxis zu bedenken[115]:

1. Lob geht davon aus, dass es Menschen gibt, die wissen, was richtig und falsch ist, und dass es in (und außerhalb) der Schule Experten gibt, denen sich Lernende unterzuordnen haben.
2. Lob bringt Kindern und Jugendlichen „eine Art von Selbstvertrauen bei, die auf ständige Bestätigung durch Experten angewiesen ist", und es verhindert die wichtigen Erfahrungen von Selbstwirksamkeit und Selbstkontrolle.
3. Lob produziert nicht nur hinsichtlich von Wissen die Abhängigkeit von Experten, sondern es macht die Kinder und Jugendlichen auch emotional abhängig.
4. Lob orientiert sich an Leistungen oder schulischen Konventionen und berücksichtigt nicht das Dasein und Personsein der Kinder und Jugendlichen.

---

113 Vgl. Jasper Juul, Dein kompetentes Kind. Reinbek 2009. S. 110–112 i. A.
114 Zu den Thesen 1–4 vgl. J. T. Gatto, s. o. S. 53.
115 Die Thesen gelten nicht lediglich für das Lob, sondern ebenso für Bestrafung, weil beide nach demselben Prinzip funktionieren und ihnen bewusst oder unbewusst die gleiche Absicht zugrunde liegt.

5. Die in den Thesen 1.–4. formulierten Einschätzungen sind gesellschaftlich gewollt und reproduzieren in der Schule gesellschaftliche Realität.
6. Gewaltfreie Kommunikation hilft dabei, selbstverständlich erscheinende gesellschaftliche und kulturelle Konditionierungen zu durchbrechen[116] und selbstbewussten Selbstausdruck zu fördern. Gewaltfreie Kommunikation zielt darauf, unser Bedürfnis nach Autonomie und Selbstbestimmung zu stärken.
7. Gewaltfreie Kommunikation lädt deshalb dazu ein, in jeder Situation zu prüfen, ob wir bestrafende Anwendung von Macht oder schulisches Lob anwenden oder schützende Anwendung von Macht und Wertschätzung erproben möchten.

ÜBUNG

Wie denken Sie über diese Thesen?

a) Im Blick auf Ihre Person:

_____

_____

_____

_____

b) Im Blick auf Ihre Berufsrolle und die damit verbundene schulische Praxis:

_____

_____

_____

_____

---

116 Vgl. dazu M. Rosenberg, Erziehung, die das Leben bereichert. A. a. O. S. 123 ff.

6.5 Wertschätzung üben

Wir schlagen Ihnen folgende Übung vor und wünschen Ihnen Freude beim Heben Ihrer Schätze[117]:

ÜBUNG

1. Was schätzen Sie an sich selbst (Handlungen, Eigenschaften) in Ihrem schulischen Alltag?

2. Wo setzen Sie diese Fähigkeiten konkret ein? Wie drückt sich dies konkret aus?

3. Wie tragen Sie durch diese Handlungen und/oder Eigenschaften zum Wohl anderer bei?

---

117 Die Idee zu dieser hier stark veränderten Übung fanden wir bei L. Leu, Gewaltfreie Kommunikation. Das 13-Wochen-Übungsprogramm. Paderborn 2009. S. 175.

4. Welche Bedürfnisse[118] anderer erfüllen Sie damit?

_____
_____
_____
_____

5. Wie tragen Sie durch diese Handlungen und / oder Eigenschaften zum eigenen Wohl bei?

_____
_____
_____
_____

6. Welche eigenen Bedürfnisse erfüllen Sie sich damit?[119]

_____
_____
_____
_____

6.6 Wertschätzende Schulentwicklung

Was Sie gerade geübt haben, Ihre eigenen Schätze zu heben und zu würdigen, das können Sie auch im Kollegium Ihrer Schule anregen. Olaf-Axel Burow hat dazu in seinem Buch *Positive Pädagogik. Sieben Wege zu Lernfreude und Schulglück*[120] eine Möglichkeit entwickelt, die GO in der Zwischenzeit in einer LehrerInnenfortbildung erfolgreich erprobt hat. Burow beschreibt die Methode mit Beispielen, Fotografien

---

118 Sie können dazu die Bedürfnisliste auf S. 30 ff. nutzen.
119 S. dazu oben beispielhaft S. 79 f.
120 Weinheim und Basel 2011.

und einem detaillierten Ablaufplan auf eine ausgesprochen ermutigende und inspirierende Weise.[121] Deshalb skizzieren wir hier im Kontext unserer Überlegungen lediglich die Grundidee wertschätzender Schulentwicklung und verweisen im Übrigen auf das Buch Burows.

Wir vermuten, dass Sie, wie auch wir, den Beruf der Lehrerin oder des Lehrers gewählt haben, weil Sie eine Sehnsucht antreibt, das weiterzugeben, was Sie lieben. Fulbert Steffensky hat die schöne Formulierung gefunden: „Lehren heißt zeigen, was man liebt."[122] Und alle Lehrerinnen und Lehrer haben auch beglückende Schulerfahrungen, Erfahrungen gelingenden Zusammenseins mit Schülerinnen und Schülern, glückende Pausenhoferlebnisse und gelingende Unterrichtsstunden – ‚Sternstunden', von denen man sich wünscht: Ja, so soll Unterricht, so soll Schule sein!

Davon reden wir in unseren Schulen in der Regel viel zu wenig. Viel eher klagen wir über das, was nicht klappt, was schwierig ist, was wir nicht so umsetzen (können), wie wir es uns wünschen – über die andern, die da oben, die schlechten Rahmenbedingungen (und auch damit erfüllen wir uns Bedürfnisse) ... Uns, Autorin und Autor, ist wichtig, das Leiden an der Schule nicht zu überspringen, sondern ernst zu nehmen; oft leiden auch wir darunter und wir sehen, dass es manchen Lehrerinnen und Lehrern sogar die Arbeit verleidet. Hilfreich und förderlich erleben wir es, wenn wir uns zusätzlich in der Schule auch von unseren positiven Erfahrungen, von unseren Sternstunden erzählen und Lehrerinnen und Lehrer eines Kollegiums entdecken: Jede und jeder von uns leistet ganz oft gute Arbeit, und viele und oft ganz unterschiedliche Wege führen zu einer lebensdienlichen und kinder- wie jugendlichenfreundlichen Schule. Bei solchen Entdeckungen kann man wahrnehmen: Das, wonach wir uns sehnen, ist in Teilen bereits vorhanden. Nur: Von alledem erfahren wir nichts oder kaum etwas, weil uns eine Kultur des wertschätzenden Austauschs fehlt ... Und schließlich Schulentwicklung, Schulkultur und Schulprogramme: Das ist eigentlich nichts anderes als die Geschichten, die man einander über die Schule erzählt.[123] Und gibt es Schöneres, als Geschichten vom Gelingen zu erzählen oder solche, die davon berichten, wie sich eine Schule auf den Weg zu gelingenden Geschichten macht?!

Wir möchten Sie einladen, mit den eigenen auch die Schätze Ihres Kollegiums zu heben, und wir können Ihnen (fast) versprechen: Es macht Freude, es schenkt Leichtigkeit und es bewirkt Mut und Selbstvertrauen in die eigenen Möglichkeiten. Olaf-Axel Burow berichtet davon.

---

121 A. a. O. S. 158–171.
122 F. Steffensky, Damit die Träume nicht verloren gehen. Religiöse Bildung und Erziehung in säkularer Zeit. Vortrag zum 50. Jubiläum des RPI-Loccum. ↗ http://www.rpi-loccum.de/steffky.html.
123 Vgl. dazu O.-A. Burow, a. a. O. S. 164.

Wie kann das gehen? Meine (GO) Fortbildungseinheit zu dem hier angesprochenen Thema in einer Gesamtschule sah so aus:[124]

Erster Schritt:

Es geht darum, dass jede Lehrerin und jeder Lehrer ein besonders positives Erlebnis ihrer oder seiner Arbeit, von dem er/sie im Nachhinein sagt: „So wünsche ich mir Schule! So wünsche ich mir Unterricht!", auf einem DIN-A3-Poster vorstellt. Dazu gehören drei Schritte (Zeitbedarf ca. 15 Minuten):
- Finden Sie ein Symbol, das die Botschaft Ihres besonders positiven Erlebnisses anschaulich macht.
- Kreieren Sie ein Wort oder einen Slogan, der den Kern des Erlebnisses sprachlich auf den Punkt bringt.
- Stellen Sie das Erlebnis kurz in Form einer möglichst genauen Erzählung dar.

Die Kombination von Symbol, Slogan und Geschichte bietet einen verdichteten Zugang zu persönlich „bedeutsamen Erfahrungen, der – neben seinem expliziten Gehalt – auch die emotionale Dimension sicht- und kommunizierbar macht"[125].

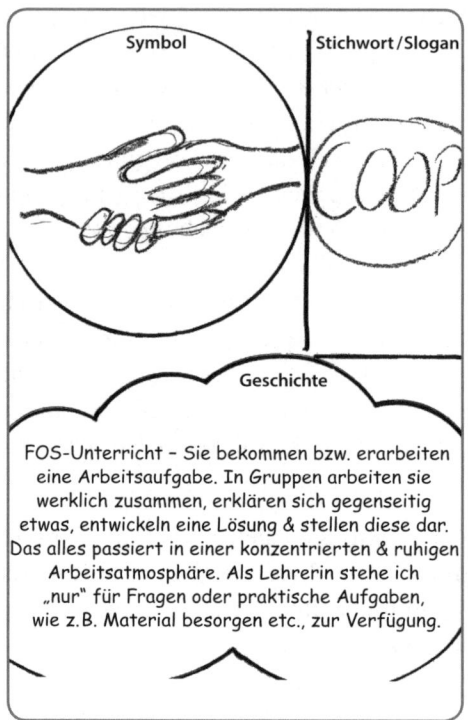

---

124 Vgl. dazu O.-A. Burow, a.a.O. S. 169.
125 O.-A. Burow, a.a.O. S. 162.

Zweiter Schritt:

Die Lehrerinnen und Lehrer zeigen sich gegenseitig ihre Poster, indem sie sich im Raum bewegen und über ihre Ideen in ein kurzes Gespräch kommen, aus dem sich Dreier- bis Fünfergruppen zusammensetzen (Zeitbedarf ca. 15 Minuten).

Dritter Schritt:

Die Dreier- bis Fünfergruppen haben vier Aufgaben (Zeitbedarf ca. 30–40 Minuten):
1. Stellen Sie einander Ihr Symbol und Ihr Erlebnis in ca. 3 Minuten vor. Konzentrieren Sie sich darauf zu verstehen, was der Kern des vorgestellten Erlebnisses ist.
2. Versuchen Sie drei pädagogische und/oder didaktische Prinzipien herauszufinden, die den von den Gruppenmitgliedern vorgestellten Erlebnissen gemeinsam sind und deren Übersetzung in den Schulalltag die Qualität Ihrer Schule deutlich verbessern würde. Schreiben Sie diese Prinzipien auf drei Karten.
3. Suchen Sie ein Poster eines Mitglieds Ihrer Gruppe aus, das Sie im Plenum vorstellen wollen.
4. Klären Sie, wer das Poster vorstellt und wer die Prinzipien im Plenum erläutert.

Vierter Schritt:

Nun werden die Ergebnisse der Gruppenarbeiten im Plenum vorgestellt (Zeitbedarf pro Gruppe ca. 6 Minuten). Alternativ dazu bietet sich an, so habe ich es in dem Kollegium mit den 90 Lehrerinnen und Lehrern angeregt, die Poster und die dazugehörenden Karten mit den Prinzipien jeweils als Einheit im Flur aufzuhängen und die so entstandene Ausstellung anzuschauen.

Fünfter Schritt:

Schließlich habe ich Kerneinsichten der Gruppen zusammengefasst und nach der Veranstaltung diese Zusammenfassung allen Lehrerinnen und Lehrern zur Verfügung gestellt.

In beiden Schulen wollte sich nach der Veranstaltung eine Gruppe im Kollegium zusammenfinden, die mit diesem Material weiterarbeitet, um der Schule und dem Unterricht näher zu kommen, den sich die Lehrerinnen und Lehrer wünschen: Aus Sternstunden könnte vielleicht Schulalltag werden.

6.7 Zusammenfassung: Was haben wir Ihnen in diesem Kapitel angeboten?

Weil wir Schule als eine Institution erleben, die ständig auf Bewertung hin orientiert ist, haben wir neben dem Problem der strafenden Anwendung von Macht der Unterscheidung von **Lob oder Wertschätzung** breiten Raum gegeben.

In diesem Kapitel sind wir davon ausgegangen, dass wir Schule als eine Institution erleben, in der Bewertungen an der Tagesordnung sind. Ausgehend von einer kleinen Beispielgeschichte – Lars, sein Bild und die Reaktion des Vaters – haben wir gefragt, was Loben bewirkt oder zumindest bewirken kann. Wir haben dann vorgestellt, was Gewaltfreie Kommunikation unter Wertschätzung versteht und wie diese in Gewaltfreier Kommunikation ausgedrückt wird.

Im Anschluss daran haben wir Sie eingeladen, unseren Thesen zum Lob unter zwei Aspekten nachzugehen, zum einen hinsichtlich Ihrer Person und zum andern hinsichtlich Ihrer beruflichen Rolle als Lehrerin oder Lehrer und der damit verbundenen schulischen Praxis.

Schließlich haben wir Ihnen Übungen zur Wertschätzung angeboten, zunächst im Blick auf sich selbst, was Sie an sich wertschätzen, und sodann im Anschluss an O.-A. Burow im Blick auf **wertschätzende Schulentwicklung**.

Wir wollten damit ein Anliegen von M. Rosenberg, dem wir aus vollem Herzen zustimmen, deutlich machen: Gewaltfreie Kommunikation hat gesellschaftliche Veränderungen zum Ziel; Rosenberg spricht von „social change". Und damit verknüpft geht es um Veränderungen in unseren Schulen: Wie wohltuend wäre eine Schule, die sich von einer Gewinner-Verlierer-Mentalität verabschiedet hat und in der Selbstwirksamkeit erfahren und wechselseitige Wertschätzung gelebt wird. Für uns markiert Gewaltfreie Kommunikation den Weg dorthin.

7. Im Zentrum ankommen – Vom Zentrum aus starten: Zwischenreflexion

Wir verlassen jetzt unsere Systematik, mit der wir Ihnen Gewaltfreie Kommunikation vorgestellt haben. Entscheidend für uns ist nicht die Technik oder Methode, gewaltfrei zu sprechen, sondern die mit Gewaltfreier Kommunikation verbundene Haltung und Einstellung zu mir selbst und den Menschen, die mir begegnen. Gewaltfrei zu kommunizieren wäre furchtbar ohne innere (Gewalt-)Freiheit, gewaltfreies Denken und gewaltfreie Handlungsweisen.

Wir begannen deshalb das Lern- und Übungsbuch mit dem Stichwort „Bedürfnis" – dies ist für uns der Dreh- und Angelpunkt Gewaltfreier Kommunikation (Kap. 2). Die Nichtachtung meiner und der Bedürfnisse anderer bedeutet die Nichtachtung jenes Feldes, in dem Gewaltfreiheit und ihre Uneingelöstheit konkret werden.[126] Im Zusammenhang der Bedürfnisse sind uns die Gefühle wichtig, die anzeigen, ob unsere Bedürfnisse erfüllt sind oder nicht, sowie die für die Schaffung möglichst vieler Handlungsoptionen entscheidende Differenz zwischen Bedürfnissen und Strategien. In einem zweiten Schritt erst haben wir Ihnen angeboten, die vier Schritte Gewaltfreier Kommunikation (Beobachtung, Gefühl, Bedürfnis, Bitte) kennenzulernen und zu üben (Kap. 3). Dazu gehörte dann – gleichsam als besondere Herausforderung – der Umgang mit einem „Nein" auf eine Bitte. Im anschließenden Kapitel (4) ging es um Selbst-Empathie und Empathie, in denen wir die Voraussetzung für einen wertschätzenden Umgang mit uns selbst und anderen Menschen sehen. Sodann haben wir das Thema „Macht" in den Fokus gestellt, mit der für Gewaltfreie Kommunikation bedeutsamen Unterscheidung der strafenden Anwendung von Macht, die abgelehnt wird, und schützender Anwendung von Macht, die wir als wichtig und bedeutungsvoll ansehen (Kap. 5). In vergleichbarer Weise wie Strafe betrachten wir Lob. Beide sind zugehörig zu einem hierarchischen System von Urteilen, die eine oder einer über andere fällt. So ging es im darauffolgenden Kapitel (6) um die kritische Einstellung Gewaltfreier Kommunikation zum Loben und den Vorschlag, Lob durch Wertschätzung bzw. wertschätzenden Dank zu ersetzen. Als Abschluss dieses Kapitels und des ersten Teils führten wir Sie kurz ein in eine Möglichkeit wertschätzender Schulentwicklung.

---

126 Vgl. die Formulierung bei Ernst Lange in anderem Kontext: E. Lange, Sprachschule für die Freiheit. In: Ders., Sprachschule für die Freiheit. Bildung als Problem und Funktion der Kirche. München/Gelnhausen 1980. S. 117–132. Die Formulierung findet sich auf S. 122.

Dies ist nun gleichzeitig der Übergang zum zweiten Teil des Buches, in dem wir uns schulischen Themen zuwenden, um an konkreten Beispielen Relevanz und Veränderungsmöglichkeiten aufzuzeigen, die mit Gewaltfreier Kommunikation in der Schule möglich werden können. Hier geht es uns um neun ausgewählte Themenfelder.

- Umgang mit Fehlern – Fehlerfreundlichkeit
- Bitten statt fordern
- Zur Rolle der Lehrerinnen und Lehrer – Selbstverbindung und Authentizität
- Zum Verhältnis von Lehrerinnen und Lehrern zu Schülerinnen und Schülern
- Klassenrat
- Einzelgespräche mit einer Schülerin oder einem Schüler
- Klassenkonferenz mit Eltern oder einer Mutter / einem Vater
- Gewaltfreie Kommunikation im Unterricht
- Ein Kennenlerntag zu Gewaltfreier Kommunikation mit Schülerinnen und Schülern

In diesen unterschiedlich ausführlichen Abschnitten wollen wir unsere schulischen Praxisversuche, Erfahrungen und Gedanken mit Ihnen teilen. Und wir wünschen uns, dass Sie sich von diesem Prozess des Nachdenkens und Veränderns anstecken lassen. Für uns gehört dazu in besonderer Weise die Selbstreflexion unserer Person wie unserer Rolle als Lehrerin oder Lehrer in der Schule, (Selbst)Reflexion hinsichtlich unserer Verhaltensweisen, Denkmuster, Werte, akzeptierten Normen oder sog. Glaubenssätzen, die unser Handeln scheinbar selbstverständlich bestimmen. Auch wenn Ihnen vielleicht manches im Folgenden wie von einem anderen Stern vorkommt – so hat es einmal eine Schulsozialarbeiterin formuliert, die dann mit großem Interesse an einer unserer Fortbildungen teilnahm –, freuen wir uns, wenn es uns gelingt, Sie nachdenklich zu machen und Sie einzuladen, einmal quer über Schule und Ihren Beruf als Lehrerin oder Lehrer und seine Möglichkeiten nachzudenken – und vielleicht hier und da in kleinen Schritten und mit viel notwendiger Geduld sogar das eine oder andere auszuprobieren ...

8. Umgang mit Fehlern – Fehlerfreundlichkeit

Wenn irren menschlich ist,
dann ist nicht zu irren unmenschlich.

(M. Osten)

Der Umgang mit Fehlern[127] erscheint uns als ein zentraler Punkt bei der Frage, ob ein Kind oder ein Jugendlicher, wie Maria Montessori[128] formuliert, „Meister seiner selbst" werden kann oder ob die Schule diesen Prozess infrage stellt oder gar verhindert. Fremdbewertungen wie „richtig" und „falsch" erleben wir als zentrales und rechtlich vielfach geregeltes Unterrichtsmittel an unseren Schulen. Wie schon festgehalten[129]: Wenn Sie – wie wir – Lehrerin oder Lehrer an einer staatlichen oder dieser gleichgestellten Schule (oder Universität) bleiben möchten, dann werden Sie wie wir dieses System weiter mittragen. Und zugleich möchten wir seine Angemessenheit immer wieder infrage stellen und dazu anregen, unseren eigenen wie Ihren Umgang mit Fehlern kritisch zu bedenken und zu fragen, wie wir unseren Werten und Überzeugungen näher kommen können.

In der Mystik des Islam formulierte der Sufi-Poet Rumi im 13. Jahrhundert die Sentenz: „Jenseits von richtig und falsch liegt ein Ort. Dort treffen wir uns."[130] Können Sie sich einen solchen Ort vorstellen? Ein mystischer Ort, ein Phantasie-Ort, der immer und überall sein kann, in uns, in unseren Beziehungen, in unserer Kommunikation, in unserem menschlichen Miteinander ... Da gibt es kein Entweder-oder. Da wird nicht mehr bewertet und beurteilt. Dort treffen sich Menschen und schauen, was in ihnen lebendig ist – in jedem einzelnen Moment. Dort treffen sich Menschen, die einander achten und wertschätzen und sich wechselseitig zum Leben helfen. „Jenseits von richtig und falsch liegt ein Ort. Dort treffen wir uns."

Was meint eine solche Sentenz, und was hat sie für Konsequenzen? Können wir, wenn wir uns an jenem Ort treffen, ihn in unseren Alltag integrieren, dann überhaupt noch von Fehlern reden? Ja, was sind eigentlich Fehler? Wie verändert sich unser Sprechen, wenn wir nicht mehr von „richtig" oder „falsch" sprechen? Wie verändert sich unsere Haltung uns selbst und anderen gegenüber, wenn wir nach unserem und dem Leben anderer Menschen schauen und nicht mehr vor allem nach unseren Urteilen, nach „richtig" und „falsch"? Was wäre „Fehlerfreundlichkeit"?[131]

Wir beginnen mit einer Beobachtung aus einem Seminar von GO: Mit Studierenden sitze ich im theologischen Seminar. Wir unterhalten uns über einen Text und machen dann eine kleine Übung. Wir wollen lernen, Gefühle von Gedanken zu unterscheiden – manches Mal gar nicht so einfach. Eine Studentin meldet sich, sagt etwas, und ich antworte: „Hier stimme ich mit Ihnen nicht überein." Die Studentin ist irritiert:

---

127 Vgl. dazu: ↗ http://www.win-future.de/downloads/jensits-von-richtig-und-falsch_fehler-sind-tol.pdf.
128 M. Montessori, Grundlagen meiner Pädagogik. Heidelberg, Wiesbaden 1988. S. 23.
129 S. o. S. 141.
130 Zit. bei M. Rosenberg, Gewaltfreie Kommunikation. A. a. O. S. 35.
131 Vgl. G. Orth, H. Fritz, Ich muss wissen, was ich machen will ... Ethik lernen und lehren in der Schule. Göttingen 2008. S. 173 ff.

„Ist es nun richtig oder falsch?", fragt sie. Ich habe weder „richtig" noch „falsch" gesagt oder gedacht und lediglich Nichtübereinstimmung signalisiert. Doch etwas anderes gibt es für die Studentin kaum noch: Entweder – oder! Tertium non datur, ein Drittes gibt es nicht. 13 Jahre Schule haben ihre Spuren hinterlassen. 13 Jahre, in denen Lehrerinnen und Lehrer und wohl auch die meisten Eltern – wir auch – wussten, was richtig und falsch ist. 13 Jahre, in denen Schülerinnen und Schüler keine Fehler machen durften, ohne dass sie sogleich dafür benotet wurden. Vielleicht kennen Sie solche Sätze: „Falsch, berichtigen!" – „Wieder nicht richtig gelernt zu Hause!" – „Ich hab's ja geahnt, du hast wieder eine Fünf geschrieben." – „Kannst du nicht mal irgendwas richtig machen?!" – „Hättest du aufgepasst, wäre dies nicht passiert. Doch du hast ja immer anderes im Kopf. Kein Wunder, dass deine Hausaufgaben von Fehlern nur so wimmeln." – „Wie kann man nur so viele Fehler machen?" – „Micha, das ist wirklich grottenschlecht!"

Eine zweite Beobachtung aus einem zweiten Schuljahr, eine Referendarin berichtet: „Ich habe in der zweiten Schulwoche in Deutsch begonnen, mit einem ‚Lernbuffet' (‚Lerntheke') zu arbeiten. Es fällt den Schülerinnen und Schülern sehr schwer, darauf zu vertrauen, dass sie die Arbeitsaufträge ‚richtig' lesen, dass sie das ‚Richtige' tun, dass sie sich selbst und gegenseitig kontrollieren und das Erledigte eigenverantwortlich abhaken. Sie sind sehr verunsichert und fordern meine Bestätigung, mein ‚richtig' und ‚falsch' immer wieder ein. Die Schülerinnen und Schüler anzuregen, diese Sicherheit (zurück) zu erlangen und auf sich selbst zu vertrauen – daran werden wir jetzt ganz intensiv arbeiten."

Eine dritte Beobachtung: Ein Kleinkind lernt laufen. Es stolpert und fällt, steht wieder auf und stolpert und fällt und geht ein Schrittchen, dreht sich zur Seite und fällt auf den Po und lacht, und steht wieder auf und geht ein Schrittchen und stolpert und fällt, und quengelt und schreit und dreht sich zur Seite, und steht wieder auf und geht erneut einen Schritt und ... Nie hätte Noah (ein Enkel von GO) laufen gelernt, wenn ein Erwachsener danebengestanden und jedes Mal beim Straucheln oder Fallen „Falsch!" gesagt hätte. Ganz von alleine hat Noah sich an seinen Missgeschicken gefreut, mal gelacht, mal gequengelt, mal war er begeistert, mal hat er geweint – er hat aus ihnen gelernt. Hier sind Fehler Tore zum Lernen und Fenster zum Leben, Möglichkeiten, fröhlich zu lachen und ungeduldig zu quengeln und mürrisch zu schreien.

Wir wünschen uns, dass diese Freude, der nicht entmutigende Umgang mit Missgeschicken auch in der Schule anhält. Wir wünschen uns, dass Schulen vom ersten Schuljahr an Einrichtungen sind, in denen das Wachstum der Menschen gefördert und ermöglicht wird und in denen alle Menschen – Schülerinnen und Schüler ebenso wie Lehrerinnen und Lehrer – Achtung, Respekt und Selbstwirksamkeit erfahren und lernen, sich selbst zu vertrauen. Wir erinnern, dass dies Wünsche waren und sind, die unsere unterschiedlichen Berufswege bestimmt haben.

Und wir haben auch erfahren, dass es ab der ersten Klasse anscheinend immer eindeutiger wird: „richtig" ist das Ziel, und „falsch" gilt es auszumerzen. Und wer in der Beurteilung durch Lehrerinnen oder Lehrer etwas richtig macht, ist gut oder sehr gut und wird belohnt. Wer in der Beurteilung durch Lehrerinnen oder Lehrer etwas falsch macht, gilt vielleicht noch als befriedigend oder ausreichend und wird bestraft. Und wer zu viele Fehler und dauernd Fehler macht, wird abgewertet. Und wer ganz viel richtig macht, kommt von der Grundschule in die Realschule oder ins Gymnasium. Und wer viele Fehler macht, geht eben in die Hauptschule oder geht dorthin zurück oder muss auf die Förderschule.

Mit unseren Wünschen und unserer Sehnsucht haben wir eben auch jene Erfahrungen gemacht. Und wir haben gespürt, wie Fehler und Missgeschicke Lernhoffnungen und Lernmöglichkeiten zerstören. Die Fenster zum Leben, als die wir Fehler betrachten können und als die wir sie als Kind erlebt haben, wurden verschlossen, und Wege kulturellen und sozialen Abstiegs sind gebahnt worden, auf denen es dann meist nur noch abwärts gehen kann. Und wir haben immer noch die Hoffnung, dass von anderen als Fehler definierte Missgeschicke nicht Menschen, ihre Hoffnungen, Sehnsüchte und Möglichkeiten festschreiben und zunichte machen dürfen. Deshalb ist uns wichtig, in diesem Abschnitt über eine scheinbar feststehende Größe wie ‚Fehler' und den Umgang mit ihnen nachzudenken und dahin zu gelangen, das Leben zu fördern statt es von etwas wie ‚Fehlern' beschneiden und möglicherweise zerstören zu lassen.

„Irren ist menschlich" lautet ein weises Sprichwort. Provozierend sagt Manfred Osten in seinem Buch *Die Kunst, Fehler zu machen. Für eine fehlerfreundliche Irrtumsgesellschaft*: „Wenn irren menschlich ist, dann ist nicht zu irren unmenschlich."[132] Unsere technische und technologische Entwicklung hat unsere Gesellschaften weltweit dahin geführt, dass Fehler oftmals tödlich sind – sei es beim Autofahren oder in der Atomtechnologie. Auch deshalb ist es gesellschaftlich anerkannt und wird im Bildungs- wie in anderen gesellschaftlichen Subsystemen mit hohem Aufwand, vielen Strafmöglichkeiten und oftmals gnadenlos trainiert, Fehler auszumerzen und diesen Teil unseres Menschseins zu eliminieren. Und wer da nicht mitkann oder -will, bleibt eben auf der Strecke ...

---

[132] M. Osten, Die Kunst, Fehler zu machen. Frankfurt am Main 2006. S. 103: „Die Einsicht ..., die schon im zweiten Jahrhundert vor Christi Geburt der lateinische Dichter Plautus formulierte: ‚errare humanum est'. Woraus sich im Umkehrschluss ableiten ließe: non errare inhumanum est – nicht zu irren ist inhuman."

8.1 Was sind eigentlich Fehler?

Doch was sind eigentlich Fehler? Die Frage ist gar nicht so einfach zu beantworten, denn Fehler sind nicht immer Fehler. Zwei Beispiele, auf die wir kurz anhand von zwei Personen hinweisen möchten: Alexander Fleming und Christoph Kolumbus.

1928 im Sommer – gleich beginnen die Sommerferien, und alle sind in Großbritannien schon in Ferienlaune. So auch der Mediziner und Bakteriologe Alexander Fleming. An seinem letzten Arbeitstag hatte er eine Agarplatte mit Staphylokokken beimpft und dann einen Fehler gemacht, den man uns als Kindern kaum verziehen hätte. Bei uns zu Hause war klar: Bevor es in den Urlaub ging, musste das Zimmer aufgeräumt werden. Alexander Fleming aber hat seinen Arbeitsplatz nicht, wie es sich gehört, ordentlich aufgeräumt. Die Folge: Nach den Ferien war alles verschimmelt. Doch was war das Ergebnis dieser „Schlamperei"? Fleming hat gesehen, dass auf dem Nährboden ein Schimmelpilz (*Penicillium notatum*) gewachsen war und sich in der Nachbarschaft des Pilzes die Bakterien nicht vermehrt hatten. So hat er das Penicillin gefunden ...

Der zweite Name, an den wir erinnern wollen: Christoph Kolumbus. Hätte Kolumbus keinen „Fehler" gemacht, er hätte Amerika nicht entdeckt. Und obwohl Amerika nicht Indien war, heißen die Menschen, die Kolumbus dort traf, weil er sich in Indien wähnte, noch immer Indianer. Und eigentlich hat Kolumbus ja Amerika gar nicht entdeckt, denn vor ihm waren längst andere da ... Und doch feierten wir 1992 in Europa 500 Jahre Entdeckung Amerikas durch Kolumbus ... Eine Welt voller Fehler, die freilich in einen bestimmten Kontext passen, ins Konzept eines expandierenden Europas, und deshalb – ganz offensichtlich – keine „Fehler" waren und sind ...

So finden wir es lohnenswert, danach zu fragen, was eigentlich Fehler sind. Wenn man diese Frage stellt, bemerkt man als Erstes: Es gibt (mit Ausnahme reformpädagogischer Ansätze) nur wenig pädagogisch orientierte Forschung und Literatur zum Thema „Fehler", obwohl „der Fehler" als „eine pädagogische Herausforderung und Schlüsselsituation" angesehen werden kann.[133] Offensichtlich ist so klar, was Fehler sind und wie man mit ihnen umgeht, dass ein entsprechend intensives Nachdenken darüber sich anscheinend erübrigt.

Die uns am plausibelsten erscheinende Definition dessen, was ein Fehler ist, fanden wir dann bei Martin Weingardt in seinem Buch *Fehler zeichnen uns aus*: „Als Fehler bezeichnet ein Subjekt angesichts einer Alternative jene Variante, die von ihm – bezogen auf einen damit korrelierenden Kontext und ein spezifisches Interesse – als

---

133 F. Hammerer, Der Fehler – eine pädagogische Schlüsselsituation und Herausforderung. In: Erziehung und Unterricht. 151. Jg. Heft 1–2/2001. S. 37–50.

so ungünstig beurteilt wird, dass sie unerwünscht erscheint."[134] Entscheidend für uns ist, dass die Beurteilung hier vom Subjekt selbst ausgeht, nicht von einer dritten Person, die weiß, was richtig und falsch ist. Das Subjekt entscheidet mit Blick auf sich selbst, was ein Fehler ist: In einem bestimmten Kontext und mit einem bestimmten Interesse hat es unterschiedliche Möglichkeiten zu denken und zu handeln. Und in diesem konkreten Kontext bezeichnet es das als Fehler, was diesem Kontext und dem Interesse des Subjekts am wenigsten entspricht.

Weingardt spricht zwei Aspekte des Themas an: die Kontextualität dessen, was wir „Fehler" nennen, und den anzustrebenden Umgang mit diesen: Fehlerfreundlichkeit und der damit verbundene und bedeutsame Aspekt, dass es das Subjekt ist, das „den Fehler" entdeckt und beurteilt. Wir beginnen zunächst mit der Frage nach der Kontextualität von „Fehlern", wozu ja auch schon die beiden Erinnerungen an Fleming und Kolumbus gehörten, und kommen dann zum Stichwort „Fehlerfreundlichkeit".

8.2 „Fehler" an sich gibt es nicht

Die Kontextualität dessen, was wir „Fehler" nennen, macht folgendes Beispiel aus der Lehrerbildung nochmals in anderen Zusammenhängen deutlich: Ein Vormittag in der Universität. Ein Lehramtsstudent studiert Mathematik und Evangelische Theologie. Er hat zunächst ein Seminar in Evangelischer Theologie und dann eines in Elementarmathematik. Im theologischen Seminar unterhalten wir uns über die Trinität: Gottvater, Jesus und der Heilige Geist. Und hier in diesem Kontext weiß der Student: 1 und 1 und 1 ist 1, die sogenannte Dreieinigkeit. Eine Viertelstunde Pause und Umschalten im Kopf. Mathematikseminar: Die Grundrechenarten sind heute dran. Und hier in diesem anderen, dem mathematischen Kontext weiß er: 1 und 1 und 1 sind nicht 1 wie in der Theologie gerade eben noch, sondern: 1 und 1 und 1 sind 3. Sie sehen: Einmal ist 1 und 1 und 1 eben 1, und ein andermal ist 1 und 1 und 1 eben 3. Es geht nicht um „richtig" und „falsch", sondern man kann – unabhängig vom Fach – den Studentinnen und Studenten erläutern: „So mache ich es, und ich erkläre, warum ich es so mache. Es gibt unterschiedliche Standards, auf die sich die Menschen je nach Kontext geeinigt haben, und es ist hilfreich, sich daran zu halten, weil die meisten Menschen sie benutzen." – Doch mit „richtig" und „falsch" oder gar mit „gut" oder „schlecht" bzw. „sehr gut" oder „ungenügend" hat dies gar nichts zu tun. Und als Professor kann GO mit dem, was die Studierenden tun, überein-

---

[134] M. Weingardt, Fehler zeichnen uns aus. Bad Heilbrunn 2004. S. 234. Zum Thema vgl. auch: W. Althof (Hrsg.), Vom Fehlermachen und Lernen aus Fehlern. Opladen 1999; R. Kahl, Lob des Fehlers. Hamburg 1995; S. Petersen, Fehler machen – Fehler finden. Oder: Vom Lob des Fehlers. In: Grundschulmagazin 10/1996. S. 39–42.

stimmen oder nicht; das Letzte, was GO möchte, ist, ihnen sagen, was richtig oder falsch ist. Sie merken: Es gibt keine Fehler an sich, sondern mit dem Wort „Fehler" haben wir gelernt, ein Verhalten zu bezeichnen, das sich zu Absprachen, Standards oder Konventionen querstellt. Schließlich: Gäbe es so etwas wie Fehler an sich, dann wären Goethes oder auch Bölls Manuskripte angesichts immer wieder neuer Rechtschreibreformen voll von „Fehlern" ...

8.3 Ein „fehler"freundlicher Umgang mit „Fehlern"

Kommen wir nun zu dem Umgang mit „Fehlern": Wie könnte ein fehlerfreundlicher, ein das Selbstvertrauen von Kindern und Jugendlichen stärkender, sie ermutigender und ihre Selbsttätigkeit unterstützender Umgang mit „Fehlern" gestaltet sein? Franz Hammerer gibt darauf eine Antwort, die ausgesprochen subjektorientiert argumentiert und die wir deshalb ausführlich zitieren möchten: Das Überarbeiten und Verbessern von Aufgaben „sind wichtige Teile jedes erfolgreichen Lerngeschehens. Selbstverantwortetes Lernen schließt die Kontrolle und Überarbeitung ein, denn ein Arbeitsprozess ist erst dann abgeschlossen und kann zu einem Könnenserlebnis werden, wenn auch die Kontrolle, Korrektur und Überarbeitung stattgefunden haben. Übernehmen wir als Lehrerinnen und Lehrer die Kontrolle der Arbeit, so nehmen wir dem Kind einen zentralen Teil des Arbeitsprozesses aus der Hand. Dies fördert die Gleichgültigkeit dem Fehler gegenüber, denn die Kinder delegieren die Verantwortung für die von ihnen erstellten Produkte an die Lehrerinnen und Lehrer, die ihrerseits hoffen, dass ihre Anstreichungen und Korrekturen Früchte tragen."[135] Wenn die Kontrolle und Überarbeitung selbstverständliche Bestandteile im Rahmen der Bewältigung einer Aufgabe sind, verändert dies die Haltung dem Fehler gegenüber – es erhöht sich die Aufmerksamkeit und Verantwortung. Montessori hat die meisten ihrer Materialien und Aufgaben so konstruiert, dass die Fehlerkontrolle dem Lernenden über das Material möglich ist. Damit wird dem Fehler viel an Dramatik genommen, „er wird zu einem Gefährten, der mit uns lebt und einen Sinn hat".[136] Fehler und ihre erlebte Überwindung durch das Entdecken des Richtigen, Besseren, Angemesseneren sind nach Weinert „subjektiv erlebte Indikatoren des individuellen Lernfortschritts: Der Lernende nimmt sich selbst als Ursache eines vertieften Verstehens, einer verbesserten Einsicht, seines souveräneren Könnens wahr."[137] Wer die eigenen Fehler erkennen und korrigieren kann, hat ein „hohes Maß an Selbständig-

---

135 S. Petersen, a.a.O. S. 39.
136 Vgl. M. Montessori, Das kreative Kind. Freiburg, Basel, Wien 1989. S. 222.
137 F. E. Weinert, Aus Fehlern lernen und Fehler vermeiden lernen. In: W. Althof (Hrsg.), a.a.O. S. 101–109. Zitat S. 105.

keit, Unabhängigkeit und innerer Sicherheit gewonnen".[138] Kinder und Jugendliche können so Selbstwirksamkeit erfahren in dem, was sie lernen, sie können Selbstvertrauen aufbauen und sich unabhängig vom Urteil anderer machen.[139]

8.4 Wir plädieren für eine Prozesssprache

Wir kehren noch einmal zurück zu unserem Ausgangszitat von Rumi: „Jenseits von richtig und falsch liegt ein Ort. Dort treffen wir uns." Und wir kommen zu dem Sprachproblem, das damit verbunden ist, wenn wir das, was andere anders machen als wir, oftmals „falsch" nennen. Wir möchten den Vorschlag machen, folgende Wörter aus unserem Vokabular – zunächst vielleicht vorübergehend und zu Übungszwecken – zu streichen: richtig, falsch, gut, schlecht, normal, unnormal, kompetent, inkompetent. Diese Wörter, und es gibt noch mehr davon, kommen – zumindest einmal probeweise für vier Wochen – einfach nicht mehr vor. Warum dieser Vorschlag? „Das ist statische Sprache. Der Psychologe O. J. Harvey hat über den Zusammenhang von Sprache und Gewalt geforscht. Er ist um die ganze Welt gereist und hat die Sprache verschiedener Kulturen untersucht, wie häufig statische Sprache, also Worte, die festschreiben und beurteilen, in der Literatur dieser Kulturen vorkommen. Und dann hat er die Gewaltrate, Selbstmord, häusliche Gewalt, Gewalt gegen Kinder und Frauen in dieser Kultur damit verglichen. Und er hat festgestellt: Die Korrelation zwischen statischer Sprache und Gewalt ist sehr hoch."[140]

Stattdessen plädieren wir mit M. Rosenberg für eine Prozesssprache: „Das heißt, wir machen uns bewusst, dass wir uns in einem ständigen Veränderungsprozess befinden, und deshalb macht es eigentlich viel mehr Sinn, davon zu sprechen, was im Moment lebendig ist oder zu einem bestimmten Zeitpunkt lebendig war. ... Durch statische Sprache macht man aus Menschen leblose Dinge, und wenn man Menschen zu einem solchen Denken erzieht, dazu, dass es richtig und falsch gibt, normal und unnormal, dann ist diesem Denken inhärent, dass es ganz oben eine Autorität gibt, die weiß, was richtig und was falsch ist. Man muss die Hirne von Menschen schon

---

138 F. Hammerer, „Meister seiner selbst" und „Herr einer Kultur" – Montessoris Beitrag zur Grundlegung der Bildung. Vortrag vom 20.10.2001. ↗ http://www.montessori-hall.de/hammerer.htm. Zugriff: 25.09.2012. Vgl. auch ders., Montessori-Pädagogik – ein Weg zu Selbständigkeit und Kompetenz. In: Erziehung und Unterricht. 152. Jg. 3–4/2002. S. 302–314.

139 Vgl. dazu auch: G. Hüther, U. Hauser, Jedes Kind ist hochbegabt. Die angeborenen Talente unserer Kinder und was wir aus ihnen machen können. München 2012. S. 151: „Wie soll ein Kind lernen, sich selbst zu vertrauen, wenn es ständig bewertet wird?"

140 M. Rosenberg, Konflikte lösen durch gewaltfreie Kommunikation. Freiburg 2009. S. 21.

sehr früh entsprechend formen, damit sie in solchen Strukturen funktionieren."[141] In solchen Dominanzkulturen leben wir in Europa seit vielen tausend Jahren. Mit Bewertungen wie „richtig" oder „falsch" zeigen wir immer Macht über andere und schreiben fest, dass etwas so ist, wie wir es definieren, weil wir die Macht dazu haben. Denken Sie noch einmal an unser Ausgangsbeispiel und die Studentin, die so irritiert war, als der Professor sagte: „Hier stimme ich mit Ihnen nicht überein." Eine solche Aussage, die lebendige Kommunikation signalisiert, war ihr fremd. Sie war gewohnt, Urteile zu hören, eben: „richtig" oder „falsch".

„Jenseits von richtig und falsch liegt ein Ort. Dort treffen wir uns." Immer und überall können wir dann, wenn wir diesen Ort ins Leben ziehen, lebendige Prozesse wahrnehmen und formulieren alles, was wir sagen, in einer offenen, lebendigen und prozesshaften Sprache, die nichts und niemanden festschreibt, die immer wieder neu den Menschen sieht und nicht das, was andere als richtig oder falsch bewerten. Da wird Lebendigkeit möglich, wenn wir an einer solch veränderten „Fehler"- und Ermutigungskultur arbeiten.

8.5 Schule – Ein Ort jenseits von richtig und falsch?

Könnte auch in der Schule ein solcher Ort jenseits von richtig und falsch erfahren werden? Könnte auch Schule ein Ort sein, an dem Lehrerinnen und Lehrer von Übereinstimmung und Nichtübereinstimmung sprechen anstatt von „richtig" und „falsch"? Könnte auch Schule ein Ort sein, an dem Schülerinnen und Schüler so, wie sie als Kleinkinder Laufen lernten, Selbstwirksamkeit erfahren und Selbstvertrauen erlernen? Was spricht Ihrer Ansicht nach dafür, was dagegen?

Pro:

_____

_____

Contra:

_____

_____

---

141 Ebd.

Würden Sie sich an einem solchen Ort als Lehrerin oder Lehrer wohlfühlen? Was würde Ihnen dort besonders guttun/gefallen?

_____
_____
_____

Worin sehen Sie Schwierigkeiten? Haben Sie Ideen/Visionen, diese zu überwinden?

_____
_____
_____
_____
_____
_____
_____

9. Bitten statt fordern

*Ja, es wird mehr auf die Schüler geachtet,
und wir achten auch selber auf die Lehrer und so,
es ist echt besser geworden.*

(Ein Schüler der Marienschule in Damme)

„Jetzt trag bitte endlich den Mülleimer runter." – „Kein Bock, immer ich!" – „Bevor der nicht runtergetragen ist, fährst du nicht weg ..." – Rebellion als Antwort auf eine unschwer als Forderung zu hörende ‚Bitte' ...

„Jetzt trag bitte endlich den Mülleimer runter." – „Ja, gleich" – und nichts passiert – scheinbare Unterwerfung oder versteckte Rebellion als Antwort auf eine unschwer als Forderung zu hörende ‚Bitte' ...

„Jetzt trag bitte endlich den Mülleimer runter." – „Na gut ..., Scheißarbeit ..." – Unterwerfung unter eine unschwer als Forderung zu hörende ‚Bitte' ...

Eine unschwer als Forderung zu hörende ‚Bitte' – ein kurzes Wortgefecht – und dann: Wut auf der einen Seite – Scham und Schuldgefühle auf der anderen Seite – was bleibt, ist dicke Luft ...

> **Forderungen**[142]
>
> „Bitten werden als Forderungen aufgefasst, wenn der andere davon ausgeht, dass er beschuldigt oder bestraft wird, wenn er nicht zustimmt. Wenn jemand eine Forderung von uns hört, dann sieht er nur zwei Möglichkeiten: Unterwerfung oder Rebellion. In beiden Fällen wird die bittende Person als jemand wahrgenommen, der Zwang ausübt, und so lässt die Bereitschaft des Zuhörers, einfühlsam auf die Bitte einzugehen, rapide nach. ... Je öfter wir eine Nicht-Zustimmung als persönliche Ablehnung interpretieren, desto häufiger werden unsere Bitten in Zukunft als Forderungen wahrgenommen. Das führt zu einer sich selbst erfüllenden Prophezeiung, denn je mehr die Leute Forderungen hören, desto weniger gerne sind sie in unserer Nähe."[143]
>
> „Je häufiger wir ein Nein als Ablehnung oder als Ursache unseres Unglücklichseins verstehen, umso wahrscheinlicher wird man unsere Anliegen in Zukunft als Forderungen hören."[144]

Was wir aus unseren Familienalltagen kennen, kennen wir auch aus der Schule: Auf Forderungen reagieren Schülerinnen und Schüler, wie andere Menschen auch, lediglich auf jene zwei Weisen – mit Unterwerfung oder Rebellion. Beides schafft mehr und neue Problemsituationen. Der Umgangston wird vielleicht rauer oder unversöhnlicher, die Stimmung verdüstert sich – und irgendwann rufen Lehrerinnen und Lehrer oder die Schulleitung nach Maßnahmen oder einem Maßnahmenkatalog, damit man fertig werden kann mit unliebsamem Verhalten von Schülerinnen und

---

142 Dazu s.o. S. 55 ff.
143 M. B. Rosenberg, Gewaltfreie Kommunikation. A. a. O. S. 99 und 100.
144 M. B. Rosenberg, Erziehung, die das Leben bereichert. A. a. O. S. 59.

Schülern und die Schule irgendwie wieder konfliktfreier und vor allem für die dort Arbeitenden weniger nervenaufreibend funktionieren soll.

> **Erich Fried: Die Maßnahmen**
>
> Die Faulen werden geschlachtet,
> die Welt wird fleißig.
>
> Die Häßlichen werden geschlachtet,
> die Welt wird schön.
>
> Die Narren werden geschlachtet,
> die Welt wird weise.
>
> Die Kranken werden geschlachtet,
> die Welt wird gesund.
>
> Die Alten werden geschlachtet,
> die Welt wird jung.
>
> Die Traurigen werden geschlachtet,
> die Welt wird lustig.
>
> Die Feinde werden geschlachtet,
> die Welt wird freundlich.
>
> Die Bösen werden geschlachtet,
> die Welt wird gut.[145]

Immer wieder können wir die Erfahrung machen, dass sich das Verhalten trotz aller wohlüberlegten Maßnahmen nicht ändert, obwohl alle Beteiligten jeweils die (eventuell sogar gemeinsam erstellten) Regeln kennen: „Ja, ja, ich weiß" – doch nach zwei Minuten und spätestens am nächsten Tag, meist schon in der nächsten Pause, ist dies längst vergessen ...

Wir schildern Ihnen im Folgenden zwei Beispiele, wie in der Schule Forderungen oder Regeln in einem langen und immer wieder auch schwierigen Lernprozess von Lehrerinnen und Lehrern und Schülerinnen und Schülern abgelöst werden können durch Bitten, die die Beteiligten aneinander richten. Das eine ist ein Beispiel, das zeigt, wie eine ganze Schule sich in einem an Gewaltfreier Kommunikation orientierten Schulentwicklungsprozess auf den Weg gemacht hat, (Schul-)Ordnungen und Maßnahmen durch Bitten zu ersetzen. Wir haben diesen Prozess ausführlich

---

145 Erich Fried, Gesammelte Werke. Gedichte 1. Hrsg. von Volker Kaukoreit und Klaus Wagenbach. Berlin: Wagenbach, 1993. Mit freundlicher Genehmigung des Wagenbach Verlags.

dokumentiert.[146] Das zweite Beispiel ist eine kleine Szene vom Beginn des Sportunterrichts, in dem sich Gewaltfreie Kommunikation als „Energiesparmodell" erweist.

9.1 Eine Schule organisiert einen Bittenprozess – Schulentwicklung mit Gewaltfreier Kommunikation

Bitten[147] eröffnen in wohltuender Weise einen ergebnisoffenen Kommunikationsprozess: Auf Bitten können zustimmende und ablehnende Antworten folgen, und es bleibt weiterer Austausch möglich. Wenn ich einer Bitte freiwillig und von Herzen folge, dann erfülle ich damit mein/e eigene/s Bedürfnis/se und das Bedürfnis des/der Bittenden. Wenn ich eine Bitte ablehne, entspricht sie entweder nicht meinen Bedürfnissen oder sie entspricht nicht den Strategien, die ich zur Befriedigung meiner Bedürfnisse wählen wollte. So kann sich ein Gespräch über Bedürfnisse und/oder Strategien ergeben, das dazu führt, dass diejenigen, die eine Bitte äußern, und diejenigen, an die eine Bitte gerichtet ist, sich über ihre Bedürfnisse und die Strategien ihrer Erfüllung unterhalten. Nach Möglichkeit verständigen sie sich auf Strategien, die den Bedürfnissen beider entsprechen.

In einer Förderschule leitete eine Klassen- und Vertrauenslehrerin, HF, einen Bittenprozess ein. Müde war sie geworden an Klassenregeln und Regeln überhaupt, die Schülerinnen und Schüler kennen, ggf. mit aufgestellt haben und dennoch übertreten: „Ja, ja, ich weiß, aber ..." Bitten haben gegenüber Regeln einen anderen Klang; sie signalisieren auf einer kommunikativen Ebene einen höflichen und von gegenseitiger Achtung getragenen Umgang miteinander; sie wirken einladend, weil sie von wechselseitiger Wertschätzung getragen sind. Sie signalisieren Offenheit, kein Muss. Sie sind gesprächsorientiert.

Im Folgenden zitieren wir die Ergebnisse eines solchen Bittenprozesses aus einer neunten Klasse, die jeweils Bitten benennen und diese mit den entsprechenden Bedürfnissen verknüpfen. Sie wurden in einem an Gewaltfreier Kommunikation orientierten Kommunikationsprozess zwischen der Lehrerin (HF) und den Schülerinnen und Schülern erarbeitet und gemeinsam notiert:

---

146 Vgl. G. Orth, H. Fritz, Bitten statt fordern. Paderborn 2013 (im Erscheinen).
147 S. o. S. 55 ff.

Bitten der Klasse 9 – Marienschule Damme – Schuljahr 2009 / 2010

1. Wir bitten darum, dass öfter das Fenster in der Klasse aufgemacht wird, damit wir bessere Luft haben und leichter lernen können.
2. Wir bitten darum, dass wir im Unterricht essen und trinken dürfen, damit wir nicht durch Hunger abgelenkt sind oder durch Durst langsam denken.
3. Uns ist wichtig, dass wir sicher und geschützt in der Schule sein können. Deshalb bitten wir darum, dass
   - wir darauf achten, niemanden auszulachen, niemanden zu beleidigen, niemanden anzufassen (der das nicht möchte), niemanden zu schlagen.
   - wir darauf achten, niemanden anzumeckern, extra zu ärgern oder hinter dem Rücken von anderen über jemanden zu reden.
   - wir Streit klären.
4. Uns ist wichtig, dass wir unseren Respekt voreinander zeigen. Deshalb bitten wir darum, dass
   - Schüler untereinander respektvoll miteinander umgehen.
   - Lehrer und der Hausmeister respektvoll mit Schülern umgehen.
   - Schüler respektvoll mit den Lehrern und dem Hausmeister umgehen.

   Das bedeutet, dass niemand den anderen anschreit oder Befehle gibt, sondern bittet und Bitten ernst genommen werden.

   Das bedeutet auch, dass niemand beschuldigt wird, sondern dass ruhig gefragt wird, was passiert ist.

   Das bedeutet auch, dass niemand ungebeten sich in Konflikte einmischt, solange keine Gefahr für jemanden besteht, sondern dass wir Konflikte klären.
5. Uns ist wichtig, dass wir Verständnis bekommen, wenn es uns nicht gut geht.

   Das bedeutet, dass wir darauf achten, ob jemand traurig oder wütend ist, und nachfragen, was wir tun können für ihn oder sie.
6. Uns ist wichtig, dass wir in Ruhe lernen können in der Schule. Deshalb bitten wir darum, dass
   - wir in der Klasse leise sind.
   - wir einander nicht ablenken bei der Arbeit.
7. Uns ist unsere Freizeit wichtig, damit wir uns erholen können und andere Dinge tun. Deshalb bitten wir darum, dass
   - wir jeden Tag nur vier Stunden haben.
   - wir keine Hausaufgaben bekommen.
8. Uns ist wichtig, dass wir selbst entscheiden können, wann wir was tun. Deshalb bitten wir darum, dass
   - wir im Unterricht essen und trinken können.
9. Uns ist die Gemeinschaft in der Klasse und in der Schule wichtig. Deshalb bitten wir darum, dass
   - wir häufiger Ausflüge und besondere Tage in der Schule und in der Klasse haben (z. B. Fußballturniere, Ausflüge zum Heidepark Soltau usw.).

> 10. Uns ist wichtig, dass wir uns genug bewegen können und uns dabei erholen. Deshalb bitten wir darum, dass
>   - wir bessere Tore mit Fußballnetzen bekommen und dort in den Pausen spielen können.
>   - wir neue Sportgeräte bekommen.
> 11. Uns ist wichtig, dass die Schule ein angenehmer Ort ist, an dem wir gerne sind. Deshalb bitten wir darum, dass
>   - wir eine neue Küche bekommen.
>   - dass die Flure und die Klassen farbig gestaltet sind.[148]

Wer Forderungen formuliert, hat real oder vermeintlich die Macht, diese durchzusetzen. Wer sich darauf einlässt, Forderungen durch Bitten zu ersetzen, verzichtet auf diesen Machtgebrauch[149] und damit auf mögliche Sanktionen bei nicht erfüllten Forderungen. Wer sich als Bittender oder Bittende äußert, öffnet sich anderen und macht sich damit verletzlich. Denn auf Bitten kann, dies liegt im Wesen der Bitte, gerne mit einem „Ja", doch eben auch mit einem „Nein" geantwortet werden. Und Bittende wissen darum, dass sie beide Antworten respektieren, ohne dass der Kommunikationsprozess abreißt.

Ein Jahr nach einem ersten Abschluss des „Bittenprozesses" formulierte eine Lehrerin dieser Schule: „Sanktionen / Maßnahmen / Bestrafungen spielen keine so große Rolle mehr. Es wird häufiger darauf geachtet, welche Bedürfnisse der in der Schule arbeitenden Menschen gerade lebendig sind. Die Schulordnung ist abgelöst durch an Mitschüler, Lehrer, Kollegen, Eltern, Schulleitung gerichtete Bitten." Und ein Schüler meint: „Ja, es wird mehr auf die Schüler geachtet, und wir achten auch selber auf die Lehrer und so, es ist echt besser geworden."

9.2 Gewaltfreie Kommunikation – Ein „Energiesparmodell"[150]

Am Anfang des Lernens Gewaltfreier Kommunikation ist es den meisten Übenden unvorstellbar, dass man mit ihr Zeit und Energie sparen kann, so ungewohnt und langwierig erscheint diese Art, miteinander zu kommunizieren, so aufwändig das immer neue Aufeinander-Eingehen. Uns jedenfalls ging es so, und wir kennen diese Vermutung aus unseren Fortbildungen. Die folgende Situation kennen Sie vielleicht:

---

148 Vgl. dazu: G. Orth, Toleranz: Anerkennung der einander Fremden und Verschiedenen. Gewaltfrei Toleranz lernen. In: Glaube und Lernen 1 / 2011. S. 84–111.
149 Zum Umgang mit Macht s. o. S. 111 ff.
150 Vgl. S. Pásztor, K.-D. Gens, Ich höre was, was du nicht sagst. Paderborn 2008. S. 37.

SCHÜLERIN: „Ich kann heute nicht am Sportunterricht teilnehmen."
LEHRERIN: „Warum?"
SCHÜLERIN: „Kein Bock! Und außerdem finde ich Geräteturnen heute doof."
LEHRERIN: „Wir turnen ja nicht nur. Nach einer halben Stunde dürft ihr spielen."
SCHÜLERIN: „Ich will überhaupt nicht turnen!"
LEHRERIN: „Jetzt hab ich's satt! Du riskierst deine Sportnote!"
SCHÜLERIN murmelt: „Blöde Kuh ..." und geht in die Umkleidekabine.

Die Stimmung der ganzen Sportstunde wird dominiert von jener Schülerin, von der keiner weiß, warum sie keinen Bock hat und außerdem Geräteturnen heute nicht mag – und von einer Lehrerin, die eigentlich nicht weiß, warum die Schülerin nicht mitmachen will, die sich gleichsam ‚entschuldigt' für das Turnen und auf das spätere Spielen verweist und die bereits vor Stundenbeginn genervt erscheint.

Doch es gibt Alternativen zu diesem Beginn einer Sportstunde, die für alle Beteiligten angenehmer sind, z. B.:

SCHÜLERIN: „Ich kann heute nicht am Sportunterricht teilnehmen."
LEHRERIN: „Sagst du mir bitte, wie es kommt, dass du meinst, heute nicht am Sportunterricht teilnehmen zu können?"
SCHÜLERIN: „Mir geht es nicht gut."
LEHRERIN: „Du fühlst dich nicht wohl und magst deshalb nicht am Sportunterricht teilnehmen?"
SCHÜLERIN: „Ja, ich finde gut, dass Sie mich das fragen."
LEHRERIN: „Und was schlägst du vor, dass du stattdessen tun willst?"
SCHÜLERIN murmelt: „Ich setze mich da drüben auf die Bank und schaue zu."
LEHRERIN: „Damit bin ich für heute einverstanden."
SCHÜLERIN: „Danke, und das nächste Mal mach ich bestimmt wieder mit."

Die Schülerin ist froh über das Verständnis der Lehrerin und die Auszeit. Und das nächste Mal will sie bestimmt wieder mitmachen. Und die Lehrerin: Sie hat die Beziehung zu einer Schülerin, die nicht das tun wollte, was die Lehrerin geplant hatte, nicht abgebrochen, sie hat nicht zu verhandeln begonnen, sondern sie ist bei dem geblieben ist, was sie für die Stunde vorbereitet hatte, und sie hat sich auf ein Gespräch eingelassen, das nicht als Verhör beginnt. Eine Beziehung ist hergestellt, auf die sie aufbauen kann ...

10. Zur Rolle der Lehrerinnen und Lehrer

*Verantwortung übernehmen zu können
setz für die nächsten Jahre der Schulentwicklung das
Motto voraus:
„Wir wollen die Lehrer verwöhnen."
Denn wenn es den Lehrern nicht gut geht,
geht es auch den Kindern nicht gut.*

(Jesper Juul)

Wir beginnen dieses Kapitel mit einem kleinen Ausflug in die Neurobiologie, der im Kontext neurobiologischer Forschungsergebnisse deutlich macht, dass gelingende Beziehungen zentrale Grundlage für erfolgreiches Lernen sind.

> *„Ein vierjähriges Kind stellt pro Tag 400 Fragen: Das ist unglaublich! Diesen Wissensdurst muss man den Kindern nicht beibringen, sie bringen ihn schon mit. Was wir eher beherrschen, ist, wie man den kleinen Kindern ihren angeborenen Wissensdurst abstellt!"*
>
> (Gerald Hüther, hr3-Talk „Bärbel Schäfer live" am Sonntag, 3. Juli 2011)

Vom Hirn zum Herz – Neurobiologische Perspektiven für die Pädagogik

Pädagogik gewinnt durch die neuen Erkenntnisse der neurobiologischen Hirnforschung an ungeahnter Bedeutung: Die Hirnforschung macht neurobiologisch deutlich, was reformpädagogische Ansätze seit mehr als hundert Jahren betonen: Lernprozesse sind soziale Prozesse. Unterrichten geht nicht ohne die Basis einer tragfähigen Beziehung zwischen Lehrenden und Lernenden. Was so einfach und manchmal selbstverständlich klingt, hat zentrale Bedeutung: Beziehungsfähigkeit wird zum Schlüsselbegriff für das pädagogische Handeln von Lehrerinnen und Lehrern.

Die Entdeckung der Spiegelneuronen verdanken wir einem kleinen Zufall aus dem Jahr 1996: Die beiden Neurowissenschaftler Giacomo Rizzolatti und Vittorio Gallese führten am humanphysiologischen Institut der Universität Parma einige Versuche mit Schweinsaffen durch, um die biochemische Entladung bestimmter Nervenzellen der Großhirnrinde zu untersuchen. Im Fokus der Forscher standen also solche Zellen, die bei der Planung und Durchführung eigener zielgerichteter Handlungen maßgeblich beteiligt sind. Hierfür wurden Elektroden verwendet, die die chemischen Entladungen in den Affenhirnen registrierten und aufzeichneten, während die Affen bestimmte Handlungen ausführten. In einer Versuchspause – die Forscher hatten vergessen, das Aufzeichnungsgerät auszuschalten – griff ein Wissenschaftler unter den Augen eines Affen zu einem Gegenstand, worauf das Oszilloskop eine starke Entladung aufzeichnete, obwohl der Affe gar nicht in die Handlung involviert war. Die beteiligten motorischen Neuronen feuerten also wider Erwarten nicht bloß bei eigenen Handlungsprozessen, sondern sogar auch dann, wenn die Handlungen anderer beobachtet wurden. Dies war die Geburtsstunde der Spiegelzellen, die sich im weiteren Verlauf dann auch beim Menschen nachweisen ließen (vgl. Zaboura 2009).

Spiegelzellen sprechen nur dann an, wenn eine beobachtbare, zielgerichtete Handlung von einem lebenden Artgenossen durchgeführt wird. Sie ermöglichen also, die Bewegungen und Handlungen des Gegenübers über den eigenen Körper empathisch nachzuvollziehen, ohne Zwischenschaltung des Bewusstseins. So sind wir in der Lage, den anderen quasi auf körperlicher Ebene zu verstehen und eine Brücke zu schlagen vom Sehen zum Begreifen: „Wenn Sie beobachten, was ein anderer tut, unterstellen Sie ja automatisch einen bestimmten Zweck und begreifen blitzschnell die Absicht dahinter. Und diesen Schluss – das ist das

Aufregende an den Spiegelneuronen – vollziehen wir offenbar nicht durch abstraktes Nachdenken, sondern indem wir die beobachtete Aktion zunächst innerlich nachvollziehen. Das Fremde wird quasi automatisch in eigenes Handeln übersetzt" (Keysers 2006).

Spiegelneuronen bewirken also einen – unbewussten, emotional hoch bedeutsamen – Nachvollzug von beobachteten Aktionen und ermöglichen so einen somatischen Perspektivwechsel zwischen mir und meinem Gegenüber ohne Umweg durch den Verstand. Da die Spiegelneuronen allerdings keine bewussten Zustände aktivieren, muss zum bewussten, intelligenten und reflektierten Verstehen des anderen noch eine besondere Kompetenz erworben werden, die sog. Fähigkeit zur Mentalisierung. Diese Kompetenz zur weiteren Bedeutungs- bzw. Inhaltsübertragung wird im sozialen Miteinander erworben; sie wird gelernt. Damit können aus neurobiologischer Sicht sowohl Fragen als auch Aufgaben in Richtung der Pädagogik formuliert werden: Erstens heben die Theorien die Bedeutung des sozialen Lernens vehement hervor. Zweitens verweisen sie auch darauf, dass Lernsituationen grundsätzlich soziale Situationen sind. Insofern sind sie von einer Komplexität gekennzeichnet, die weit über ein gewieftes Methodensetting oder eine ausgeklügelte Moderation hinausgeht. Spiegelneurone verweisen auf die Relevanz der Authentizität in Lehr-Lern-Prozessen.

Gelingende Beziehungen sind also zentrale Grundlage für erfolgreiches Lernen. Alle anderen Begriffe wie Methode oder Lernsetting sind wichtig und möglicherweise doch nachrangig und außerdem auch auf ihre soziale Funktionsweise hin zu befragen.

Aus Sicht der Hirnforschung, so ließe sich jedenfalls provokant behaupten, ist Pädagogik in erster Linie eine Herzensangelegenheit. Es kommt nun darauf an, die professionellen Instrumente dafür zu entwickeln.[151]

Wollen wir den Wissensdurst der Kinder aufnehmen, fördern und auch weiterhin herausfordern, dann geht es für uns vor allem darum, auf schulischer Ebene lebensdienliche Beziehungen zu gestalten, die Verbindung und Wachstum, Gemeinschaft und Autonomie fördern. Die Möglichkeiten gewaltfreier und wertschätzender Kommunikation sind diejenigen professionellen Instrumente, die wir dafür gegenwärtig als optimal ansehen und Ihnen deshalb nahebringen wollen.

---

151 Leicht verändert nach einem Aufsatz von G. Wolf, Vom Hirn zum Herz. Neurobiologische Botschaften an die Pädagogik. In: CI-Information. Mitteilungen aus dem Comenius-Institut 2010/1. S. 3. Zitierte Literatur: Keysers, C. (2006), Mit den Fingern denken. Gehirn & Geist 10, S. 34–36. Zaboura, N. (2009), Das empathische Gehirn. Spiegelneuronen als Grundlage menschlicher Kommunikation. Wiesbaden.

10.1 Selbstverbindung und Authentizität

Wenn
- Kinder von sich aus lernen,
- Lernprozesse zuerst soziale Prozesse sind,
- Beziehung zwischen Lernenden und Lehrenden in der Schule der entscheidende Wirkfaktor ist,
- die beiden Grunderfahrungen und die beiden Grundsehnsüchte des Menschen Autonomie und Verbundenheit sind,[152]

dann brauchen Kinder und Jugendliche
- Frei-Räume des Lernens;
- Erwachsene, die soziale Prozesse mit ihnen eingehen;
- Beziehungen, in denen Menschen in Gemeinschaften lernen, sich verändern und wachsen können;
- begeisterte Erwachsene, die selbst Autonomie und Verbundenheit zu leben gelernt haben und immer wieder neu lernen (wollen).

Sowohl die genannten Bedingungen als auch die daraus formulierten Konsequenzen sind nicht neu. Sie finden sich vielfach auf je besondere Weise in der deutschen und internationalen Reformpädagogik des 20. Jahrhunderts formuliert, erprobt und praktiziert. Gleichwohl erleben wir Schule anders, die Autonomie der Lehrerinnen und Lehrer wie der Schülerinnen und Schüler wenig achtend und unzureichend darum bemüht, Bedingungen zu schaffen, die Verbundenheit und Gemeinschaft ermöglichen und Konkurrenz zurückstellen. Und zugleich kennen wir viele Lehrerinnen und Lehrer und Studierende des Lehramts, die genau deshalb Lehrerinnen und Lehrer sind oder werden wollen, weil sie auf Lerngemeinschaften hoffen, in denen

---

152 Vgl. G. Hüther, Was wir sind und was wir werden können. A. a. O. S. 45: „Was für ein Gehirn ein Kind ‚bekommt', hängt davon ab, wie und wofür es sein Gehirn benutzt. Bestimmt wird das allerdings nicht von all dem, was ein Kind in seiner jeweiligen Lebenswelt vorfindet, sondern durch das, was ihm davon für seine eigene Lebensbewältigung als besonders bedeutsam erscheint, wofür es sich also selbst begeistert. Das ist bei allen Kindern zunächst die Steuerung der Körperfunktionen und Bewegungsabläufe, später die Gestaltung seiner Beziehungen zu seinen primären Bezugspersonen und erst danach die schrittweise Entdeckung und Gestaltung seiner immer komplexer werdenden Lebenswelt. Dabei macht jedes Kind zwei Grunderfahrungen, die tief in seinem Gehirn verankert werden: die Erfahrung engster Verbundenheit und die Erfahrung eigenen Wachstums und des Erwerbs eigener Kompetenzen. Diese beiden Grunderfahrungen bestimmen als Grundbedürfnisse seine künftigen Erwartungen. Zeitlebens sucht jeder Mensch nach Beziehungen, die es ihm ermöglichen, sich gleichzeitig als verbunden und frei zu erleben. Nur wenn diese beiden Grundbedürfnisse gestillt werden können, ist ein Kind – und später ein Erwachsener – in der Lage, die in seinem Gehirn bereitgestellten vielfältigen Vernetzungsangebote auf immer komplexer werdende Weise zu nutzen und ein entsprechend komplexes Gehirn zu entwickeln."

Kinder und Jugendliche eigenständig wachsen können, und sie dieses Wachstum begleiten wollen.

Es ist schön für uns, wahrzunehmen, wie in den genannten Bedingungen und Konsequenzen reformpädagogische Erkenntnisse und Bemühungen, neurobiologische Forschungsergebnisse, Gewaltfreie Kommunikation[153] und die Sehnsucht vieler Kinder, Jugendlicher und Erwachsener zusammenfinden, einander methodisch ergänzen, didaktisch herausfordern und pädagogisch befruchten können.

Aus den bisherigen Überlegungen erscheint uns als am Bedeutsamsten für Lehrerinnen und Lehrer, authentisch zu sein: Sie „sind" nicht Lehrerinnen und Lehrer, sondern sie sind Menschen wie andere auch. Was sie von anderen unterscheidet, ist der Beruf, den sie gewählt haben. Und Lehrerinnen und Lehrern gelingt viel, sie sind Menschen mit Stärken und Schwächen, und sie können an ihre Möglichkeiten glauben und ihnen vertrauen. Es gibt einen schönen Buchtitel, der dies in einer Hinsicht auf den Punkt bringt: *Sei nicht nett, sei echt!*[154] Für Lehrerinnen und Lehrer bedeutet dies aus unserer Sicht, all jene Tugend- und Aufgabenkataloge, die aus der Geschichte unserer Profession uns noch immer (oft untergründig) bestimmen, beiseitelegen zu können. Und es weist uns auf folgende Perspektiven hin:

- Wir dürfen auf unseren Perfektionsanspruch verzichten.
- Wir möchten authentische und kenntliche Menschen sein, die anderen so auch ermöglichen, in ihrer Weise authentisch und kenntlich zu sein.
- Wir sind nicht schwach oder schlechte Lehrerinnen und Lehrer, wenn wir unsere Klasse nicht im Griff haben.
- Wir möchten auch gegenüber Schülerinnen und Schülern unsere Gefühle und Bedürfnisse formulieren, etwa in der Art, wie wir es einmal in einem Deutschunterricht beeindruckend erlebten: „Ich bin gerade nervös und angespannt, weil mir Ruhe im Unterricht jetzt ganz wichtig ist ..."
- Wir möchten gemeinsam mit den Lehrerinnen und Lehrern unseres Kollegiums und der Schulleitung an einer wertschätzenden Atmosphäre untereinander arbeiten, die Vertrauen ermöglicht, Wahrhaftigkeit fördert und so unser Bedürfnis nach Autonomie und Verbundenheit erfüllt.
- Wir möchten Kindern und Jugendlichen zeigen, was wir lieben, und sie Deutsch oder Mathematik, Biologie oder Sport, Physik oder Religion lehren. Und wir freu-

---

153 Zusammenfassend formuliert M. Rosenberg (Gewaltfreie Kommunikation. A. a. O. S. 185) die ethische Perspektive Gewaltfreier Kommunikation: Sie „fördert eine Dimension der ethischen Entwicklung, die auf Autonomie und gegenseitiger Rücksichtnahme basiert; in der wir die Verantwortung für unsere eigenen Handlungen übernehmen und in der uns bewusst ist, dass unser eigenes Wohlergehen und das Wohlergehen anderer Menschen ein und dasselbe sind".

154 Kelly Bryson, Sei nicht nett, sei echt! Das Gleichgewicht zwischen Liebe für sich selbst und Mitgefühl mit anderen finden. Paderborn 2011.

en uns, wenn es gelingt, Kinder und Jugendliche anzustecken und zu begeistern. Und wir wissen von uns selbst, dass wenn wir beispielsweise Deutsch und Physik besonders lieben, wir vielleicht Sport und Biologie eine solche Zuneigung nicht entgegenbringen – und umgekehrt. Und wir wollen dies in der Schule in unserem Umgang mit Kindern und Jugendlichen berücksichtigen.

- Wir möchten Professionalität nicht als kalte Beruflichkeit verstehen, sondern als die immer wieder neu von uns selbst zu findende Balance zwischen Nähe und Distanz zu den Menschen, mit denen wir in der Schule leben und arbeiten. Professionalität ist für uns zentral unsere Reflexivität.

In den letzten Zeilen haben wir viel von unserer Sehnsucht geschrieben, wie wir Lehrerin oder Lehrer sein möchten, in ganz unterschiedlichen Bildungszusammenhängen und Institutionen. Wir laden Sie ein, diese Überlegungen unserer Möglichkeiten durch Ihre Sehnsucht und Ihre Perspektiven zu ergänzen, zu kritisieren oder zu bestätigen:

_____

_____

_____

_____

_____

_____

_____

_____

_____

_____

_____

_____

_____

10.2 Lehrerinnen und Lehrer als Beraterinnen und Berater einer Reise

M. Rosenberg hat ein Bild gefunden, wie er sich Lehrerinnen und Lehrer vorstellt, das wir für ausgesprochen nachdenkenswert und fruchtbar halten. Wir wollen Ihnen nun dieses Bild vorstellen und anregen, dies einmal für sich selbst zu bedenken, ob es für Sie passt oder ob Sie ganz andere Bilder bevorzugen.

„Ich stelle mir den Lehrer einer Klasse als Reiseberater/in und die Schüler/innen als Reisende vor. Ein Mitarbeiter eines Reisebüros sagt mir nicht, wohin ich reisen soll. Wenn ich ihm jedoch meine Bedürfnisse erläutere, empfiehlt er möglicherweise Reiseziele, die mir selbst noch nicht in den Sinn gekommen sind und von deren Existenz ich nicht einmal gehört habe. So kann eine Lehrerin mir wie der Mitarbeiter eines Reisebüros ein paar Vorschläge machen und mir bestimmte Möglichkeiten sogar besonders empfehlen, doch würde er Schüler/innen niemals das Ziel ihrer Reise vorschreiben. Unterdessen kann eine Schüler-Reisende einer anderen von einem wunderschönen Ort berichten, an dem sie selbst gewesen ist, und sie kann die andere dafür begeistern, ebenfalls diesen Ort zu besuchen.[155]

Am Bild des Reiseberaters gefällt uns, dass er die Reise nicht mit dem Kunden zusammen antritt und dass die Durchführung der Reise somit nicht davon abhängig ist, ob der Reiseberater/Lehrer Zeit für eine solche Reise hat. ... Die Reiseberaterin erwartet auch nicht, dass alle ihre Kunden/innen oder auch nur diejenigen, die die gleichen Ziele haben, diese zum gleichen Zeitpunkt oder auf dem gleichen Weg erreichen. ...

Der Reiseberater schreibt also niemandem vor, wohin er oder sie reisen soll, und er reist auch nicht mit. Doch er hilft, zeigt Alternativen auf und erklärt, inwiefern diese anderen Möglichkeiten das Leben des Betreffenden bereichern könnten."[156]

Ja, so könnten wir uns vorstellen, gerne Lehrerin und Lehrer zu sein; wir wissen zugleich, dass dem viel entgegensteht. Vielleicht stimmen Sie in unsere Sehnsucht ein und denken doch gleichzeitig auch an Curricula, Lernziele, die erreicht werden müssen, Stoffverteilungspläne, die abgearbeitet werden müssen, die miserablen äußeren Bedingungen, die dies alles verhindern u.v.a.m ... Wir wissen um die Bedeutung

---

155 Uns erinnert Rosenbergs Bild des Reiseberaters und der Schüler-Reisenden an Paulo Freires Pädagogik der Befreiung und seine Idee des Lehrer-Schülers und des Schüler-Lehrers mit jeweils eigenen Kompetenzen und zugleich gleichberechtigt verbunden und autonom. Vgl. P. Freire, Unterdrückung und Befreiung. Münster 2007; ders., Bildung und Hoffnung. Münster 2007; ders., Pädagogik der Autonomie. Münster 2008.

156 M. Rosenberg, Erziehung, die das Leben bereichert. A.a.O. S. 114 f. Vgl. auch auf S. 118 ff. das Kapitel „Reisebegleiter/innen in Aktion".

dessen in unserem Schulalltag. Wir leiden darunter; und wir halten es für wichtig, dass dies zur Sprache kommt. Und wir wissen zugleich, dass „Unterricht Begegnung zwischen Menschen ist und keine Richtlinie auf einem Stück Papier" (J. T. Gatto). Wir sind nicht Lehrerin und Lehrer geworden, um unsere Träume eines wertschätzenden Zusammenseins mit allen an Schule Beteiligten zu begraben, sondern um immer wieder neu – manchmal mühsam und manchmal überraschend leicht – widerständige Schritte ihrer Verwirklichung zu finden und zu gehen.

ÜBUNG

Bitte notieren Sie einmal, was Ihnen an dem Bild des Reiseberaters/der Reiseberaterin gefällt, wo Sie es ergänzen, bestätigen oder kritisieren möchten – und denken Sie dabei an die Sehnsucht und an die Hoffnungen, die Sie motivierten, Lehrerin oder Lehrer werden zu wollen:

_____
_____
_____
_____
_____
_____
_____
_____
_____
_____
_____
_____

10.3 Konflikte in der Klasse, im Kollegium, mit der Schulleitung

Konflikte[157] gehören in der Schule zum Alltag dazu. Gewaltfreie Kommunikation ist kein Mittel, um den schulischen Alltag konfliktfrei werden zu lassen. Wir fänden dies auch schade. Denn oft sind es gerade Konflikte, die uns einander näher bringen oder auf neue Weise Begegnungen ermöglichen können. Gewaltfreie Kommunikation unterstützt das Bemühen, dass Konflikte nicht trennen, sondern konstruktive Lösungen möglich werden – auch wenn es dazu manches Mal nötig ist, kreativ um die Ecke zu denken, wie die beiden folgenden, ganz unterschiedlichen Beispiele uns auf verblüffende Weise verdeutlichen:

> „Ein Mann hinterließ seinen drei Söhnen 17 Kamele. Er vermachte dem ältesten Sohn die Hälfte der Kamele, dem mittleren Sohn ⅓ und dem jüngsten ⅑. Die drei Söhne setzten sich zusammen und beratschlagten. So viel sie auch versuchten, sie konnten keine Lösung finden. 17 ließ sich einfach nicht durch 2 oder 3 oder 9 teilen. Schließlich beschlossen sie, eine alte weise Frau aufzusuchen. Nachdem sich die weise Frau das Problem angehört und nachgedacht hatte, sagte sie: ‚Probiert, was passiert, wenn ihr mein Kamel dazunehmt.' So hatten die Söhne 18 Kamele. Der Älteste nahm seine Hälfte – das waren 9. Der Mittlere nahm sein Drittel – also 6. Und der jüngste Sohn nahm sein Neuntel – das waren 2 Kamele. 9+6+2 ergibt 17. Sie hatten also noch ein Kamel übrig, das gaben sie der weisen alten Frau zurück."[158]
>
> „Ein Kaufmann beklagt sich beim Rabbiner über seinen betrügerischen Teilhaber. Der Rabbiner hört aufmerksam zu und sagt schließlich: ‚Du hast recht.' Eine halbe Stunde später erscheint der Teilhaber und schildert ihm denselben Sachverhalt aus seiner Sicht. Der Rabbiner wägt das Gehörte und entscheidet zuletzt: ‚Du hast recht.' Die Frau des Rabbiners, die vom Nebenzimmer aus alles mit angehört hat, stellt ihren Mann zur Rede: ‚So geht das nicht: Entweder hat der eine recht oder der andere; beide können nicht gleichzeitig recht haben.' Daraufhin schaut der Rabbiner seine Frau an und sagt: ‚Du hast auch recht.'"[159]

Die kleinen Geschichten wollen Unterschiedliches verdeutlichen: die Kreativität einer Konflikt- oder Problemlösung im ersten Beispiel und die Angemessenheit der Sichtweisen der drei den Rabbi befragenden Personen.

---

157 S. dazu auch o. S. 199 ff. und 207 ff.
158 W. Ury: Getting past no. S. 159. Zitiert nach ↗ http://www.visionenundwege.de/wordpress/index.php/allgemein/emailserie-texte-zur-haltung-der-gewaltfreien-kommunikation.
159 Zit. nach S. Korn, Die Gnade des Zweifels. Wirkliche Toleranz beginnt dort, wo das Einverständnis endet: Es kommt weniger darauf an, Widersprüche aufzulösen, als sie auszuhalten. ↗ http://www.faznet.de (27.09.2009).

Der Umgang mit Konflikten in Gewaltfreier Kommunikation braucht beides: Kreativität und achtsame Aufmerksamkeit sowie Empathie für alle am Konflikt Beteiligten. Beides kommt zusammen in der die vier Schritte abschließenden Bitte und den darin vorgeschlagenen Strategien. Gerhard Rothhaupt notiert dazu: „Die Bitte, die Strategie gestaltet unser reales Leben. ... Die stärkste Bitte ist diejenige, die alle Beteiligten im Blick hat und nicht nur die vordergründigen eigenen Bedürfnisse. Das ist dann das, was man so schön Win-win-Lösung nennt. Ich bin überzeugt, dass es immer Lösungen gibt, die die Bedürfnisse aller Beteiligten berücksichtigen. Leider ist unsere Kreativität immer wieder ganz erheblich begrenzt. Und auch unser Vertrauen darin, dass es eine Win-win-Lösung in diesem speziellen Fall geben kann, mit dem wir gerade zu tun haben. Die Geschichte der Erben der 17 Kamele ist mir zu einer wichtigen Erinnerung geworden, wenn ich mal wieder glaube, dass dieses Mal nur Du-oder-Ich möglich ist."[160] Ob es wirklich immer Lösungen gibt, die die Bedürfnisse aller Beteiligten berücksichtigen, bezweifeln wir;[161] als kritisches Korrektiv gegen zu schnelle Entweder-oder-Lösungen freilich ist uns die Überlegung Rothhaupts wichtig.

In der Marienschule in Damme haben Lehrerinnen und Lehrer ein unterstützendes Arbeitsblatt für eine pädagogische Lehrer-Lern-Konferenz entworfen, das mit den vier Schritten Gewaltfreier Kommunikation hilft, Konflikte zu verstehen und Konfliktlösungen aus Sicht der Lehrerinnen und Lehrer durchzuspielen. Sie wollen selbst konfliktfähiger im Sinne Gewaltfreier Kommunikation werden und Möglichkeiten der Konfliktbearbeitung mit Schülerinnen und Schülern einüben. Das Arbeitsblatt endet mit Bitten sowie mit der Frage, die breiten Raum einnimmt: Welche alternativen Strategien könnten gemeinsam gefunden und vorgeschlagen werden, die die Bedürfnisse aller Beteiligten erfüllen? Als zentrale Konfliktfelder haben die Lehrerinnen und Lehrer an ihrer Schule folgende immer wiederkehrende Themen entdeckt:
- Hausaufgaben
- Pünktlichkeit
- Arbeitsmaterial
- körperliche Gewalt
- ärgern
- Umgang mit dem Eigentum anderer
- Provokation
- Beleidigung
- Reden im Unterricht

---

160 ↗ http://www.visionenundwege. A. a. O.
161 In persönlich-privatem Kontext sind Win-win-Lösungen sicher eher möglich als in gesellschaftlichen oder ökonomischen Konflikten, in denen sich möglicherweise antagonistische Interessen gegenüberstehen.

Wir schlagen Ihnen vor, ein oder zwei dieser Konfliktthemen auszuwählen, die Ihnen in Ihrer Arbeit besonders auf den Nägeln brennen, oder einen anderen Konflikt zu wählen und als Übung das folgende Arbeitsblatt auszufüllen. Sie können dazu auch die Gefühls- und Bedürfnislisten benutzen.[162]

Es könnte dies auch eine Übung sein, die Sie einmal in Ihrer Klasse mit den Schülerinnen und Schülern machen, indem jede und jeder ein solches Arbeitsblatt erhält und Sie die Schülerinnen und Schüler bitten, es allein für sich oder in PartnerInnenarbeit auszufüllen, um anschließend in der Klasse über mögliche Konfliktlösungen gemeinsam zu sprechen. Wenn Sie dies machen möchten, brauchen die Schülerinnen und Schüler eine kurze Einführung in die vier Schritte Gewaltfreier Kommunikation.

„GFK" – Konfliktfelder in der Schule

Arbeitsauftrag für Kleingruppe bzw. Partnerarbeit

Konfliktfeld: _____

„Bitte füllt für eine typische Situation in dem von euch gewählten Konfliktfeld diese Felder aus!"

---

[162] Sie finden die Gefühlsliste auf S. 41 f., die Bedürfnisliste auf S. 30 ff.

Zur Rolle der Lehrerinnen und Lehrer · 187

Beobachtung	
vermutete(s) Gefühl(e) bei der Schülerin / beim Schüler	vermutete(s) Gefühl(e) bei der Lehrerin / beim Lehrer
vermutete(s) Bedürfnis(se) bei der Schülerin / beim Schüler	vermutete(s) Bedürfnis(se) bei der Lehrerin / beim Lehrer
mögliche vermutete Bitte(n) der Schülerin / des Schülers	vermutete Bitte der Lehrerin / des Lehrers

Welche alternativen Strategien könnten gemeinsam gefunden und vorgeschlagen werden, die die Bedürfnisse aller Beteiligten berücksichtigen?

11. Zum Verhältnis von Lehrerinnen und Lehrern zu den Schülerinnen und Schülern

Frank, warum hast du keinen Blumenkohl auf deinem Teller?
Hast du den überhaupt schon mal probiert, hm? Also, ein Löffel voll wird gegessen!
Wenn du ihn wirklich nicht magst, bin ich die Letzte, die dich zum Aufessen zwingt.
Aber ohne Probieren kein Nachtisch! Klar?
Und sitz grade, sonst wächst deine Wirbelsäule schief.

(Erma Bombeck)

Ganze Bibliotheken sind diesem Thema gewidmet. Wir wollen dem eine kleine Geschichte hinzufügen, die u. E. das Anliegen sehr schön formuliert. Wir laden Sie ein, den Text mit liebevollem Humor zu lesen. Und vielleicht eröffnet er Möglichkeiten der Selbstreflexion, die mit einem Schmunzeln verbunden sind!?

Behandle Freunde und Kinder gleich ... von Erma Bombeck

Kürzlich hörte ich im Fernsehen einen bekannten Kinderpsychologen sagen, Eltern sollten ihre Kinder so behandeln, wie sie mit ihren besten Freunden umgehen würden ... Zuvorkommend ... mit Höflichkeit, Achtung und Diplomatie.

„Mach ich doch", dachte ich, „ich habe meine Kinder nie anders behandelt." Abends kam mir der Gedanke noch einmal in den Sinn, und ich fragte mich: „Spreche ich wirklich so mit meinen besten Freunden, wie ich mit meinen Kindern spreche?"

Nur mal angenommen, unsere guten Freunde, Frank und Christina, kommen abends zum Essen ...

„Also, es wird wirklich Zeit, dass ihr da seid! Was habt ihr eigentlich so lange gemacht? Getrödelt? Lass deine Schuhe draußen, Frank. Die sind doch total dreckig. Und mach die Tür hinter dir zu. Habt ihr denn zu Hause Säcke vor den Türen?"

„Und? ... Christina, wie ist es dir ergangen? Eigentlich habe ich gedacht, du kommst schon früher mal vorbei. ... Frank! Stopf doch jetzt nicht so viele Oliven in dich rein, sonst hast du den Bauch schon vor dem Essen voll. Ich steh doch nicht den ganzen Tag am Herd, um dich dann gleich im Essen herumstochern zu sehen."

„Habt ihr etwas von den anderen gehört? Wir haben eine Karte von den Martins bekommen. Ja, die sind schon wieder auf Kreta. Jedes Jahr derselbe Ort. Was ist los mit dir, Frank? Du machst mich ganz verrückt mit deinem Rumgezappel! Du musst doch mal! Geh sofort zur Toilette! Treppe runter, erste Tür links. Und ich will nachher nicht das Handtuch auf dem Boden finden, verstanden?"

„Hast du dein Gesicht gewaschen, bevor du kamst, Christina? Ich sehe noch immer dunkle Ränder um deinen Mund. Na ja, vielleicht ein Schatten.... Aber sagt mal, wie geht es euren Kindern? Wenn ihr mich fragt, es wird heute viel gefordert in der Schule, aber das hat noch keinem geschadet, oder? Seid ihr alle hungrig? Gut. Dann setzen wir uns. Ich habe gekocht, und ihr wascht nachher ab. Das ist doch nur fair, oder? Erzähl mir nicht, deine Hände seien sauber, Christina. Ich habe genau gesehen, dass du gerade den Hund angefasst hast. Du gehst erst noch einmal Hände waschen, bevor wir anfangen."

„Frank, du sitzt hier, und Christina, du kannst bei dem halb vollen Weinglas sitzen. Es vergeht ja keine Mahlzeit, ohne dass du etwas umstößt ... So, jetzt aber: Guten Appetit."

„Frank, warum hast du keinen Blumenkohl auf deinem Teller? Hast du den überhaupt schon mal probiert, hm? Also, ein Löffel voll wird gegessen! Wenn du ihn wirklich nicht magst,

> bin ich die Letzte, die dich zum Aufessen zwingt. Aber ohne Probieren kein Nachtisch! Klar? Und sitz grade, sonst wächst deine Wirbelsäule schief. Nun – worüber haben wir gerade gesprochen? Oh ja, ich wollte von den Gerbers erzählen. Die haben ihr Haus verkauft. Ich denke, sie ..."
>
> „Christina, sprich nicht mit vollem Mund! Ich verstehe kein Wort, wenn du so redest. Und benutz doch deine Serviette!"
>
> In diesem Moment betritt in meiner Phantasie mein Sohn den Raum. „Wie schön, dass du kommst", sage ich freundlich. „Was hab ich denn nun schon wieder gemacht?", seufzt er.[163]

Jedes Mal, wenn wir diesen Text in unseren Fortbildungen vorlesen, ertönt lautes Lachen – und manchmal bleibt dem einen oder der anderen das Lachen ganz kurzfristig im Halse stecken – es kommt ja gleich die nächste Situationskomik. Schlaglichtartig und auf ausgesprochen lustige und leichte Weise macht dieser Text deutlich, wie wir Erwachsenen oft mit Kindern oder Jugendlichen sprechen. Und meist geschieht dieses permanente Zurechtweisen und Erziehenwollen ja einfach aus Gewohnheit und Gedankenlosigkeit ...

Wenn wir mit unseren Freunden so reden würden, wären diese mindestens ausgesprochen irritiert, würden vielleicht nach einer versteckten Kamera suchen, eventuell auch einfach aufstehen, gehen und denken: Irgendwas stimmt heute nicht ... Und möglicherweise: Wenn wir mit allen Menschen immer so umgehen würden, dann hätten wir vermutlich niemanden, den wir noch zum Essen einladen könnten. Von Wertschätzung den zum Essen eingeladenen Gästen gegenüber ist hier nichts zu spüren. Und der freundlich und wertschätzend begrüßte Sohn ist so verblüfft über die Art der Ansprache durch seine Mutter, dass ihm dies sogleich höchst verdächtig vorkommt ...

Keine Sorge: Wir wollen diese Sprache nicht durch die vier Schritte oder sonst irgendwie mit Gewaltfreier Kommunikation ersetzen oder diskutieren, obwohl es reizt, das Gewaltpotenzial dieser Situation und ihrer Sprache zu untersuchen. Wir haben den Text hier aufgenommen, weil Gewaltfreie Kommunikation generell zu einer genaueren und achtsamen Sprache verhelfen möchte – und weil eines ihrer zentralen Themen Wertschätzung ist. Und wir schätzen Humor!

---

163 Aus dem Amerikanischen von Hilde Fritz und Hannah Hartenberg.

12. Klassenrat – Schülerinnen und Schüler üben Empathie

*Man kann keinen Menschen motivieren, sein kreatives Potenzial zu entfalten,
man kann ihn nur einladen, ermutigen, vielleicht auch inspirieren.
Die Lust, sich einzubringen, mitzudenken und mitzugestalten,
lässt sich nicht anordnen oder verordnen, nur wecken.*

(G. Hüther)

Idee und Praxis des Klassenrats stammen aus der Freinet-Pädagogik und werden in deutschen Grundschulen in abgewandelter und gegenüber der Ursprungskonzeption eingeschränkter Form[164] praktiziert. In besonderer Weise geht es um Chancen sozialen Lernens und um Einübung demokratischen Verhaltens im Schulalltag. E. und H.-J. Blum schlagen eine Definition vor, von der wir im Folgenden ausgehen möchten: „Der Klassenrat ist eine regelmäßig stattfindende Gesprächsrunde, in der sich Schüler und die Klassenlehrkraft gemeinsam mit konkreten Anliegen der Klassengemeinschaft beschäftigen und dafür möglichst einvernehmliche Lösungen suchen."[165]

Da klingen wichtige Bedürfnisse an, die für Schülerinnen und Schüler wie für Lehrerinnen und Lehrer in der Schule erfüllt werden können. Wir denken an Respekt, Wertschätzung, Beteiligung und Gleichberechtigung. Umso bestürzter war ich, GO, als eine Lehrerin mir von ihren guten Erfahrungen mit dem Klassenrat berichtete: „Wenn sich Schüler und Schülerinnen fehlverhalten, teile ich dies dem Klassenrat mit, der diskutiert dies und beschließt die Strafe für den Schüler oder die Schülerin. Die Akzeptanz einer solchen Entscheidung ist viel größer, als wenn ich eine Strafe festsetze." Dass eine von uns so positiv eingeschätzte Möglichkeit wie der Klassenrat funktionalisiert und letztendlich u. E. missbräuchlich eingesetzt wird,[166] hat uns erschreckt. Wir möchten gerne, dass der Klassenrat eine Möglichkeit ist, „Macht mit Menschen", Empowerment von Schülerinnen und Schülern mit ihren Lehrerinnen und Lehrern zu entfalten – und gerade nicht integriert wird in ein System strafender Anwendung von „Macht gegen Menschen".[167]

Um dies zu ermöglichen, wollen wir im Folgenden vorstellen, wie wir uns die Kommunikation im Klassenrat wünschen, und dabei als Ausgangspunkt festhalten, dass es uns darum geht, den Klassenrat dazu zu nutzen, „möglichst einvernehmliche Lösungen im Blick auf konkrete Anliegen der Klassengemeinschaft" zu suchen.

Dies gelingt unseres Erachtens am ehesten, wenn Ausgangs- und Mittelpunkt der Gespräche im Klassenrat die Bedürfnisse der Schülerinnen und Schüler und Lehrerinnen und Lehrer sind.[168] Wenn sie zentrales Thema sind, können alle mitreden und

---

164 So geht es bei Freinet beispielsweise zentral auch um Lerninhalte und Unterrichtsmethoden.
165 E. und H.-J. Blum, Der Klassenrat. Mülheim 2006. S. 10. Vgl. auch als Einführung H. Kiper, Mitbestimmen lernen im und durch den Klassenrat. In: C. Palentin, K. Hurrelmann (Hrsg.), Schülerdemokratie. Mitbestimmung in der Schule. München, Neuwied 2003. S. 192–210.
166 Eine solche Praxis des Klassenrats kann nahegelegt sein durch einen Satz im entsprechenden Baustein „Klassenrat" des „BLK-Programms Demokratie leben und lernen". Der Text beginnt mit dem Satz: „Zeit haben, um über Probleme in der Klasse zu sprechen, das mag die erste Assoziation zum Thema Klassenrat sein – und sie ist nicht falsch." ↗ http://blk-demokratie.de/materialien/demokratiebausteine/programmthemen/klassenrat.html.
167 Vgl. G. Orth, H. Fritz, Ich muss wissen, was ich machen will … A. a. O. S. 193.
168 S. o. S. 207 ff., bes. S. 211.

haben alle etwas zu sagen. So bietet es sich an, dass Schülerinnen und Schüler und die Klassenlehrkraft gemeinsam Gewaltfreie Kommunikation mit ihrem Vier-Schritte-Kommunikationsmodell[169] erlernen. Dabei hängen Bedürfnis- und Gefühlslisten für alle sichtbar im Klassenzimmer, damit alle sich dort immer wieder Hilfe holen und so möglichst klar sprechen können.

Ein solcher von den Bedürfnissen der Schülerinnen und Schüler und der Klassenlehrkraft ausgehender Zugang zur Gesprächsrunde des Klassenrats ermöglicht es, mit angenehmen Erlebnissen der vergangenen Woche zu beginnen. Zum Auftakt können – nicht müssen – Schüler und Schülerinnen und die Klassenlehrkraft erzählen, in welchen Situationen der vergangenen Woche sie sich besonders wohlgefühlt haben. Die Klassenlehrkraft und Mitschülerinnen und Mitschüler können helfen, erfüllte Bedürfnisse zu vermuten, z. B.: „Ah, hast du da vielleicht ganz intensiv eure Freundschaft gespürt?" Eine zweite Möglichkeit: Schüler und Schülerinnen sowie die Klassenlehrkraft berichten von Situationen, in denen andere zu ihrem Wohlbefinden beitrugen in der vergangenen Woche oder in denen sie selbst andere bereicherten, z. B.: „Anna hatte ihre Stifte nicht dabei, da habe ich ihr meine geliehen."

In einem zweiten Gesprächsgang haben alle Schülerinnen und Schüler sowie die Klassenlehrkraft die Möglichkeit, von Erfahrungen/Erlebnissen/Situationen aus der vergangenen Woche zu berichten, in denen sie sich unwohl, traurig, ängstlich, wütend, unsicher gefühlt haben. Hier werden dann, so vermuten wir, Konflikte und Probleme angesprochen, die zwei oder mehr Schülerinnen und Schüler untereinander haben, oder solche Fragen, die insgesamt für die Klassengemeinschaft von Bedeutung sind, wie Stundenplanveränderungen oder die Aufnahme eines neuen Schülers oder einer neuen Schülerin in die Klasse. Vielleicht sind solche auch schon im Vorfeld des Klassenrats benannt worden – auch dann haben sie jetzt ihren Platz.

Die hier gewählte Reihenfolge erscheint uns bedeutsam. Wir möchten damit anregen, dass in der Klassengemeinschaft eine Kultur des Austauschs und der Reflexion gepflegt wird, die ihren Ausgangspunkt bei angenehmen Erfahrungen nimmt: bei solchen, mit denen ich zum Wohlbefinden anderer beitragen konnte oder bei denen ich empfangen habe und annehmen konnte, dass andere zu meinem Wohlbefinden beitrugen. Für uns hat es eine stärkende Wirkung, wenn wir erst darauf hören, dass viele oder alle angenehme Erfahrungen gemacht haben, und die schwierigen ihnen folgen. Beides gehört zu einer Schulwoche.

Mit den Konflikten oder Problemen beginnt nun die konkrete Arbeit mit den vier Schritten Gewaltfreier Kommunikation: Eine Schülerin oder ein Schüler berichtet,

---

169 Ganz ähnlich, doch mit anderem theoretischem Hintergrund und ohne Bezüge zu M. Rosenberg, vgl. E. und H.-J. Blum, a. a. O. S. 43.

was sie oder er gesehen oder gehört hat: Was ist passiert? Was hat sie oder er beobachtet? Es bedarf für die Kinder und Jugendlichen wie auch für Erwachsene der Übung, in dieser Phase Beobachtungen von urteilenden/bewertenden Interpretationen zu trennen. Die Klassenlehrkraft und die gesamte Klasse können helfen, indem sie aus dem Erzählten die Beobachtungen herausfiltern und Bewertungen wie Gefühle als Hinweis auf die in der Situation unerfüllten Bedürfnisse „übersetzen":

- „Du, Layla, sagst, dass Özlen mit dir auf der Wippe war und dann plötzlich abgesprungen ist. Da warst du ganz erschrocken, bist von der Wippe gefallen und hast dir auch wehgetan. Layla, du sagst, dass Özlen schuld ist an deinem Schmerz ..."
- „Du, Özlen, sagst, dass du keine Lust mehr hattest zum Wippen und abgestiegen bist – und dann plötzlich Layla auf dich zulief mit wütendem Gesicht. Du sagst, du warst auch erschrocken und hattest auch Angst."

Hier kann die Klasse Beobachtungen wiedergeben aus den Erzählungen von Layla und Özlen. Das subjektive Erleben der Beteiligten kann durchaus als eigene Wahrnehmung der Situation beschrieben werden – der Ablauf als Beobachtung. Je näher die berichteten Beobachtungen beieinander sind, desto eindeutiger ist das, was die Kinder formulieren, im Sinne Gewaltfreier Kommunikation eine Beobachtung. Entscheidend dabei ist, dass andere die Beobachtungen der Beteiligten weder kommentieren noch bewerten, sondern mit den Betroffenen einüben, dass jeder so genau beobachtet, wie er oder sie es kann, unterschiedliche Beobachtungen angemessen sind und Differenzen bestehen bleiben können.

Im Anschluss können nochmals die verschiedenen Gefühle auf beiden Seiten genauer erfragt werden:

- „Layla, warst du zuerst erschrocken, und dann hat dir dein Bein nach dem Sturz wehgetan, und du wurdest ganz wütend?"
- „Özlen, war dir beim Wippen irgendwann langweilig, und dann warst du erschrocken, als Layla von der Wippe fiel und mit wütendem Gesicht auf dich zulief?"

In einem dritten Abschnitt können die unerfüllten Bedürfnisse erfragt werden:

- „Hm, Layla, möchtest du gern sicher sein, dass es dir beim gemeinsamen Wippen gut geht bis zum Schluss? Möchtest du dich gern darauf verlassen, dass ihr ein Spiel gemeinsam beginnt und gemeinsam beendet? Ist dir ganz wichtig, dass du dich auf das Ende eines Spiels einstellen kannst, damit du dir nicht wehtust?"
- „Özlen, ist dir wichtig, dass du ein Spiel beenden kannst, wenn du keinen Spaß mehr daran hast, und dass du das selbst bestimmen kannst?"

Es kann gut sein, dass dies jetzt schwierig ist, weil sich vielleicht einige (!) unerfüllte Bedürfnisse melden. Schülerinnen und Schüler sowie die Klassenlehrkraft können Bedürfnisse vermuten und/oder anbieten: „Ist dir wichtig, dass ...?", „Brauchst du ...?" Auch hier ist die Frageform wieder entscheidend, denn das Wissen, was Layla fehlt oder Özlen braucht, haben nur die beiden! Wenn das unerfüllte Bedürfnis dann ganz klar geworden ist, wird es möglich, eine Bitte daran anzuschließen.

Das Gespräch endet mit der Formulierung einer konkreten handlungsorientierten Bitte, die jetzt erfüllbar ist. Das ist noch einmal – zumindest in der Einübungsphase – ein schwieriger Schritt (auch wenn es ein sehr befreiender Schritt werden kann): Was möchte ich bitten (nicht fordern), damit mein in dem Konflikt unerfülltes Bedürfnis nun wahrgenommen oder erfüllt werden kann?

- Layla: „Özlen, ich möchte gern sicher sein, dass ich mir nicht wehtue beim Wippen. Kannst du mir bitte Bescheid sagen, bevor du absteigst? Wärst du dazu bereit?"
- Özlen: „Layla, ich möchte gern selbst bestimmen, wann ich mit einem Spiel aufhöre. Ich will dann nicht lange warten. Könntest du mir sagen, ob das für dich okay ist, wenn ich dir das in dem Moment kurz zuvor sage?"

Immer wieder – von der Beobachtung an – kann es in diesem Prozess nötig sein, gegenseitiges Verstehen zu ermöglichen und zu fördern. Hier kann die Klassenlehrkraft begleitend eingreifen. Mögliche Fragen dabei können sein: „Hast du gehört, wie es ... geht und was ihr wichtig ist?" „Kannst du mir sagen, was du verstanden hast von ...?" „Und wenn du es noch nicht verstanden hast, hast du eine Bitte an ...?" Dabei bleibt die Entscheidung, wie die Schülerinnen und Schüler das Gespräch führen wollen, bei ihnen selbst.

Wichtig erscheint uns, dass die Schülerinnen und Schüler Umgangsformen mit ihren Konflikten und Problemen selbst finden können, was gut möglich ist, wenn die Erwachsenen ihnen dazu genügend Raum für Empathie und genügend Zeit zum Mitfühlen und Nachdenken einräumen.

Was sich hier eher langwierig liest, kann sich auch im Klassenrat als „Energiesparmodell" entwickeln.[170] Wir haben noch keine Erfahrungen sammeln können in der an Gewaltfreier Kommunikation orientierten Arbeit mit Schulklassen, die den Klassenrat gerade einführen. Doch eine Trainerin, die in diesem Feld arbeitet, berichtet mit großer Freude von den Kindern in der Grundschule, die viel schneller als Erwachsene verstehen und üben und sich so verständigen können.

---

170 S. o. S. 171.

13. Einzelgespräche mit einer Schülerin oder einem Schüler

Wenn du verstehst, kannst du nicht anders, als zu lieben.
Du kannst nicht ärgerlich werden.
Um das Verstehen zu entwickeln, musst du üben, alle Lebewesen mit den Augen des Mitgefühls zu betrachten. Wenn du verstehst, kannst du nicht anders, als zu lieben.
Und wenn du liebst, handelst du ganz natürlich auf eine Weise, die das Leiden der anderen lindern kann.

(Thich Nhat Hanh)

Einzelgespräche, die aufgrund von Konflikten mit Schülerinnen und Schülern, Müttern, Vätern oder Eltern zustande kommen, gelingen unserer Erfahrung nach dann, wenn es uns gelingt, zu den Gesprächspartnerinnen und Gesprächspartnern eine empathische Beziehung, einen verbindenden und beziehungsvollen Kontakt aufzubauen. Auf einer solchen Beziehungsebene erscheint es uns möglich, mit Schülerinnen und Schülern oder anderen nach gemeinsamen Lösungen zu suchen.

> Klaus-Dieter Gens schreibt: „Für mich ist Gewaltfreie Kommunikation ein verändertes Deutungssystem. ... Ich würde den Leuten sogar sagen: Setz dich mal hin und guck, was ein Mensch (erg. eine Schülerin, ein Schüler beispielsweise im Pausenhof) tut, also was beobachtbar ist, und dann unterstell ihm mal 20 positive Sachen. Eine ganz konkrete Übung: Beschreibe etwas und unterstelle dem Menschen sinnvolle Absichten und Bedürfnisse. Dass die Leute überhaupt auf die Idee kommen, so etwas zu denken! Das ist eigentlich die Voraussetzung für einfühlsames Denken – und für Einfühlung überhaupt."[171]

Ausgangspunkt der folgenden Schilderung eines Gesprächs zwischen einer Lehrerin (HF) und einer Schülerin und unserer anschließenden Überlegungen sind zwei Prämissen der Gewaltfreien Kommunikation: Alle Bedürfnisse sind positiv, sie dienen alle dem Leben und unserer Lebendigkeit und sie sind allen Menschen gemeinsam. Und: Gewaltfreie Kommunikation zielt darauf, dass wir unsere Bedürfnisse so erfüllen, dass die Strategien, die wir verwenden, anderen oder uns selbst keine Gewalt antun, oder positiv formuliert: sie unsere Wertschätzung gegenüber uns selbst und anderen zum Ausdruck bringen. Nun gibt es auch Strategien, unsere Bedürfnisse zu erfüllen, die tragisch oder problematisch oder gewalttätig sind. Doch „selbst tragisches Verhalten dient letztlich dem Ziel, das Leben zu verschönern".[172]

13.1 Janine

Janine ist ein Mädchen aus meiner (HF) 8. Klasse in der Förderschule, 15 Jahre alt. Sie gilt als „schwer traumatisiert" und „verhaltensauffällig". In der Klasse ist auch ein Junge, Marco, 16, der „coole" Anführer der Jungen. Täglich gibt es solche oder ähnliche Konflikte:

Marco und die Jungen beschweren sich nach der Pause: „Janine hat uns schon wieder beleidigt als Hurensöhne, Mutterficker ..."

---

171 S. Pásztor, K.-D. Gens, Ich höre was, das du nicht sagst. Paderborn 2008. S. 82.
172 Vgl. ↗ http://www.gerlinde-fritsch.de. S. auch: G. Fritsch, Praktische Selbst-Empathie. A. a. O. S. 9 f.

Marco sagt: „Wenn es um meine Mutter geht, seh ich rot! Entweder Janine geht aus der Klasse – oder ich schlage sie eines Tages so, dass sie nicht wieder aufsteht."

Janine weint sehr: „Die haben doch mich beleidigt. Die haben Hure und Schlampe gesagt."

Marco: „Die rennt dauernd hinter uns her und beleidigt oder schlägt oder tritt – und lacht dann noch."

Wie oft in solchen Situationen greifen in vielen Schulen jetzt Pausenregeln, Maßregelungen, Verbote, Entschuldigungsrituale ... meist ohne dass sich die erwünschten Folgen einstellen. Und die Spirale der Eskalation von Maßnahmen beginnt sich nach oben zu drehen.

Eine Gewaltfreie Kommunikation lernende Lehrerin (HF) schlägt einen anderen Weg vor, sie möchte Macht nicht mehr strafend gebrauchen. Stattdessen ist ihr die schützende Anwendung von Macht wichtig geworden.[173] Die Lehrerin reflektiert zunächst für sich selbst:

- Welches Ziel mag Janine mit ihrem Verhalten den Jungen bzw. besonders Marco gegenüber verfolgen?
- Welche Gefühle verbindet Janine mit dem, was sie tut?
- Welche Bedürfnisse versucht sie sich zu erfüllen?
- Wie wird sie sich wohl später, nach Schulschluss, fühlen?

HF berichtet: „Janine fühlte sich im Nachhinein traurig und verzweifelt, sie weinte fast eine ganze Stunde lang. Sie kam auf mich zu und bat, sich bei Marco entschuldigen zu dürfen, und ich verstand es so, dass sie gern wieder eine Verbindung zu ihm hergestellt hätte. Traurig und verzweifelt und vielleicht auch hilflos und frustriert war sie. Sie hatte mit ihrem Verhalten, mit ihrer Strategie ihre Bedürfnisse offensichtlich nicht erfüllen können.

Vorher, als sie in der Pause Marco und den anderen Jungen hinterherlief, die für die Jungen unangenehmen Schimpfwörter sagte und die Jungen anfasste, fühlte sie sich vermutlich ausgelassen und aufgeregt und hoffnungsvoll ... Ich bitte Janine um ein Zweiergespräch und gehe mit ihr in einen anderen Raum.

Zusammengesunken sitzt sie dort am Tisch, verweinte Augen. Eine Weile sitze ich still neben ihr, höre ihren Atem, manche Schluchzer. Dann fragt sie aufblickend: ‚Wann kann ich mich bei Marco entschuldigen?'

Ich frage Janine leise: ‚Bist du traurig und verzweifelt, Janine, weil dir Frieden mit Marco ganz wichtig ist?' Janine antwortet: ‚Ja, ich bin doch verliebt in Marco. Der

---

173 S. o. S. 118.

soll nicht sauer sein.' Ich frage weiter: ‚Bist du auch traurig, Janine, weil du so gern mehr Kontakt zu Marco hättest und weil dir so wichtig ist, in seiner Nähe zu sein?' Sie hebt ihren Kopf und seufzt: ‚Ja, genau!' Ich frage sie: ‚Magst du zuschauen, wie ich dir aufmale, was dir ganz wichtig ist gerade?'

So nach und nach werden Janines Bedürfnisse klarer: Kontakt, Nähe, Zugehörigkeit, Einbezogensein und auch Ausdruck ihrer Liebe zu Marco.

Ich male diese Bedürfnisse auf ein großes Blatt Papier. Wir sprechen darüber, wie schön diese Bedürfnisse sind, erzählen einander, wie schön es sich anfühlt, in Kontakt zu sein mit einem anderen Menschen, jemandem nah zu sein. Wie wundervoll es ist, dazuzugehören und einbezogen zu sein. Und wir sprechen über Verliebtsein, wie schön es ist und wie gut es tut, anderen davon zu erzählen. Janine wirkt jetzt ruhiger, entspannter, sie lächelt. Ein Zeichen, dass ich weitergehen kann und mir mit ihr ihre Strategien in der Pause ansehen, mit denen sie versuchte, sich ihre Bedürfnisse nach Kontakt, Nähe, Zugehörigkeit, Einbezogensein und Selbstausdruck ihrer Liebe zu erfüllen. Wir schreiben dazu, was sie in der Pause dafür gemacht hat: ‚Schimpfwörter sagen', ‚Treten', ‚Schubsen', ‚Hinterherlaufen', ‚Lachen' – und überlegen, welche anderen Möglichkeiten sie hat, ihr Bedürfnis – jetzt das wichtigste – nach Kontakt und Nähe zu erfüllen: nachmittags telefonieren mit Marco, in Facebook schreiben, Erlebnisse oder Witze erzählen, in Partnerarbeit zusammenarbeiten, fragen, wann er Zeit hat, Briefe schreiben ... Janine gefällt am besten die Idee mit den Briefen – und sie möchte sich noch immer bei Marco entschuldigen. Sie bittet mich, Marco zu fragen, ob er zu uns dazukommt ..."

13.2 Zur Reflexion des Gesprächs

Wir erleben es immer wieder für die Schülerinnen und Schüler wie für uns selbst als spannend und hilfreich, die Vielfalt von Strategien und Handlungsmöglichkeiten zu entdecken, die uns oft gar nicht bewusst sind und die erst klar werden, wenn wir zwischen Bedürfnissen und Strategien unterscheiden.[174] Dieser Unterschied erscheint uns entscheidend, geht es doch in Gewaltfreier Kommunikation darum, die eigenen und die Bedürfnisse anderer so zu erfüllen, dass das Leben schöner wird. Janine, die sich – der vielen Verletzungen wegen, die sie erfahren hat – schützt und fast immer in Habtacht- oder Verteidigungsstellung lebt, verfügt in ihrem alltäglich-selbstverständlichen Handlungsrepertoire fast nur über jene tragischen Strategien, mit denen sie sich ihr Bedürfnis nach Nähe zu Marco zu erfüllen suchte. Die Frage nach ihren

---

174 Vgl. G. Fritsch, Der Gefühls- und Bedürfnisnavigator. A. a. O. S. 67–82.

Gefühlen, die gemeinsame Suche nach den dahinter liegenden Bedürfnissen – das waren die Ausgangspunkte, damit sie sich öffnen konnte. Und dann begann die Suche nach Handlungsalternativen zu Beleidigungen, Hinterherrennen, Schlagen, Treten, Auslachen, und Janine war beteiligt an jenem Suchen und Finden ... Möglichkeiten neuer Kontaktaufnahme Janines zu Marco erscheinen am Horizont.

Pausenregeln, Maßregelungen, Verbote, Entschuldigungsrituale hätten dies alles wahrscheinlich verhindert und Janines Verhalten letztlich festgeschrieben. Durch das einfühlsame Gespräch mit ihrer Lehrerin wurde es für Janine möglich, in sich selbst hineinzuhorchen und zu entdecken, worum es ihr eigentlich ging. Wie erleichternd für sie selbst: „Ich will eigentlich etwas Schönes." Wir können uns gut vorstellen, dass ihr ihre Bedürfnisse selbst (noch) nicht bewusst waren, als sie auf dem Schulhof agierte. Erst die Möglichkeit, zusammen mit einer einfühlsamen Person darüber nachzudenken, ermöglichte ihr die Einfühlung in sich selbst und damit das Erkennen ihrer Bedürfnisse.[175]

Der entscheidende Punkt in solchen Gesprächen ist Empathie. Die offene und empathische Haltung der Lehrerin ermöglicht den Kontakt zu Janines Gefühlen und Bedürfnissen. Jetzt kann deutlich werden, was sie eigentlich möchte. Und in diesem Moment, als Janine sich angenommen und verstanden fühlt, wirkt sie ruhiger und entspannter. Sie lächelt. Der Druck fällt von ihr ab, und es wird möglich, über ihr Verhalten zu sprechen.

Pausenregeln, Verbote, Schulordnungen, Entschuldigungsrituale – sie alle bleiben an der Oberfläche. Sie reagieren auf die Strategien von Schülerinnen und Schülern und fragen nicht danach, weshalb diese bisher solche und keine anderen Strategien anwenden (können). Erst auf der Ebene der Bedürfnisse werden Veränderungen möglich: Wenn ich weiß, wessen eine Schülerin oder ein Schüler bedarf, kann ich mit ihr oder ihm über Handlungsweisen sprechen, die das Bedürfnis der Schülerin oder des Schülers erfüllen können.

Dies geschieht nun in diesem Gespräch. Lehrerin und Schülerin denken sich ganz viele Strategien aus, die das Bedürfnis Janines nach Kontakt mit Marco erfüllen können. Dort, wo Janine lediglich sehr begrenzte Handlungsmöglichkeiten sah, wohl auch um sich zu schützen und auf keinen Fall ihre Verletzlichkeit zeigen zu müssen, tun sich Alternativen auf.

Dort, wo die Lehrerin sich gegen Schuldzuweisungen und strafenden Machtgebrauch und für die Anwendung schützender Macht entscheidet, werden Veränderungen möglich. Die schützende Anwendung von Macht richtet sich dabei sowohl

---

175 Vgl. dazu in anderem Zusammenhang: M. Rosenberg, Gewaltfreie Kommunikation. A. a. O. S. 167 ff.

auf Marco, der nicht beleidigt, geschlagen oder getreten will, wie auf Janine, die nicht beleidigt werden will.

In solchen Einzelgesprächen mit Schülerinnen und Schülern zeigen sich die Wirkungsmöglichkeiten Gewaltfreier Kommunikation, und vieles von dem, was Sie in diesem Buch lesen und üben können, war in diesem Gespräch wichtig: die Entscheidung für beschützende und gegen strafende Anwendung von Macht, Empathie, die Differenzierung zwischen Bedürfnissen und Strategien, die Wahrnehmung von Gefühlen, die auf unerfüllte Bedürfnisse hinweisen, und schließlich die vier Schritte, hier als Möglichkeit der Selbstreflexion der Lehrerin und als ihr Wegweiser in dem Gespräch mit Janine.

An manchen Schulen und auch bei uns an der Universität haben wir GFK-Übungsgruppen[176] organisiert, in denen wir Selbstverbindung, Selbst-Empathie, empathische Präsenz und entsprechenden sprachlichen Ausdruck einüben. Austausch, Entwicklung und das einander immer wieder ermutigende Miteinander derer, die gewaltfrei leben wollen, stehen hier im Vordergrund. Diese praktische Empathie- und Gesprächsübung ist für uns ein wesentlicher Schritt der Eingewöhnung und Reflexion gewaltfreien und wertschätzenden kommunikativen Verhaltens, zusammen mit dem Kennenlernen und Üben der Theorie.

---

176 Vgl. L. Leu, Gewaltfreie Kommunikation. Das 13-Wochen-Übungsprogramm. Ein praktischer Leitfaden für Übungsgruppen, Selbststudium und GFK-Kurse. Paderborn 2009.

14. Klassenkonferenz mit Eltern oder einer Mutter / einem Vater

Ich würde den Leuten sogar sagen:

Setz dich mal hin und guck, was ein Mensch (erg. eine Schülerin, ein Schüler beispielsweise im Pausenhof) tut, also was beobachtbar ist, und dann unterstell ihm mal 20 positive Sachen. Eine ganz konkrete Übung:

Beschreibe etwas und unterstelle dem Menschen sinnvolle Absichten und Bedürfnisse.

Dass die Leute überhaupt auf die Idee kommen, so etwas zu denken!

Das ist eigentlich die Voraussetzung für einfühlsames Denken – und für Einfühlung überhaupt.

(K.-D. Gens)

Gewaltfreie Kommunikation bedeutet auch eine besondere Art der „Alphabetisierung in Bezug auf Gefühle und Bedürfnisse, die sehr verschieden ist von der Sprache, die den meisten Menschen beigebracht wurde. Anstatt eine Sprache des Lebens, eine Sprache von Gefühlen und Bedürfnissen sprechen zu lernen, wurde üblicherweise eine Sprache von Kritik, moralisierenden Beurteilungen, Analysen und Diagnosen gelehrt."[177]

Diese Sprache kennen wir, und wir finden sie institutionalisiert in den Schulen: Wir formulieren moralische Urteile: „Du bist selbstsüchtig, bequem, faul ..." Wir sagen anderen, was richtig und falsch ist. Wir analysieren: „Dein Problem ist, dass du so viel anderes machst, statt dich auf die Schule zu konzentrieren." Wir stecken Menschen in Schubladen und teilen sie ein in gut oder schlecht. Wir verurteilen Menschen, indem wir sie mit anderen vergleichen: „Du kannst dir doch mal ein Beispiel an Max nehmen; der macht immer seine Hausaufgaben." Wir meinen, keine Wahlmöglichkeiten zu haben: „Da musst du halt durch." Wir gebrauchen die Wörter „müssen", „sollen", „unbedingt notwendig", gar „alternativlos". Wir stellen Forderungen und verteilen Lob oder Strafe. „Wenn wir nun unsere Werte und Bedürfnisse auf diese Weise ausdrücken, erzeugen wir bei den Menschen, an denen uns etwas liegt, Abwehr, Widerstand und Verteidigung. Oder sie stimmen unserer Analyse zu und werden aus Angst, Scham oder Schuld handeln. Für beides werden wir teuer bezahlen."[178]

14.1 Bericht einer Klassenkonferenz

Wir berichten wiederum von einem Beispiel aus der Förderschule: Der Schulleiter, die Klassenlehrerin und die Fachlehrer hatten entschieden, die Mutter von Timo zu einer Klassenkonferenz einzuladen. Themen waren sein Arbeits- und Sozialverhalten. Der Schulleiter, die Klassenlehrerin und vier FachlehrerInnen trugen der Mutter ihre Sicht von Timo etwa so vor:

„Timo beleidigt andere ohne Grund."

„Timo tyrannisiert andere Schüler."

„Timo ist aggressiv."

---

177 Eine Sprache des Mitgefühls. Ein Interview mit Marshall B. Rosenberg. In: Mit Kindern wachsen. April 2004. S. 2–7, Zitat S. 2. Das Gespräch führte Michael Mendizza, entnommen von touch the future, ↗ http://www.touch the future.com.
178 Beispiele dazu bei K.-D. Gens, Gewaltfreie Kommunikation nach Dr. Marshall Rosenberg. Einführung. Berlin o. J. S. 2. Vgl. ↗ http://www.gewaltfreiforum.de.

„Timo lügt."

„Timo ist respektlos gegenüber Erwachsenen."

„Timo hält sich nicht an Regeln und stört gern den Unterricht."

„Timo geht es NUR um Aufmerksamkeit."

„Andere sind Timo egal, er will NUR im Mittelpunkt stehen."

„Timo ist verhaltensgestört."

„Timo hat eine frühkindliche narzisstische Störung."

Timos Mutter war nach diesen Sätzen sehr aufgebracht und sagte, sie wolle sich das nicht weiter anhören und gehe jetzt. Hier würde einfach keiner ihren Sohn mögen ...

Diese urteilende oder verurteilende, diagnostizierende, analytische und generalisierende Sprache ist jene statische Sprache, von der sich die prozessorientierte Sprache der Gewaltfreien Kommunikation fundamental unterscheidet.[179] M. Rosenberg berichtet in einer von ihm überlieferten Anekdote davon, dass andere Sprachen das uns selbstverständliche Verb „sein" gar nicht kennen: „Als Marshall Rosenberg beim Volksstamm Orang Asli in Malaysia eingeladen war, teilte ihm sein Übersetzer mit, dass seine Sprache das Verb ‚sein' nicht enthalte; darum gebe es keine Formulierungen wie ‚Du bist gut, schlecht, richtig, falsch'. Rosenberg fragte den Übersetzer: ‚Wie übersetzt du dann ‚Du bist egoistisch'?' ‚Das ist schwer. Ich würde es in meine Sprache übersetzen mit ‚Marshall sagt, dass du für deine Bedürfnisse sorgst, aber nicht für die Bedürfnisse anderer'. – In meiner Sprache sagt man Leuten, was sie tun und was man möchte, dass sie anders tun sollen, aber es würde uns nicht möglich sein, Menschen zu sagen, was oder wie sie sind.'"[180]

Im Vergleich mit einer solchen anders strukturierten Sprache wird der Gegensatz zwischen „Du bist egoistisch!" in einer statischen Sprache zu „Du sorgst für deine Bedürfnisse, aber nicht für die Bedürfnisse anderer" in besonderer Weise deutlich. In der letztgenannten Formulierung wird bewusst, „dass wir uns in einem ständigen Veränderungsprozess befinden, und deshalb macht es ... viel mehr Sinn, davon zu sprechen, was im Moment lebendig ist oder zu einem bestimmten Zeitpunkt lebendig war".[181]

---

179 S. o. S. 81.

180 M. B. Rosenberg, Anger and domination systems. ↗ http://www.cnvc.org, zitiert bei: G. R. Fritsch, Praktische Selbst-Empathie. A. a. O. S. 16.

181 M. B. Rosenberg, Konflikte lösen durch gewaltfreie Kommunikation. A. a. O. S. 21.

Timos Mutter wurde ruhiger und konnte nach unserer Wahrnehmung leichter zuhören, als eine Kollegin und ich (HF) auf eine andere Art von Timo sprachen:

„In den letzten Theaterstunden hat Timo drei Mal eine Hauptrolle spielen können und sagte, er sei ganz glücklich dabei. Aufmerksamkeit, Gesehenwerden und Wertschätzung sind ihm vermutlich ganz, ganz wichtig."

„Er möchte vielleicht so gern mehr Kontakt zu seinen Mitschülern und Anerkennung von ihnen. Dann ist er ganz froh, weil ihm vermutlich deren Wertschätzung so wichtig ist."

„In den Gesellschaftslehrestunden fühlt Timo sich vielleicht unruhig und gelangweilt. Er erzählt im Unterricht viele Witze und schaut sich dann nach seinen Mitschülern um. Er möchte vermutlich sehr gern von ihnen Beachtung und mag Unterhaltung."

„Während der Stillarbeitsphasen heute ist Timo sieben Mal aufgestanden, ist zu einem Mitschüler gegangen und hat ihm oder ihr gesagt, wie der/die die Aufgabe bearbeiten soll. Die anderen Schüler wurden wütend und sagten, er solle sitzen bleiben und sie in Ruhe lassen. Darüber hat Timo gelacht und gesagt, er mache doch nur Spaß, damit alle Spaß haben. Vermutlich sind ihm Abwechslung und Spannung sehr wichtig."

„Wenn ich zu Timo sage: ‚Das hast du noch nicht verstanden, lies das noch einmal', wird er ärgerlich und sagt: ‚Ey, lass mich in Ruhe damit!' Vermutlich braucht er viel Wertschätzung seiner Arbeit und auch Verständnis, wenn etwas schwer für ihn ist."

14.2 Zur Reflexion gewaltfreier Sprache in Klassenkonferenzen

Die beiden Lehrerinnen teilten in allen fünf Fällen zunächst eine Beobachtung mit. Ist diese Beobachtung nicht eindeutig, wird sie als Vermutung mit einem „vielleicht" gekennzeichnet. Sie generalisieren nicht und sie diagnostizieren oder urteilen nicht; wahrscheinlich hätte auch Timo, wäre er bei dem Gespräch dabei gewesen, diesen Beobachtungen zustimmen können. Und in jedem Votum folgt auf die Beobachtung die Benennung eines Bedürfnisses, das ihm „vermutlich" – die Definitionshoheit über seine Bedürfnisse liegt bei Timo! – wichtig oder sehr wichtig ist.

Damit verändert sich die Situation: War die Mutter zuvor in einer Verteidigungssituation, in der sie sich den Urteilen über ihren Sohn entweder unterwerfen (und welche Mutter tut dies schon!) oder eben gegen sie rebellieren musste, so konnte sie den beiden anderen Lehrerinnen jetzt neu zuhören. Sie berichteten davon, was in Timo lebendig sein könnte und welche Bedürfnisse er sich damit vermutlich erfüllen möchte. Diese Bedürfnisse kennen sowohl die Lehrerinnen wie die Mutter auch als ihre eigenen, und sie werden von allen als positiv erlebt. Jetzt wird Verbindung auf der Ebene der Bedürfnisse möglich. Und auf dieser Grundlage, auf der sich alle Beteiligten sicher fühlen können, kann nun ein Gespräch über Timos Verhalten, über die von ihm gewählten Strategien mit der Mutter beginnen.

Auch hier wieder, und deshalb weisen wir nochmals darauf hin, ist – wie in dem Einzelgespräch mit Janine – die Differenz zwischen Bedürfnissen und Strategien entscheidend wichtig. Auf der Ebene der Strategien, die zunächst bei dem Schulleiter und den Lehrerinnen und Lehrern im Vordergrund standen, steht das Rechthaben im Vordergrund, und es kann eigentlich nur jenen Streit geben, in dem geklärt wird, wer recht hat. Die Mutter entzieht sich diesem Streit mit dem Argument der Liebe: „Hier mag keiner meinen Sohn (den ich liebe)." Auf der Ebene der Bedürfnisse entsteht eine Gesprächsbasis, und es werden Begegnung und Gespräch auf Augenhöhe möglich, und wahrscheinlich wird die Mutter den Lehrerinnen und Lehrern sogar zustimmen können, dass sie ihren Sohn auch so kenne. Jetzt können – vielleicht zunächst mit der Mutter allein und dann auch mit Timo zusammen – gemeinsame Überlegungen folgen, wie es Timo vielleicht gelingen kann, für alle angenehmere Strategien zu finden, um seine Bedürfnisse zu erfüllen.

15. Gewaltfreie Kommunikation im Unterricht

*Sei der Wandel,
den du in der Welt sehen möchtest.*

(Mahatma Gandhi)

Gewaltfreie Kommunikation lässt sich sowohl explizit wie implizit in den Unterricht einbringen. Den Schwerpunkt unserer Überlegungen wollen wir auf explizite, also thematische Überlegungen zur Gewaltfreien Kommunikation im Unterricht[182] legen, da Sie Anregungen zu impliziten Möglichkeiten der Gestaltung von Unterricht in allen Kapiteln dieses Buches kennengelernt haben. Die uns besonders wichtigen fassen wir im Folgenden stichwortartig zusammen.

15.1 Implizite Möglichkeiten zur Gestaltung von Unterricht mit Gewaltfreier Kommunikation

- Beziehung als Grundlage von Lehren und Lernen bewusst gestalten
- Wertschätzung bzw. wertschätzenden Dank ausdrücken
- Möglichkeiten von Selbst-Empathie und Empathie wahrnehmen
- Authentizität
- „Seien Sie nicht nett, seien Sie echt."
- „Seien Sie nicht perfekt, seien Sie fehlerfreundlich mit sich selbst und anderen."
- Mit Kindern und Jugendlichen reden und umgehen wie mit Freunden
- Balance zwischen Nähe und Distanz
- Kreativität und achtsame Aufmerksamkeit bei der Lösung von Konflikten
- Gefühle und Bedürfnisse ansprechen (Gesehenwerden, Verständnis / Mitgefühl)
- Unterscheidung zwischen schützender und strafender Anwendung von Macht kennen
- Unterscheidung zwischen Loben und Wertschätzung kennen und nach Möglichkeit beachten („Das hast du toll gemacht!" versus „Ich bin froh, dass du so schön und leserlich geschrieben hast, weil das Lesen für mich so ganz leicht war.")
- Lehrerinnen und Lehrer als Reiseberaterinnen und Reiseberater
- Professionalität als (Selbst-)Reflexivität verstehen

Das Orca-Institut[183] nutzt bei seinen Fortbildungen ein „10-Punkte-Programm, die Gewaltfreie Kommunikation in den Alltag zu bringen". Wir haben dieses Programm umformuliert und erweitert. Der nun entstandene Text kann auch als Anregung für implizite Gestaltungsmöglichkeiten von Unterricht gelesen werden. Vielleicht finden Sie ja auch einen Platz im Lehrerzimmer oder in Klassenzimmern Ihrer Schule, an dem Sie diese Anregungen, wenn sie Ihnen einleuchten, mit anderen teilen möchten.

---

182 Vgl. dazu auch: G. Orth, H. Fritz, Gewaltfreie Kommunikation. In: Lernchancen. Heft 85/2012. S. 16–23.
183 ↗ http://www.orca-institut.de. Das Programm wurde umformuliert von GO und HF.

Sieh die Schönheit in dir und in mir – oder: Was ich lernen möchte

(nach einer Idee von Gary Baran, CNVC)

1. Für mich ist es schön und macht mein Leben leicht, mir am Morgen und immer mal wieder zwischendurch Zeit zu nehmen, mich mit mir zu verbinden. Ich atme, nehme mein Ein- und Ausatmen wahr, körperliches Wohlgefühl oder wo es mich zwickt, schon wach oder noch verschlafen, angespannt oder entspannt im Moment oder bei Gedanken an diesen Tag ... In der Selbstverbindung möchte ich anderen begegnen.
2. Für mich ist schön und macht mein Leben leicht, jeden Tag eine Zeit damit zu verbringen, in Ruhe zu überlegen, wie ich mit anderen in Verbindung kommen möchte. Ich möchte mich eher darauf konzentrieren, was ich selbst zur Verbindung mit anderen Menschen beitragen kann, als darauf, was andere oder ich selbst tun „sollten".
3. Für mich ist es schön und macht mein Leben leicht, darum zu wissen, dass alle Menschen die gleichen Bedürfnisse haben.
4. Für mich ist es schön und macht mein Leben leicht, immer wieder zu überprüfen, ob ich in gleicher Weise an den Bedürfnissen anderer interessiert bin wie an meinen eigenen und an meinen eigenen wie an den Bedürfnissen anderer.
5. Für mich ist es schön und macht mein Leben leicht, zu wissen, dass, wenn ich eine Bitte äußere, der andere die Freiheit hat, darauf mit „Ja" oder mit „Nein" zu antworten – auch wenn es manchmal schwer zu akzeptieren ist.
6. Für mich ist es schön und macht mein Leben leicht, jemanden zu bitten, was er oder sie jetzt tun kann, anstatt ihm zu sagen, was er nicht tun soll.
7. Für mich ist es schön und macht mein Leben leicht, niemandem sagen zu wollen, wie er oder sie zu sein hat, und stattdessen ihn oder sie zu bitten, was er oder sie zu meinem Wohlbefinden beitragen kann.
8. Für mich ist es schön und macht mein Leben leicht, die Gefühle und Bedürfnisse anderer wahrzunehmen und sich einzustimmen auf andere Menschen.
9. Für mich ist es schön und macht mein Leben leicht, statt eine Bitte mit „Nein" zu beantworten, mitzuteilen, wozu ich jetzt „Ja" sage.
10. Für mich ist es schön und macht mein Leben leicht, wenn ich ärgerlich bin zu überlegen, welches meiner Bedürfnisse nicht erfüllt ist und was ich tun könnte, es zu erfüllen, viel schöner und leichter, als darüber nachzugrübeln, wer Schuld hat an meinem Ärger oder was mit anderen Menschen nicht stimmt.
11. Für mich ist es schön und macht mein Leben leicht, anderen zu danken und zu erzählen, welches Bedürfnis von mir erfüllt wurde durch das, was der oder die andere getan hat, anstatt andere zu loben und sie so von mir abhängig zu machen.
12. Und wenn für mich etwas schön und mein Bedürfnis nach Leichtigkeit erfüllt ist, darf es auch manches Mal anstrengend für mich sein.

15.2 Was Gefühle mit der Schule zu tun haben – „Geht so", „scheiße", „geil" oder „cool"

Männer fühlen sich meist „gut" oder „schlecht", Schülerinnen und Schüler „geht so", „scheiße", „geil" oder „cool". Gefühle, so haben wir oben formuliert, zeigen unsere Lebendigkeit. Sie sind differenzierte Möglichkeiten, die Welt, mich und meine Beziehungen immer wieder neu wahrzunehmen.[184] Wenn diese Beschreibung von Gefühlen stimmt, können wir vermuten, dass – bleiben wir bei den Schülerinnen und Schülern – deren Lebendigkeit eingeschränkt und deren Wahrnehmung von sich selbst und der Welt um sie herum recht ungenau ist. Wenn wir zudem davon ausgehen, dass das innere Erleben von Gefühlen orientierungsgebend für einen selbst und der Ausdruck von Gefühlen beziehungsbeeinflussend ist',[185] sind die inneren Orientierungen wie die Beziehungen von Schülerinnen und Schülern oftmals unklar.

So könnte Unterricht dazu beitragen, den Gefühlswortschatz von Schülerinnen und Schülern ebenso zu erweitern wie die Wahrnehmungsmöglichkeiten ihrer Bedürfnisse. Schulsozialarbeiterinnen und -arbeiter haben uns in Fortbildungen berichtet, dass sie dies regelmäßig mit Schülerinnen und Schülern tun und Lehrerinnen und Lehrer an den Schulen, an denen sie arbeiten, dazu anregen. Drei Schritte bieten sich dazu an:

- Wie kann genauer ausgedrückt werden, was ich fühle, wenn ich „geht so", „scheiße", „geil" oder „cool" sage? In einer Tabelle an der Tafel, in deren erster Zeile eines der Wörter pro Spalte steht, können die Antworten festgehalten werden:

geht so	scheiße	geil	cool

- In einem zweiten Schritt können die Schülerinnen und Schüler Situationen erzählen, in denen sie diese konkreteren Gefühle spüren. Dies lässt sich ergänzen durch die Frage „Wie / wo spüre ich Wut / Ärger / Freude / Traurigkeit …?" So lassen sich Schülerinnen und Schüler für Körperempfindungen sensibilisieren.

---

184 S. o. S. 39 ff.
185 G. Fritsch, Praktische Selbst-Empathie. A. a. O. S. 30.

- Dann kann eine Gefühlsliste[186] eingeführt werden, um Schülerinnen und Schüler auf eine zusätzliche Wortschatzerweiterung hinzuweisen.
- Schließlich könnte eine solche Einheit erweitert werden, beispielsweise durch unterschiedliche Gedichte, die in ganz besonderer Weise Gefühle thematisieren, etwa das Gedicht „Sozusagen grundlos vergnügt" von Mascha Kaléko.[187]

Sozusagen grundlos vergnügt

Ich freu mich, daß am Himmel Wolken ziehen
Und daß es regnet, hagelt, friert und schneit.
Ich freu mich auch zur grünen Jahreszeit,
Wenn Heckenrosen und Holunder blühen.
– Daß Amseln flöten und daß Immen summen,
Daß Mücken stechen und daß Brummer brummen.
Daß rote Luftballons ins Blaue steigen.
Daß Spatzen schwatzen. Und daß Fische schweigen.

Ich freu mich, daß der Mond am Himmel steht
Und daß die Sonne täglich neu aufgeht.
Daß Herbst dem Sommer folgt und Lenz dem Winter,
Gefällt mir wohl. Da steckt ein Sinn dahinter,
Wenn auch die Neunmalklugen ihn nicht sehn.
Man kann nicht alles mit dem Kopf verstehn!
Ich freue mich. Das ist des Lebens Sinn.
Ich freue mich vor allem, daß ich bin.

In mir ist alles aufgeräumt und heiter:
Die Diele blitzt. Das Feuer ist geschürt.
An solchen Tagen erklettert man die Leiter,
Die von der Erde in den Himmel führt.
Da kann der Mensch, wie es ihm vorgeschrieben,
– Weil er sich selber liebt – den Nächsten lieben.
Ich freue mich, daß ich mich an das Schöne
Und an das Wunder niemals ganz gewöhne.
Daß alles so erstaunlich bleibt, und neu!
Ich freu mich, daß ich ... Daß ich mich freu.

(Mascha Kaléko)[188]

---

186 S. o. S. 41 f.
187 Vgl. eine Unterrichtseinheit dazu in: G. Orth, H. Fritz, Ich muss wissen, was ich machen will ... A. a. O. S. 113 ff.
188 Mascha Kaléko, In meinen Träumen läutet es Sturm. München 1977. S. 66. © 1977 Deutscher Taschenbuchverlag, München.

Einen solchen Ansatz, zu unterrichten bzw. solche Möglichkeiten überhaupt pädagogisch innerhalb der Schule zu bedenken, nannte man einmal „Herzensbildung"; sie sehen wir als einen entscheidenden Beitrag dazu, dass Schule und Bildung glücklich machen können.[189] Dieses früher aktuelle Bildungsideal der „Herzensbildung" wurde mit der Verzweckung und Ökonomisierung von Bildung in der kapitalistisch fundierten Wissensgesellschaft unmodern.

Die Wiederentdeckung der Gefühle in der Schule und ihre Verbalisierung können dazu beitragen, die sozialen, emotionalen, kommunikativen, künstlerischen und spirituellen Begabungen und Fähigkeiten der Schülerinnen und Schüler wie der Lehrerinnen und Lehrer zu stärken, die Schule menschlicher zu machen und die „allseitige Entfaltung" der Menschen (K. Marx) zu fördern.

15.3 Mit-Gefühl: Texte lesen und Bedürfnisse aufspüren – Ein spielerischer Umgang mit Texten in der Schule

Empathie haben wir vorgestellt als ein respektvoll-mitfühlendes Verstehen anderer Menschen, in dessen Zentrum die Bedürfnisse anderer stehen. Um nichts anderes geht es, wenn in Deutsch oder Englisch literarische Texte, in Ethik beispielweise Biografien oder in Religion biblische Texte[190] gelesen werden: Es geht um ein respektvoll-einfühlendes Verstehen verschriftlichter Erfahrungen anderer Menschen. Wir wollen hier eine Möglichkeit vorstellen, diesen schriftlichen Erfahrungen respektvoll zu begegnen und sie mitfühlend wahrzunehmen. Dies bedeutet nichts anderes, als das zu tun, was unser Leben mit anderen Menschen bereichert. Was uns das Verstehen literarischer Erfahrungen erschwert, ist, dass die Autoren der Texte oder die Gestalten, von denen sie handeln, uns im unmittelbaren Dialog nicht beim angemessenen Verstehen behilflich sein können. Sie können uns nicht – wie bei einem aktuellen Gespräch ein Gesprächspartner oder eine Gesprächspartnerin – dabei helfen, dass sie von uns so verstanden werden, wie sie es möchten. Es gibt ja beispielsweise nicht die Möglichkeit etwa der Bitte: „Kannst du mir bitte sagen, ob ich dich so verstanden habe, wie du es gemeint hast?" Das macht u. E. Sensibilität und Vorsicht besonders nötig.

---

189 Vgl. O.-A. Burow, a.a.O. S. 14 ff.
190 Zu einem solchen Versuch vgl. G. Orth, Friedensarbeit mit der Bibel. Eva, Kain & Co. Göttingen 2009. Arbeitshilfen dazu sind erschienen als E-Book: Ders., Erwachsenenbildung: Friedensarbeit mit der Bibel. E-Book. Göttingen 2010. Ders., KonfirmandInnen: Friedensarbeit mit der Bibel. Impulse und Materialien. E-Book. Göttingen 2010.

Rosenberg zitiert im Rahmen seiner Überlegungen zu einer Gewaltfreien Kommunikation den chinesischen Philosophen Chuang-Tzu (3./4. Jahrhundert v. Chr.) und sodann den in Österreich geborenen israelischen Philosophen Martin Buber (1878–1965). Die Überlegungen beider Autoren sind auch hilfreich für eine hermeneutische Wendung Gewaltfreier Kommunikation, d. h. wenn sie auf das Verstehen von Texten angewendet wird.

Chuang-Tzu schreibt: „Das Hören, das sich nur in den Ohren abspielt, ist eine Sache. So zu hören, dass man die Worte erfasst, ist eine andere. Aber das Hören der Essenz ist nicht auf einen der Empfangskanäle begrenzt, weder auf die Ohren noch auf den Verstand. Sie erfordert vielmehr die Leere aller Empfangskanäle. Und wenn die Empfangskanäle leer sind, dann hört das ganze Wesen. Dann gibt es einen direkten Zugang zu dem, was direkt vor dir ist, was niemals nur mit dem Ohr gehört oder mit dem Verstand erfasst werden kann."[191]

Auch wenn dieser buddhistische Gedanke der Leerheit für westliches Denken schwer zu erfassen ist, lässt sich doch so viel verstehen, dass Empathie mit anderen Menschen wie mit uns fremden Texten eher dann gelingt, wenn wir alle vorgefassten Meinungen und Urteile über sie abgelegt haben und uns der Gesprächs- oder Lektüresituation quasi neu aussetzen.

Martin Buber beschreibt dies so: „Trotz aller Ähnlichkeit hat jede lebendige Situation, wie ein neugeborenes Kind, auch ein neues Gesicht, das es noch nie zuvor gegeben hat und das auch nie mehr wiederkehren wird. Die neue Situation erwartet von dir eine Antwort, die nicht im Vorhinein vorbereitet werden kann. Sie erwartet nichts aus der Vergangenheit. Sie erwartet Präsenz, Verantwortung; sie erwartet – dich."[192]

Übertragen wir diese Gedanken aus der lebendigen Gesprächssituation darauf, Texte empathisch zu lesen, so kann dies Folgendes bedeuten: Texte lassen sich nicht allein mit den Augen lesen oder mit dem Verstand erfassen; es bedarf eines ganzheitlichen Zugangs, der möglichst frei ist von mitgebrachten Meinungen oder Urteilen. Jeder Text wird so bei jeder neuen Lektüre sein eigenes und jeweils neues Gesicht zeigen können, das auf ein neues Hinschauen, auf neues Einfühlen, auf Wahrnehmung der Bedürfnisse der handelnden Personen, auf Verstehen und auf eine neue Antwort aus ist. So möchten wir jedenfalls die Lesehoffnung formulieren.

Was bedeutet dies methodisch? Vier Schritte des Verstehens erscheinen uns hilfreich: Es sind die vier Schritte, die hermeneutisch gewendet denen Gewaltfreier Kommunikation entsprechen, wenn Leser und Leserin in ein fiktives Gespräch mit dem Text und seinen Akteuren treten wollen:

---

191 Zit. in M. B. Rosenberg, Gewaltfreie Kommunikation. A. a. O. S. 113.
192 Ebd.

1. Für uns entscheidend ist zunächst der Schritt des vorurteilsfreien Lesens: Was im Gespräch die bewertungsfreie Beobachtung ist, dem entspricht auf der hermeneutischen Ebene des Textes das Lesen dessen, was dasteht. Schon dabei sind spannende Entdeckungen zu machen. Wir erleben dies oft als recht schwer, denn wir lesen Texte ja ebenso oft mit vorgefertigten Urteilen oder Wertungen. Sie verhindern, dass wir das wahrnehmen, was dasteht, und von dem unterscheiden, was die Rezeptionsgeschichte dieser Texte aus ihnen gemacht hat oder was wir selbst gerne lesen möchten.
2. Auf der Ebene des Textes begegnen uns historische Personen oder auch fiktive Gestalten, in die jeweils eine Vielzahl konkreter Erfahrungen von Menschen eingegangen ist. Hier fragen wir nun möglichst genau und aufmerksam nach den Gefühlen[193] der Protagonisten und Protagonistinnen. Da Gefühle in der Deutungsweise Gewaltfreier Kommunikation Hinweise auf dahinter stehende Bedürfnisse sind, ist der genaue Blick auf mögliche Gefühle wichtig, damit wir uns nicht mit dem erstbesten – und das hieße in der Regel wahrscheinlich mit einem uns nahestehenden oder von uns erlaubten – Gefühl (und dann Bedürfnis) zufriedengeben. Es handelt sich dabei immer um Vermutungen, die wir anstellen, die ihre Bestätigung eben nicht in einer aktuellen Gesprächssituation finden können, sondern lediglich in ihrer eigenen Plausibilität und in der plausibel zu machenden Korrespondenz mit den Bedürfnissen hinter den Gefühlen. Sie und/oder Ihre Schülerinnen und Schüler sind es, die ihre begründeten oder fragenden Vermutungen hinsichtlich der Gefühle der im Text begegnenden Personen nun in den Text hineintragen.
3. Sodann fragen wir – der zentrale Schritt der Verbindung mit den historischen Personen oder fiktiven Gestalten – nach den Bedürfnissen, Werten oder Wünschen hinter den vermuteten Gefühlen der Akteure. Dabei schlagen wir vor, sich zunächst (!) an den von Manfred Max-Neef[194] formulierten neun Grundbedürfnissen des Menschen zu orientieren: Physical Needs (Wasser, Essen, Luft etc.), Sicherheit/Schutz, Verständnis/Empathie, Liebe, Erholung/Spiel, Kreativität, Geborgenheit (Community), Autonomie/Selbstbestimmung, Sinn/Inhalt, und dies eventuell in einem zweiten Schritt weiter zu differenzieren. In vielen Versuchen mit ganz unterschiedlichen Texten in Fortbildungen und universitären Seminaren hat sich dieses „Gerüst" als hilfreich erwiesen, und die Gefühle konnten nachvollziehbar mit bestimmten Bedürfnissen der handelnden Personen im Text in Verbindung gebracht werden. Dies führte zu spannenden Entdeckungen und öffnete – bildlich gesprochen – eine „neue Tür", durch die ganz andere und un-

---

193 Hilfreich ist es dabei, die Gefühlslisten zu nutzen. S. o. S. 41 f.
194 Vgl. dazu o. S. 30. Natürlich können Sie auch sogleich die erweiterte und für Kinder vielleicht leichter verständliche Liste von Bedürfnissen wählen; s. o. S. 31 f.

gewohnte Verstehens- und Interpretationsmöglichkeiten als die bisher bekannten und tradierten möglich wurden.
4. Im abschließenden Schritt spüren wir dem nach, was es in uns/mir (!) auslöst, wenn jemand in einem Text wie Max und Moritz, Werther, Mutter Courage, Madame Curie oder Kain handelt. Und jetzt kommt ins Spiel, was ich mir im Gegenüber zum Text erhoffe, wünsche, bitte, was mein Leben bereichert, wenn ich den Personen in den Texten mit Empathie gegenübertreten und ihnen so neu begegnen möchte. Es ist dies die alte Frage nach dem Gegenwartsbezug der Texte, die wir mit der vorgeschlagenen Lesart anregen wollen umzukehren. Dabei kann entdeckt werden, dass es meine Werte, Wünsche und Überzeugungen sind, die mich dazu bringen, Handlungen und Personen zu mögen oder nicht zu mögen, über dies oder das empört oder nicht empört zu sein, diese oder jene Szene anregend für eigenes Nachdenken zu empfinden oder eben nicht usw. Eine neue kreative Beziehung zum Text wird möglich. Seine Leserinnen und Leser können neue Lebensmöglichkeiten entdecken, Wünsche danach äußern und besprechen und Ideen sammeln, wie sich diese neuen Lebensmöglichkeiten gestalten lassen.

Diese vier Schritte zu gehen ist in unserer Kultur und mit unseren selbstverständlichen kulturellen und gesellschaftlichen Konditionierungen etwas Besonderes: Wir versuchen uns zu lösen von Zuschreibungen gegenüber anderen und davon, dass wir sie beurteilen und klassifizieren, und nähern uns so dem an, was wir uns selbst wünschen, wessen wir bedürfen, was uns bedeutsam ist. So bei uns selbst und deshalb präsent gegenüber anderen und anderem lernen wir im alltäglichen Umgang Menschen neu kennen; und so kann ebenso eine neue Begegnung mit literarischen Gestalten gelingen. Dies gelingt umso mehr, je mehr wir uns davon lösen, darüber nachzudenken, wer ich bin und wer die anderen sind, und stattdessen danach fragen, wessen ich bedarf und was andere brauchen. Dann kann Empathie glücken – empathische Begegnungen mit mir selbst, mit Menschen, Situationen und sogar mit Texten ...

16. ... was Sie (fast) gleich mit Ihrer Klasse ausprobieren können: Ein Kennenlerntag zu Gewaltfreier Kommunikation

Lehrer und Schüler sind nicht gleichrangig,
aber sie sind gleichwürdig.
Wir reden nicht über Gleichheit, sondern Gleichwürdigkeit.
Wir reden darüber, dass Kinder ernst genommen werden,
genau so, wie sie sind.

(Jesper Juul)

An einer Integrierten Gesamtschule, an der GO eine schulinterne LehrerInnenfortbildung zur Einführung in Gewaltfreier Kommunikation durchgeführt hatte, wurde er von einem Lehrer gebeten, mit den Schülerinnen und Schülern seiner achten Klasse einen Kennenlerntag zu Gewaltfreier Kommunikation zu gestalten. Gemeinsam mit einer wissenschaftlichen Mitarbeiterin und Studierenden bereitete GO diesen Tag vor. Die Mitarbeitenden nahmen zu der Zeit alle an der GFK-Übungsgruppe teil.

Wir dokumentieren im Folgenden diesen Schultag, der unter der Überschrift stand: „Und was bringt mir das? – Wir entdecken Bedürfnisse, Strategien und Gefühle." Wir wollen Sie damit anregen, Ähnliches zu versuchen, weil uns und – wie das Feedback ergab – den Schülerinnen und Schülern dieser Tag Freude gemacht hat.

Das Schönste für uns dabei war die Begeisterung, mit der die Schülerinnen und Schüler sich beteiligten, und die Fragen eines Mädchens und eines Jungen. Das Mädchen fragte: „Dürfen wir die Gefühlslisten mitnehmen? – Die sind wirklich toll!", und der Junge fragte: „Kann ich die Bedürfnisliste haben? Da kann ich immer genau nachschauen, was ich will." Für uns zeigt dies zweierlei:
- Mädchen und Jungen (dieser Klasse) fehlte bisher offensichtlich eine Sprache für das, was sie fühlen und brauchen.
- Und: Mädchen und Jungen (dieser Klasse) suchen nach Sprachmöglichkeiten genau dafür.

Die Schülerinnen und Schüler dieser Klasse haben sich den Impulsen der Gewaltfreien Kommunikation gegenüber ausgesprochen aufgeschlossen verhalten. Offensichtlich haben sie viel weniger Hürden zu überwinden, über ihre Bedürfnisse und Gefühle zu sprechen, als wir es von Erwachsenen kennen, die zum ersten Mal von Gewaltfreier Kommunikation hören.

16.1 GFK-Kennenlerntag zum Thema: „Und was bringt mir das? – Wir entdecken unsere Bedürfnisse, Strategien, sie zu erfüllen, und unsere Gefühle"

Der Klasse gehörten sechs Schülerinnen und 16 Schüler an. Wir hatten den Klassenraum zur Verfügung und einen weiteren kleinen Raum, da wir oft in drei Kleingruppen arbeiteten. Für die Kleingruppen hatten wir jeweils eine studentische Lernbegleiterin. Die Zusammensetzung der Kleingruppen organisierten die Schülerinnen und Schüler selbst. Insgesamt haben wir an diesem Tag incl. drei Pausen à 15 Minuten fünfeinhalb Stunden gemeinsam gearbeitet.

An Ausstattung und Material benötigten wir zwei Pinnwände, Flipchart, Karten in Postkartenformat, PC und Beamer, Gefühlslisten, Bedürfnislisten, den Kurzfilm „Nonviolent Communication Introduction"[195], Filmausschnitt aus einer Veranstaltung mit M. Rosenberg zur Unterscheidung von Bedürfnissen und Gefühlen[196], Handouts zu den Stichworten: Bedürfnisse, Gefühle, Strategien und Arbeitsblätter mit Kommunikationsausschnitten zwischen Schülerinnen und Schülern und Lehrerinnen und Lehrern (M 1–10).

I. Beginnen

Nach einer Begrüßung und gegenseitigen Vorstellung begannen wir mit einem ‚stummen Impuls': dem Kurzfilm „Nonviolent Communication Introduction". Als ein Schüler meinte, ein bisschen kitschig sei der Film ja schon, erwiderte spontan eine Studentin: „Stimmt, und wir können ja mal so tun, als ob ..." Mit dem Gedicht „Sieh die Schönheit in mir ..." (s. o. S. 16), das wir vorlasen, führten wir ein in die Planung des Tages und die Arbeitsschritte: Meine Schönheit zeigt sich in meinen Bedürfnissen (II), die ich mir erfüllen möchte (Strategien, III), damit ich mich zufrieden und glücklich fühlen kann (IV) ... Am Ende sollte eine gemeinsame Auswertung (V) stehen.

II. Bedürfnisse entdecken

In einer Kleingruppenarbeit wurden zunächst alle Begriffe notiert, die die Schülerinnen und Schüler für Bedürfnisse halten. Sie waren gebeten, gemeinsam die sechs ihnen wichtigsten herauszufinden und auf Kärtchen zu schreiben.

Wir sammelten im Plenum nun die Kärtchen ein, ordneten sie im Gespräch einander zu und hefteten sie an eine Pinnwand. Daraufhin sahen wir uns den Filmausschnitt zur Unterscheidung von Bedürfnissen und Gefühlen mit M. Rosenberg an.

Nach einem kurzen Gespräch zum Filmausschnitt, in dem die Schülerinnen, die Schüler und wir Eindrücke dazu austauschten, lasen die Schülerinnen und Schüler die Erläuterungen zum Stichwort „Bedürfnisse" (M 1). Wir sprachen über den kurzen Text, klärten Fragen und versuchten dann herauszufinden, welche Kärtchen an der Pinnwand Bedürfnisse im Sinne Gewaltfreier Kommunikation sind.

Im letzten Schritt vor der ersten Pause stellten wir den Schülerinnen und Schülern die Liste der Grundbedürfnisse nach Max-Neef und die Bedürfnisliste von S. Mader vor (M 2).

---

195 ↗ http://www.youtube.com/watch?v=M6lxT2tOOqA.
196 ↗ http://www.youtube.com/watch?v=tCfU_ZRy_lg.

III. Pause

IV. Strategien finden, die Bedürfnisse zu erfüllen

Mit M 3 klärten wir in der Gesamtgruppe, was Strategien im Unterschied zu Bedürfnissen sind.

In der folgenden Kleingruppenarbeit wählte jede Gruppe zwei Bedürfnisse aus, um zu diesen beiden Bedürfnissen möglichst viele Strategien auf Kärtchen zu notieren, die das Bedürfnis erfüllen könnten. Zudem wurde jede Gruppe gebeten, in einem Rollenspiel eine Strategie zu einem Bedürfnis vorzuspielen.

Nacheinander führten die Gruppen ihre Rollenspiele vor und erläuterten die Ergebnisse ihrer Arbeit, die an einer Pinnwand festgehalten wurden. Spannend war dann das anschließende Gespräch zu der Frage: Welche der gefundenen Strategien tragen zu meinem Wohlbefinden und zum Wohlbefinden aller bei und sind gewaltfrei?

Am Ende diese Einheit waren die Schülerinnen und Schüler erstaunt, wie viele unterschiedliche Möglichkeiten es gibt, ein einziges Bedürfnis zu erfüllen. Und wir überlegten vor der Pause noch, welche Vorteile es hat, über möglichst viele Strategien zu verfügen, die ein Bedürfnis erfüllen können.

V. Pause

VI. Gefühle wahrnehmen, wenn meine Bedürfnisse erfüllt / nicht erfüllt sind

Die Arbeit begann mit einer kurzen an M 4 orientierten Spielszene. Anhand von M 5 erläuterten wir dann, was wir in Gewaltfreier Kommunikation unter Gefühlen verstehen, und verteilten die Gefühlslisten, die insbesondere die Mädchen begeisterten: „So viele verschiedene Gefühle."

Mithilfe der Gefühlsliste wurde sodann in Zweiergruppen mit den Dialogen M 7–10 gearbeitet, um nachzuspüren, welche Gefühle die Schülerin / der Schüler bei bzw. nach den Dialogen hat. Dazu wurden die Schülerinnen und Schüler gebeten, die Gefühle aufzuschreiben, die sie selbst in dieser Situation hätten oder vermuten.

Im Plenum begann dann eine Zweiergruppe damit, dass sie die Situation vorlasen mit den Gefühlen, die sie selbst dabei spürten oder vermuteten. Die anderen Gruppen ergänzten jeweils, was sie an Gefühlen notiert hatten. Und wieder Staunen: „So viele Gefühle kann man in einem so kurzen Gespräch haben." Abschließend besprachen wir im Plenum die folgenden beiden Fragen:

- Bei welcher Reaktion der Lehrerin oder des Lehrers habt ihr euch am wohlsten gefühlt? – Könnt ihr bitte euer Gefühl möglichst genau benennen und sagen, was euch daran so gut gefallen hat?
- Bei welcher Reaktion der Lehrerin oder des Lehrers habt ihr euch am unwohlsten gefühlt? – Könnt ihr bitte euer Gefühl möglichst genau benennen und sagen, was euch daran so missfallen hat?

Nach einer kurzen Pause endete der Kennenlerntag mit einer Auswertung. Jede Schülerin und jeder Schüler wählte ein „Gefühlsmonster"[197] aus, um das Gefühl zu beschreiben, das sie/er am Ende der gemeinsamen Arbeit bei sich spürte, und kurz zu sagen, was ihr/ihm an diesem Tag gefallen hat und was sie/er anders gemacht hätte.

16.2 Materialien zum Kennenlerntag

M 1

Bedürfnisse

Im Zentrum des Tages heute stehen zuerst unsere Bedürfnisse: Was brauche ich selbst zum Leben, und was brauchen andere Menschen zum Leben? Als Erstes fällt uns da Essen und Trinken ein. Alle Menschen möchten ihr Bedürfnis nach Nahrung erfüllen – deshalb essen und trinken wir. Doch es gibt ja nicht lediglich das Bedürfnis nach Nahrung, sondern ganz viele Bedürfnisse. Alles, was wir tun, tun wir, um uns Bedürfnisse zu erfüllen. Manches Mal gelingt uns das und ein anderes Mal auch nicht.

Bedürfnisse sind immer angemessen, immer berechtigt und immer positiv formuliert. Sie zeigen uns, was wir brauchen, damit wir überleben und uns wohlfühlen. Angenehm ist/wird unser Leben, wenn wir uns unsere Bedürfnisse durch Zusammenarbeit erfüllen können, z. B. mit Freunden oder Freundinnen oder in der Familie oder in der Schule. Weniger angenehm ist/wird das Leben, wenn wir meinen, unsere Bedürfnisse mit Gewalt durchsetzen zu müssen.

Und noch etwas ist ganz wichtig: Alle Menschen haben die gleichen Bedürfnisse. Alle Menschen wollen satt werden und genug zum Trinken haben. Alle Menschen wollen in Sicherheit leben. Alle Menschen wollen Spaß haben. Und alle Menschen freuen sich, wenn andere sie mögen.

---

197 ↗ http://www.gefuehlsmonster.eu.

Es gibt nun ganz viele Bedürfnisse. Einige hat einmal eine Lehrerin aufgeschrieben und sie in die Sprache von Kindern und Jugendlichen übersetzt (M 2). Und es gibt einen Forscher in Lateinamerika, Manfred Max-Neef, der hat ganz viel zu Bedürfnissen geforscht und neun Grundbedürfnisse gefunden, die alle Menschen haben. Ihr findet diese Bedürfnislisten auf dem Arbeitsblatt M 2.

M 2

Bedürfnislisten: S. o. S. 31 f.

M 3

Strategien

Strategien nennen wir in der Gewaltfreien Kommunikation Handlungsmöglichkeiten. Wir alle haben ganz viele Handlungsmöglichkeiten, um unsere Bedürfnisse zu erfüllen. Zum Beispiel unser Bedürfnis nach Essen: Ich kann in der Schule abwarten, bis ich nach der Schule nach Hause komme und es dort Mittagessen gibt. Ich kann mir in der Schule Süßigkeiten kaufen. Ich kann einem Mitschüler sein Pausenbrot wegnehmen. Ich kann auf dem Nachhauseweg bei MacDonald's vorbeigehen und mir einen Hamburger kaufen. Ich habe viele Handlungsmöglichkeiten, meinen Hunger zu stillen und dieses Grundbedürfnis nach Nahrung zu erfüllen.

Oft meinen wir, dass wir nur eine Handlungsmöglichkeit haben, um ein Bedürfnis zu erfüllen. Zum Beispiel habe ich jetzt großen Hunger, und da drüben hat Lisa eine Tafel Schokolade auf ihrem Tisch; die klaue ich mir in der Pause. Lisa ist natürlich sauer … Oft gibt es Streit, wenn wir meinen, dass wir nur mit einer Handlung ein bestimmtes Bedürfnis erfüllen können. Manchmal fallen uns auch nur Handlungsmöglichkeiten ein, die anderen Schaden zufügen – wie eben bei dem Schokoladenklauen. Auch dann gibt es oft Streit.

Wenn ich mit anderen Menschen friedlich zusammenleben möchte, ist es hilfreich, wenn ich zu jedem meiner Bedürfnisse ganz viele Möglichkeiten sehe, es zu erfüllen. Am schönsten, so meinen wir, wird das Leben, wenn ich ganz viele solcher Handlungsmöglichkeiten kenne, mit denen ich meine Bedürfnisse erfüllen kann, ohne andere zu schädigen.

M 4

Anspiel

Drei Schüler treffen sich vor Schulbeginn und unterhalten sich über den letzten Abend. Timo: „Hast du gestern Abend den Film bei RTL gesehen? Der war vielleicht geil!" – Olli: „Nö, ich war im Jugendzentrum. Marina war da, und das war echt cool." Peter: „Scheiße, ich hab nur zu Hause rumgehockt ..." Timo: „Du musst halt einfach was machen, was richtig Geiles." Peter: „Ach nee, is eh alles scheiße." Marina kommt vorbei, und Olli fragt: „Na, wie war's gestern Abend noch, als ich schon weg war?" Marina: „Geht so, eher scheiße."

M 5

Gefühle

Alle Menschen haben Gefühle. Sie machen das Leben bunt. Und sie sind gute Wegweiser: Wenn ich z. B. Angst habe, bin ich vielleicht besonders vorsichtig. Wenn ich zufrieden bin, kann ich mich zurücklehnen und vielleicht eine Pause machen. Wenn ich mich hilflos fühle, kann ich vielleicht Hilfe suchen. Und für Gewaltfreie Kommunikation besonders wichtig: Gefühle zeigen uns, ob unsere Bedürfnisse erfüllt sind oder nicht. Timo und Olli haben sich ihre Bedürfnisse wohl erfüllt. Peter hat sich wohl eher seine Bedürfnisse nicht erfüllt, und bei Marina wissen wir es nicht so genau, denn Olli sagt, es war echt cool im Jugendzentrum und Marina war auch da, doch nachdem er weg war, fand es Marina „eher scheiße". Schade, dass wir die vier nicht fragen können – dann könnten sie uns sagen, wie sie sich fühlten.

In dem kurzen Spiel eben haben die Spielerinnen und Spieler ihre Gefühle mit vier verschiedenen Begriffen beschrieben: „cool", „geil", „scheiße", „geht so" – das ist nicht wirklich viel. Je mehr Wörter wir kennen, um unsere Gefühle zu beschreiben, desto eher spüren wir selbst, was uns guttut, und andere erfahren davon und sie hören vielleicht, was wir brauchen und wie sie sich uns gegenüber verhalten können.

M 6

Gefühlslisten: S. o. S. 41 f.

M 7

Schüler: „Ich möchte mich nicht an dieser Aufgabe X beteiligen."

_____

_____

Lehrer: „Kannst du mir bitte sagen, was du lieber tun würdest?"

Schüler: „Ich möchte lieber noch einmal die Übungsaufgaben von letzter Stunde wiederholen."

_____

_____

Lehrer: „Wenn ich dich recht verstehe, möchtest du selbst bestimmen, was du jetzt tust."

Schüler: „Ja."

_____

_____

Lehrer: „Du möchtest jetzt selbst entscheiden."

Schüler: „Ja, genau – und nicht immer vorgeschrieben bekommen, was zu tun ist."

_____

_____

Lehrer: „Einverstanden, dann kannst du jetzt während der Gruppenarbeit die Übungsaufgaben von letzter Stunde wiederholen. Und wenn wir in der Klasse gemeinsam weiterarbeiten, machst du wieder mit. Ist das o. k. für dich?"

Schüler: „Na ja."

_____

_____

M 8

Schülerin: „Ich kann heute nicht am Sportunterricht teilnehmen."

_____
_____

Lehrerin: „Warum?"

Schülerin: „Kein Bock! Und außerdem finde ich Geräteturnen doof."

_____
_____

Lehrerin: „Wir turnen ja nicht nur. Nach einer halben Stunde dürft ihr spielen."

Schülerin: „Ich will überhaupt nicht turnen!"

_____
_____

Lehrerin: „Jetzt hab ich's satt! Ich schreibe eine 6 auf für heute!"

Schülerin murmelt: „Blöde Kuh ..." und trottet in die Umkleidekabine.

_____
_____

M 9

Lehrerin: „Wie gestern angekündigt schreiben wir jetzt eine Klassenarbeit. Ich teile die Hefte aus und die Aufgaben, und dann könnt ihr gleich beginnen."

Schüler: „Ich kann nicht mitschreiben."

_____
_____

Lehrerin: „Magst du mir sagen, was dich daran hindert?"

Schüler: „Ja, gerne, Ihnen schon, und nicht vor der Klasse."

___

Lehrerin: „Da ist es doch gut, dass heute Herr Y mit da ist! Teilen Sie bitte die Hefte und die Aufgaben aus. Ich möchte gerne mit S. vor die Tür gehen."

Lehrerin vor der Tür: „Du wolltest mir sagen, was dich daran hindert, heute die Klassenarbeit mitzuschreiben."

Schüler: „Ja, also ..."

___

M 10

Lehrerin: „Mike, musst du denn immer den Unterricht stören?!!"

Schüler: „Ja."

___

Lehrerin: „Willst du jetzt auch noch frech werden?"

Schüler: „Ja."

___

Lehrerin: „Das halte ich nicht aus."

Schüler: „Nein?"

Lehrerin: „Raus! Wir gehen jetzt zum Direktor!"

Schüler: „Muss das sein?"

_____

_____

Lehrerin: „Ja, Strafe muss sein!"

17. Wie wir die Ihnen gestellten Aufgaben bearbeitet haben

Jenseits von richtig und falsch liegt ein Ort.
Dort treffen wir uns.

(Rumi)

Zu vielen Übungen haben wir im Text Beispiele aus unserer Arbeit notiert, sodass Sie hierzu keine Angaben finden. Die Übungen, zu denen wir keine Beispiele angegeben haben, haben wir beispielhaft bedacht. So können Sie hier nachschauen, wie wir mit den Aufgabenstellungen umgegangen sind. Machen Sie sich bitte dabei frei von einem „Entweder richtig oder falsch"-Denken.

Kapitel 2

S. 43: Auf welche Bedürfnisse (Mehrzahl!) kann dieses Gefühl hinweisen?

Gefühl	Ich bin ...	Bedürfnisse (u. a.)
Abenteuerlust	abenteuerlustig	Erleben, Lebendigkeit, Entdecken, Inspiration
Alleinsein, Einsamkeit	allein / einsam	Kontakt, Freundschaft, Nähe, Liebe, Wertschätzung, Verständnis, Zugehörigkeit
Angst	voll Angst	Sicherheit, Schutz, Klarheit
Befangenheit	befangen	Autonomie, Freiheit, Freimut
Eifersucht	eifersüchtig	Sicherheit, Wertschätzung, Einzigartigkeit
Enttäuschung	enttäuscht	Verlass, Vertrauen, Sicherheit, Fairness, Gerechtigkeit
Hemmung	gehemmt	Freiheit, Unabhängigkeit, Sicherheit, Vertrauen
Hoffnungslosigkeit	hoffnungslos	Perspektive, Aussicht auf Veränderung
Langeweile	gelangweilt	Abwechslung, Anregung, Inspiration, Spannung, Sinn, Wirksamkeit, Wachstum
Neugierde	neugierig	Verstehen, Lernen, Wissen, Entdecken, Nähe
Scham	beschämt	Wertschätzung, Respekt, Zugehörigkeit, Annahme, Verstehen, Selbstwert
Schuld	schuldig	Integrität, Selbstwert, Zugehörigkeit, Nähe, Verbindung
Skepsis	skeptisch	Vertrauen
Verwunderung	verwundert	Verlass, Sicherheit
Ungeduld	ungeduldig	Effektivität, Schnelligkeit

S. 48 ff.:
Strategien zu Bedürfnissen sammeln und gewaltfreie Strategien markieren.

Bedürfnis: Erholung

Strategien:
- klassische Musik hören
- um den See laufen
- an jeder Haustüre der Straße klingeln und dann schnell weglaufen und mich verstecken
- sich mit Freunden treffen
- shoppen gehen
- in der Mittagspause auf dem Balkon laut Heavy Metal hören
- im Internet chatten
- eine Techno-Disco besuchen
- im Garten arbeiten
- das Auto waschen
- einen Krimi lesen
- den Nachbarn ärgern
- schlafen ...

Bedürfnis: Sicherheit / Schutz

Strategien:
- freundschaftlicher Umgang mit Nachbarn
- einen hohen Zaun um mein Grundstück bauen
- versteckte Stolperfallen um mein Haus herum anbringen
- Waffen kaufen
- einen offenen und liebevollen Umgang mit Menschen pflegen
- Springerstiefel anziehen
- andere bestrafen, die mich bedrohen
- gewaltfreies Wachpersonal einstellen
- mit einem Hund zusammenleben
- allen bekannt gemachte Installation von Kameraüberwachungen der Klassenräume
- lächeln
- elektronische Fußfesseln für alle strafentlassenen Menschen fordern
- geschlossene Stationen in Psychiatrien ausbauen

Kapitel 3

S. 65 f.: Schlagwörter in Beobachtungen übersetzen.

„der/die stört":

Claudia wirft fünf Minuten Papierkügelchen durch den Raum. Pit spricht zum dritten Mal in der Stunde mit Marc. Vanessa meldet sich mit den Fingern schnipsend zum vierten Mal in der Stunde, um auf die Toilette gehen zu dürfen. Klaus fährt mit dem Arm über die Bank, und seine und seines Nachbarn Schulsachen fallen vom Tisch auf den Boden ...

„die/der ist auffällig":

Noah malt seit 30 Minuten im Deutschunterricht still vor sich hin. Lea ruft: „Blöde Kuh!", als ich ihr das Handy wegnehme und damit das Handyverbot in der Schule durchsetze. Tina kommt zum dritten Mal mit Schnittwunden am rechten Unterarm in die Schule. Basra und Jamil sprechen in den letzten drei Stunden türkisch miteinander ...

„der/die bleibt dem Unterricht fern":

Im letzten Monat blieb Mustafa insgesamt sieben Tage dem Unterricht unentschuldigt fern. Janine war gestern und heute die letzte Stunde nicht im Unterricht. ...

„die/der gehört nicht hierher":

Bastian hat dreimal hintereinander die Note 5 in einer Deutsch-Klassenarbeit geschrieben. Jedes Mal, wenn Chrissi ihr Pausenbrot isst, läuft ihr Speichel aus dem Mund. Peter ist sechs Mal den Anordnungen der Sportlehrerin in einer Stunde nicht gefolgt und ist auf dem Boden liegen geblieben.

S. 70: Ein „Nein" einfühlsam hören.

Lehrer: „Marc, ich sehe, dass du in dieser Woche in Deutsch drei Mal deine Hausaufgabe nicht dabeihattest." – „Da bin ich wirklich besorgt jetzt" – „weil mir Sicherheit wichtig ist, dass alle Schülerinnen und Schüler der Klasse sich am Unterricht beteiligen können." – „Bist du bitte bereit, mit mir in der nächsten großen Pause darüber zehn Minuten zu sprechen?" Daraufhin Marc: „Nein, das kommt gar nicht infrage!"

Variante 1:

Lehrer: „Wenn ich höre, dass du meine Bitte verneint hast, bin ich frustriert, weil ich dir gerne helfen möchte. Sagst du mir bitte, warum du gesagt hast: ‚Das kommt nicht infrage.'?"
Marc: „Ich möchte in der Pause gerne mit Leo spielen. Der ist mein Freund und ist nach drei Wochen jetzt das erste Mal wieder in der Schule."
Lehrer: „Können wir in einer anderen Pause heute noch miteinander reden?"
Marc: „Na ja, nach der vierten Stunde ..."
Lehrer: „Gut. Kommst du dann bitte zu mir ins Besprechungszimmer?"
Marc: „O. k. ..."

Variante 2:

Lehrer: „Wenn ich höre, dass du meine Bitte verneint hast, bin ich frustriert, weil ich dir gerne helfen möchte. Sagst du mir bitte, warum du gesagt hast: ‚Das kommt nicht infrage.'?"
Marc: „Ich will keine Hilfe. Und von Ihnen schon gar nicht."
Lehrer: „Wenn ich höre, wie du dies sagst, bin ich unsicher. Möchtest du, dass jemand anderes dir hilft, deine Schulaufgaben mit in die Schule zu nehmen? Deine Mutter z. B.?"
Marc: „Nein. Die darf das nicht erfahren. Sie reden sowieso dauernd mit der."
Lehrer: „Möchtest du deine Angelegenheiten alleine und selbstverantwortlich regeln?"
Marc: „Ja, endlich kapieren Sie was!"
Lehrer: „Gut. Du willst selbst für deine Deutsch-Hausaufgaben sorgen. Ich möchte nicht dauernd nachprüfen, ob du deine Hausaufgaben dabeihast. Deshalb bitte ich dich, in der kommenden Woche vor den Deutschstunden mir zu sagen, ob du deine Hausaufgaben dabeihast oder nicht."
Marc: „Na ja, von mir aus. Vielleicht glauben Sie mir dann, dass ich sie ja eigentlich immer, na ja, fast immer mache ..."

Kapitel 4

S. 90 f.: Übung zur Selbst-Empathie „Freude"

Bitte erinnern Sie eine Situation der vergangenen Woche, in der Sie sich gefreut haben. Und nun schenken Sie sich in Selbstverbindung ein Innehalten für Ihre Freude:

Auslösende Situation / Beobachtung: Was geschah genau? Was löste die Gefühle aus?

> Ich entdeckte in meinem E-Mail-Postfach eine Mail meiner Tochter. Sie schickte mir neue Fotos meines zweiten Enkels, der vor acht Wochen geboren ist, und seines Bruders.

Gefühle: Welche Gefühle haben Sie?

> Glücklich, froh, zufrieden, begeistert, zuversichtlich ...

Bedürfnisse: Welche Bedürfnisse waren für Sie in dieser Situation erfüllt?

> Wertschätzung, Gemeinschaft, Anteilnahme, Sinn ...

Formulieren Sie nun eine *Bitte*,

a) die Sie an sich selbst richten können:

> Ich bitte mich, einen Moment innezuhalten und jedes Foto genau zu betrachten und einzeln zu genießen.

b) die Sie an eine andere Person oder andere Personen richten können:

> Ich bitte meine Frau, die Fotos noch einmal mit mir bei einem Glas Wein anzuschauen und die Enkel zu feiern.

S. 91 f.: Übung zur Selbst-Empathie bei Angst / Ohnmacht.

Denken und fühlen Sie sich bitte in eine der folgenden Situationen ein:

1. Sie sind am Beginn des Referendariats, haben die Klassen in ihrer Schule zugeteilt bekommen und erfahren, dass Sie in der Ihnen am schwierigsten erscheinenden Klasse die erste Unterrichtsprobe zu halten haben. Sie suchen das Gespräch mit dem Studienleiter, doch die Entscheidung bleibt bestehen. Und der Studienleiter sagt abschließend: „Da sehen Sie doch gleich, wie es Ihnen später ergeht, da können Sie sich auch die Klassen nicht aussuchen."

2. Sie unterrichten eine 5. Klasse im Fach Religion. In der nächsten Woche wird ein Unterrichtsbesuch sein. Sie sind am Beginn der Unterrichtseinheit, in der auch die Besuchsstunde sein wird. Während der Unterrichtsstunde lachen und unterhalten sich links hinten in der Ecke vier Schüler, ohne zu flüstern. Mehrmals sagen Sie den Schülern: „Seid jetzt ruhig und arbeitet mit." Beim dritten Mal rafft sich ein Schüler auf und sagt: „Keinen Bock! Scheiß Thema!"
3. Sie haben Pausenaufsicht. Sie sehen, dass neben der Schaukel mehrere Schüler der neunten Klasse einander anschreien. Plötzlich geht ein Schüler auf sein Gegenüber los und schlägt ihm die Faust ins Gesicht. Der andere schlägt zurück. Sie schlagen einander, treten, schreien, kämpfen. Drumherum johlen andere Schülerinnen und Schüler ...
4. Sie kommen am Morgen in die Schule, und Ihr Schulleiter trifft Sie auf dem Flur: „Frau / Herr ..., kommen Sie bitte nach Schulschluss in mein Büro. Ich muss etwas Unangenehmes mit Ihnen besprechen. Ein Vater hat mich angerufen und sich über Sie beschwert." „Beschwert?", fragen Sie. „Ja, beschwert. Über Ihren Unterricht. Er bezweifelt, dass Sie Ihr Fach beherrschen. Aber das werden wir heute Mittag besprechen."

Beobachtung: Bitte wählen Sie Situation 1, 2, 3 oder 4:

Situation 4

Gefühle: Welche Gefühle haben Sie?

Unsicher, wütend, grübelnd, unmotiviert, erschrocken, ärgerlich, traurig, mutlos, frustriert, überfordert ...

Gedanken / Verhaltensimpulse: Welche Gedanken – Interpretationen, Bewertungen, Urteile, Vorwürfe, Phantasien, Annahmen – und Verhaltensimpulse kommen Ihnen in den Sinn? („Wolfsshow")

„Dieser Idiot, warum sagt er mir nicht, was ist! Was will der mir damit beweisen?! Der hat wohl ein mieses Wochenende hinter sich und lässt es jetzt an mir aus. Er lässt mich jetzt den ganzen Schulmorgen im Ungewissen, dabei könnte er genau wissen, wie es mir jetzt geht! Warum erwischt es immer mich?! Kann ich es denn nicht auch mal leicht haben?! Keine Spur von Solidarität! Der ist echt unsensibel! Wahrscheinlich hat er sich wieder von einem Vater um den Finger wickeln lassen, statt zu den Kolleginnen und Kollegen seiner Schule zu stehen! Feigling! Und so einer will Schulleiter sein?! Dabei sollte er froh sein, dass ich den Job machen will, und mich unterstützen! Eigentlich hab ich es schon immer gespürt, er hat mich auf dem Kieker. Mit Frau Müller würde er so nicht umspringen. Und welcher Vater könnte das gewesen sein, von Olli, von Marc, von Janine, von Meike ..."

Bedürfnisse: In welche Bedürfnisse lassen sich meine Urteile und Gedanken aus der Wolfsshow übersetzen? Welche unerfüllten Bedürfnisse stecken hinter meinen Gefühlen?

Sicherheit, Gemeinschaft, Akzeptanz, Klarheit, Unterstützung, Solidarität, Verständnis, Sinn …

Bitte an mich selbst:

Ich bitte mich, in mein Auto zurückzugehen und mir fünf Minuten Ruhe zu gönnen, die Situation zu überdenken und dem nachzuspüren, was ich brauche, um klar im Kopf zu sein, wenn ich gleich meine erste Stunde an diesem Montagmorgen beginne.

Bitte an jemand anderen:

Ich bitte eine Freundin, in der großen Pause mit mir über die Situation zu sprechen.

Kapitel 5

S. 126: Welche Bedürfnisse können hinter dem Umgang mit der „Roten Karte!" stehen?

Sicherheit für alle an Schule Beteiligten, Gleichwürdigkeit, Integrität.

S. 126: Welche Möglichkeiten sehen Sie, empathisch mit einer Situation umzugehen, die zu einer solchen „Roten Karte!" geführt hat?

Ich kann mit dem Schüler/der Schülerin ein Gespräch führen, in dem er die Deutungshoheit über seine Beobachtung, seine Gefühle und seine Bedürfnisse behält. Magst du mir bitte sagen, was du gesehen, gehört, gerochen hast … (Beobachtung)? Wie ging's dir dabei (Gefühle)? Was wolltest du erreichen, als du … tatest (Frage nach den Bedürfnissen, die die Beobachtung aufnimmt)? Wenn ich dann spüre, dass der Schüler/die Schülerin sich entspannt (Körperhaltung, Sprachfluss, Gesichtsausdruck verändern sich), kann ich im Gespräch weitergehen und beginnen, mit ihm/ihr die Strategien anzusehen und zu besprechen, die zu der „Roten Karte!" geführt haben, und gemeinsam mögliche alternative Verhaltensformen erarbeiten.

Kapitel 6

S. 147: Wertschätzung üben.

Wir laden Sie zu folgender Übung ein und wünschen Ihnen Freude beim Heben Ihrer Schätze:

1. Was schätzen Sie an sich selbst (Handlungen, Eigenschaften) in Ihrem schulischen Alltag?

   Ich habe einen Draht zu Kindern und Jugendlichen. Ich bin einfühlsam, kann aufmerksam zuhören und empathisch mit ihnen sprechen. Ich mag meine Spontaneität und Lebendigkeit im Umgang mit Kolleginnen und Kollegen. Ich erinnere mich gerne an mein Studium und versuche seitdem immer wieder Zeit zu finden, auch Fachliteratur zu lesen. Ich habe eine gute Beobachtungsgabe und schätze meine Erfahrung. Ich bin humorvoll.

2. Wo setzen Sie diese Fähigkeiten konkret ein? Wie drückt sich dies konkret aus?

   Ich habe die Zusatzaufgabe der Vertrauenslehrerin übernommen. In einem Konflikt auf dem Pausenhof gelingt es mir meist schnell, deeskalierend und klärend mit den Schülerinnen oder Schülern zu sprechen. Ich kann dabei die unterschiedlichen Sichtweisen der Beteiligten im Blick behalten. In schwierigen und leidvollen Schulsituationen kann ich mich gut einmischen und hinsehen, ohne meine Lebendigkeit einzubüßen. Mit einer humorvollen Bemerkung im Kollegenkreis kann ich manche bleiern wirkende Situation entkrampfen.

3. Wie tragen Sie durch diese Handlungen und/oder Eigenschaften zum Wohl anderer bei?

   Durch Gespräche, Blicke, einen Scherz ...

4. Welche Bedürfnisse anderer erfüllen Sie damit?

   Wertschätzung, Akzeptanz, Respekt, Leichtigkeit, Gesehenwerden, Klarheit, Sinn ...

5. Wie tragen Sie durch diese Handlungen und/oder Eigenschaften zum eigenen Wohl bei?

   Durch Selbst-Empathie, Selbstreflexion, Selbstausdruck ...

6. Welche eigenen Bedürfnisse erfüllen Sie sich damit?

   Authentizität, Integrität, Selbstachtung, Wertschätzung, Klarheit, Sinn, Leichtigkeit ...

Literaturverzeichnis

ALTHOF, WOLFGANG (Hrsg.): *Vom Fehlermachen und Lernen aus Fehlern.* Opladen 1999.
BALKE, STEFAN: *Die Spielregeln im Klassenzimmer. Das Trainingsraum-Programm. Ein Programm zur Lösung von Disziplinproblemen in der Schule.* Bielefeld 2001.
BITSCHNAU, KAROLINE I.: *Die Sprache der Giraffen.* Paderborn 2008.
BLUM, EVA und HANS-JOACHIM: *Der Klassenrat.* Mülheim 2006.
BRÖCHER, JOACHIM: *Trainingsraum Kritik. Bedenken zu einem fragwürdigen Modell schulischer Disziplinierung.* Norderstedt 2011.
BRÜNDEL, HEIDRUN; SIMON, ERIKA: *Die Trainingsraum-Methode. Umgang mit Unterrichtstörungen: klare Regeln, klare Konsequenzen.* Weinheim 2003.
BRYSON, KELLY: *Sei nicht nett, sei echt! Das Gleichgewicht zwischen Liebe für sich selbst und Mitgefühl mit anderen finden.* Paderborn 2011.
BUBER, MARTIN: *Ich und Du.* Stuttgart 1985.
BUROW, OLAF-AXEL: *Positive Pädagogik.* Weinheim 2011.
CANETTI, ELIAS: *Das Augenspiel: Lebensgeschichte 1931–1937.* Frankfurt 1988.
EDELMANN, WALTER; WITTMANN, SIMONE: *Lernpsychologie.* 7. Aufl. Weinheim und Basel 2012.
ENDE, MICHAEL: *Momo.* Stuttgart 1973.
FREIRE PAULO: *Pädagogik der Autonomie.* Münster 2008.
FREIRE, PAULO: *Bildung und Hoffnung.* Münster 2007.
FREIRE, PAULO: *Unterdrückung und Befreiung.* Münster 2007.
FRIED, ERICH: *Gesammelte Werke. Bd. 1.* München 1993.
FRITSCH, GERLINDE: *Der Gefühls- und Bedürfnisnavigator.* Paderborn 2010.
FRITSCH, GERLINDE: *Praktische Selbst-Empathie.* Paderborn 2009.
GALTUNG, JOHAN: *Strukturelle Gewalt. Beiträge zur Friedens- und Konfliktforschung.* Reinbek bei Hamburg 1975.
GENS, KLAUS-DIETER: *Gewaltfreie Kommunikation nach Dr. Marshall Rosenberg. Einführung.* Berlin o. J.
HAMMERER, FRANZ: *„Meister seiner selbst" und „Herr einer Kultur" – Montessoris Beitrag zur Grundlegung der Bildung.* Vortrag vom 20.10.2001. ↗ http://www.montessori-hall.de/hammerer.htm.
HAMMERER, FRANZ: Der Fehler – eine pädagogische Schlüsselsituation und Herausforderung. In: *Erziehung und Unterricht.* 151. Jg. Heft 1–2 / 2001. S. 37–50.
HAMMERER, FRANZ: Montessori-Pädagogik – ein Weg zu Selbständigkeit und Kompetenz. In: *Erziehung und Unterricht.* 152. Jg. 3–4 / 2002. S. 302–314.
HANH, THICH NHAT: *Ich pflanze ein Lächeln.* München 2007.
HENTIG, HARTMUT VON: *Die Menschen stärken, die Sachen klären.* Stuttgart 1985.
HOLLER, INGRID: *Trainingsbuch Gewaltfreie Kommunikation.* Paderborn 2006.
HÜTHER, GERALD; HAUSER, ULI: *Jedes Kind ist hochbegabt. Die angeborenen Talente unserer Kinder und was wir aus ihnen machen können.* München 2012.
HÜTHER, GERALD: *Auf dem Weg zu einer anderen Schulkultur: Die Bedeutung von Geist und Haltung aus neurobiologischer Sicht.* ↗ http://www.sinn-stiftung.eu/wissen/themen--beitraege/lernen--schule/index.html.
HÜTHER, GERALD: *Was wir sind und was wir sein können.* Frankfurt 2011.
HÜTHER, GERALD: *Wie man sein Gehirn optimal nutzt.* CD. Auditorium Netzwerk 2008.

JUUL, JASPER: *Dein kompetentes Kind.* Reinbek 2009.
KAHL, REINHARD: *Lob des Fehlers.* Hamburg 1995.
KALÉKO, MASCHA: *Mein Lied geht weiter. Hundert Gedichte* (hrsg. von Gisela Zoch-Westphal). München 2007.
KEGLER, ULRIKE: *In Zukunft lernen wir anders.* Weinheim und Basel 2009.
KIPER, HANNA: Mitbestimmen lernen im und durch den Klassenrat. In: C. Palentin, Christian; Hurrelmann, Klaus (Hrsg.): *Schülerdemokratie. Mitbestimmung in der Schule.* München, Neuwied 2003. S. 192–210.
KORN, SALOMON: *Die Gnade des Zweifels. Wirkliche Toleranz beginnt dort, wo das Einverständnis endet: Es kommt weniger darauf an, Widersprüche aufzulösen, als sie auszuhalten.* ↗ http://www.faznet.de (27.09.2009).
LANGE, ERNST: Sprachschule für die Freiheit. In: Ders., *Sprachschule für die Freiheit. Bildung als Problem und Funktion der Kirche.* München / Gelnhausen 1980. S. 117–132.
LEU, LUCY: *Gewaltfreie Kommunikation. Das 13-Wochen-Übungsprogramm.* Paderborn 2009.
MAX-NEEF, MANFRED; ELIZALDE, ANTONIO; HOPENHAYN, MARTIN: *Entwicklung nach menschlichem Maß. Eine Option für die Zukunft.* Aus dem Spanischen von Norbert Rehrmann und Horst Steigler. Santiago de Chile 1990; Kassel: Gesamthochschulbiblibliothek, Reihe: *Entwicklungsperspektiven.* Band 39. Kassel 1990.
MAX-NEEF, MANFRED: *From the outside looking in. Experiences in „barefoot economics".* London / New Jersey 1992.
MEISSNER, MONIKA; STADTER, ERNST ANDREAS: *Kinder lernen leben. Beziehungslernen in der Grundschule.* München 1995.
MOL, JUSTINE: *Die Giraffe und der Schakal in uns.* Paderborn 2010.
MONTESSORI, MARIA: *Das kreative Kind.* Freiburg, Basel, Wien 1989.
MONTESSORI, MARIA: *Grundlagen meiner Pädagogik.* Heidelberg, Wiesbaden 1988.
ORTH, GOTTFRIED; FRITZ, HILDE: *„Ich muss wissen, was ich machen will..." Ethisches Lernen und Lehren in der Schule.* Göttingen 2008.
ORTH, GOTTFRIED; FRITZ, HILDE: Gewaltfreie Kommunikation. In: *Lernchancen.* Heft 85/2012. S. 16–23.
ORTH, GOTTFRIED: *Friedensarbeit mit der Bibel. Eva, Kain & Co.* Göttingen 2009.
ORTH, GOTTFRIED: *Erwachsenenbildung: Friedensarbeit mit der Bibel.* E-Book. Göttingen 2010.
ORTH, GOTTFRIED: *KonfirmandInnen: Friedensarbeit mit der Bibel. Impulse und Materialien.* E-Book. Göttingen 2010.
ORTH, GOTTFRIED: Toleranz: Anerkennung der einander Fremden und Verschiedenen. Gewaltfrei Toleranz lernen. In: *Glaube und Lernen* 1/2011. S. 84–111.
OSTEN, MANFRED: *Die Kunst, Fehler zu machen.* Frankfurt am Main 2006.
PÁSZTOR, SUSANN; GENS, KLAUS-DIETER: *Ich höre was, was du nicht sagst: Gewaltfreie Kommunikation in Beziehungen.* Paderborn 2008.
PETERSEN, SUSANNE: Fehler machen – Fehler finden. Oder: Vom Lob des Fehlers. In: *Grundschulmagazin* 10/1996. S. 39–42.
ROSENBERG, MARSHALL B.: *Ärger einfühlend hören.* Berlin o. J.
ROSENBERG, MARSHALL B.: Eine Sprache des Mitgefühls. Ein Interview mit Marshall B. Rosenberg. In: *Mit Kindern wachsen.* April 2004. S. 2–7. Das Gespräch führte Michael Mendizza. ↗ http://www.touch-the-future.com.
ROSENBERG, MARSHALL B.: *Einführung in die Gewaltfreie Kommunikation.* Auditorium Netzwerk. Jokers Edition. DVD. Müllheim 2006.

Rosenberg, Marshall B.: *Erziehung, die das Leben bereichert. Gewaltfreie Kommunikation im Schulalltag.* Paderborn 2005.
Rosenberg, Marshall B.: *Gewaltfreie Kommunikation mit Kindern und Jugendlichen.* Auditorium Netzwerk. Jokers Hörsaal. Müllheim 2012.
Rosenberg, Marshall B.: *Gewaltfreie Kommunikation.* Paderborn 2005.
Rosenberg, Marshall B.: *Kinder einfühlsam erziehen. Elternsein mit gewaltfreier Kommunikation.* Berlin 2000.
Rosenberg, Marshall B.: *Konflikte lösen durch Gewaltfreie Kommunikation.* Freiburg 2009.
Rosenberg, Marshall B.: *Wie ich dich lieben kann, wenn ich mich selbst liebe.* Paderborn 2006.
Séché, Andreas: *Namiko und das Flüstern.* Cadolzburg 2011.
Sölle, Dorothee: Gewalt. Ich soll mich nicht gewöhnen. In: Dies., *Gesammelte Werke. Bd. 4.* Stuttgart 2006. S. 171–204.
Steffensky, Fulbert: *Damit die Träume nicht verloren gehen. Religiöse Bildung und Erziehung in säkularer Zeit. Vortrag zum 50. Jubiläum des RPI-Loccum.* ↗ http://www.rpi-loccum.de/steffky.html.
Steffensky, Fulbert: *Mut zur Endlichkeit.* Stuttgart 2007.
Weinert, Franz Emanuel: Aus Fehlern lernen und Fehler vermeiden lernen. In: Althof, W. (Hrsg.), a. a. O. S. 101–109.
Weingardt, Martin: *Fehler zeichnen uns aus.* Bad Heilbrunn 2004.
Wolf, Getrud: Vom Hirn zum Herz. Neurobiologische Botschaften an die Pädagogik. In: *CI-Information. Mitteilungen aus dem Comenius-Institut* 2010 / 1. S. 3.

Liebevoll mit sich selbst umgehen

Gerlinde Ruth Fritsch

Praktische Selbst-Empathie

Herausfinden, was man fühlt und braucht
Gewaltfrei mit sich selbst umgehen

Wie können Menschen Beziehungen miteinander aufnehmen, die alle Beteiligten tief gehend bereichern? Was befähigt sie, vertrauensvoll und vorwurfsfrei miteinander umzugehen? Der Schlüssel hierzu ist Selbst-Empathie, um für sich selbst genauso wie für andere Mitgefühl zu entwickeln. Gerlinde Fritsch bietet praktische Hilfen an, um die eigenen Gedanken, Gefühle und Bedürfnisse bewusst zu erkennen und liebevoll zu versorgen, selbst wenn das innere Erleben noch so turbulent ist. Viele lebensnahe Beispiele regen dazu an, eigene Möglichkeiten zu entwickeln, um den Kontakt mit sich und anderen so zu gestalten, dass sich die Schönheit des Lebens im alltäglichen Tun zeigen kann.

160 Seiten, kart. • € (D) 20,00 • ISBN 978-3-87387-695-8
Auch als E-Book erhältlich.

Gerlinde Ruth Fritsch, Studium der Psychologie und Pädagogik, Ausbildung in Familientherapie, Körperorientierter Tiefenpsychologie, Hypnosystemischer Therapie und Erlebnispädagogik.

Weitere erfolgreiche Titel:
Das Empathietraining
ISBN 978-3-95571-866-4
moodify
ISBN 978-3-95571-910-4
Mein Achtsamkeitsjahr
ISBN 978-3-7495-0110-6

www.junfermann.de

Wache Selbstführung

Katja Bartlakowski

in.sight

Dein täglicher Achtsamkeitsbegleiter
+ Planer

Der Offline-Begleiter in eine wache Selbstführung – für mehr Klarheit, innere Ruhe und Zufriedenheit. in.sight unterstützt dich darin, ein zufriedeneres und erfolgreicheres Leben zu führen. Er hilft dir,
- Termine und Aufgaben zu organisieren,
- zu verstehen, wie Stress entsteht, und besser mit ihm umzugehen,
- deine achtsame Wahrnehmung zu trainieren und diese mehr und mehr in deinen Alltag zu integrieren,
- täglich innezuhalten und bewussten Momenten der Entspannung Raum zu geben.

Der Planer enthält folgende Elemente:
- ausführlicher Einführungsteil in die hirnphysiologischen Hintergründe unseres Stresserlebens
- Einführung in die Achtsamkeitspraxis
- tägliche Achtsamkeits-Quickies und -übungen
- Platz für eine kurze abendliche Rückschau auf das Positive
- monatliche meditative Vertiefungen und Übungen
- einen Kalenderteil mit viel Freiraum für Aufgabenpriorisierung und Terminplanung
- Kreativraum für Gedanken, Notizen und Ideen
- frei datierbares Kalendarium für 54 Wochen

ca. 200 Seiten, kart. • ca. € (D) 25,00 • ISBN 978-3-95571-890-9

Dr. Katja Bartlakowski ist systemische Coach, Mediatorin und QM-Auditorin; ausgebildet in der Gewaltfreien Kommunikation sowie in Focusing. Achtsamkeitspraxis (Zen, Vipassana) seit 2008.

Shopvorteile

- Kostenloser Versand – weltweit!
- Kein Mindestbestellwert.
- Lieferung innerhalb von 1–2 Tagen.
- Zahlung per Rechnung oder PayPal.

www.junfermann.de

Jetzt packe ich es an!

Nina W. Brown
Kinder egozentrischer Eltern

Nina W. Brown ist Professorin an der *Old Dominion University* (Norfolk). Die Expertin für narzisstische Persönlichkeitsstörungen und deren Auswirkungen auf zwischenmenschliche Beziehungen ist Autorin zahlreicher Bücher.

Von Eltern erwartet man normalerweise, dass sie um die Entwicklung ihrer Kinder besorgt sind. Es gibt aber auch Eltern, die die Bedürfnisse ihrer Kinder weitestgehend ignorieren und stattdessen ausschließlich auf ihre eigenen fokussieren. Liegt eine narzisstische Persönlichkeitsstörung vor, fordert mancher Vater, manche Mutter bereits von ganz kleinen Kindern Aufmerksamkeit und Bestätigung ein. In diesem Selbsthilfebuch lernen Betroffene, die mit einem narzisstischen Elternteil aufgewachsen sind, wie sie sich Schritt für Schritt aus den Konflikten ihrer Kindheit herausarbeiten und eine befriedigende Eltern-Kind-Beziehung aufbauen können.

224 Seiten, kart. • € (D) 26,00 • ISBN 978-3-87387-715-3

Shopvorteile

- Kostenloser Versand – weltweit!
- Kein Mindestbestellwert.
- Lieferung innerhalb von 1–2 Tagen.
- Zahlung per Rechnung oder PayPal.

www.junfermann.de

»Schatzi, du nervst!«

Susann Pásztor & Klaus-Dieter Gens
Ich höre was, das du nicht sagst
Gewaltfreie Kommunikation in Beziehungen

Dieses Buch ist eine Einladung an Paare, mit Gewaltfreier Kommunikation nach Marshall B. Rosenberg ihre Liebesbeziehung so lebendig zu erhalten wie am ersten Tag – und damit eine tragfähige Basis für die gemeinsame Zukunft zu schaffen. Als Begleiter eines fiktiven Liebespaars begeben sich die Autoren auf eine abenteuerliche Reise durch die Höhen und Tiefen beziehungstypischer Dialoge und Konflikte. Anhand von Praxisbeispielen werden Alternativen zum klassischen Beziehungsdrama vorgestellt, die anregen und inspirieren.

96 Seiten, kart. • € (D) 14,00 • ISBN 978-3-87387-599-9
Auch als E-Book erhältlich.

 **Susann Pásztor** ist freiberufliche Journalistin im Bereich Psychologie und Weiterbildung.

 **Klaus-Dieter Gens** ist zertifizierter Trainer für GFK. Nach Ausbildungen als Sozialpädagoge, Supervisor und NLP–Trainer begegnete er M. Rosenberg und engagiert sich seitdem für Gewaltfreie Kommunikation.

Weitere erfolgreiche Titel:
Den Schmerz überwinden, der zwischen uns steht
ISBN 978-3-95571-483-3
Wie wir werden, die wir sind
ISBN 978-3-87387-581-4
Mit dem Herzen hört man besser
ISBN 978-3-87387-667-5

www.junfermann.de

Konflikte lösen für ein besseres Miteinander

Karim Fathi
Das Empathietraining

Konflikte sind in unserem Leben unvermeidbar. Überall und jederzeit können sie auftreten. Dabei vergessen wir oft, dass Krisen und Konflikte auch Chancen bergen. Doch wie stellen wir es an, dass keiner verliert und wir sogar gestärkt aus ihnen hervorgehen? Der Schlüssel zu dieser Frage lautet: (Selbst-)Empathie. Empathie ist eine in uns allen angelegte Universalkompetenz. Egal ob es darum geht, mit belastenden Emotionen umzugehen, Meinungsverschiedenheiten optimal zu lösen oder generell gute Beziehungen zu pflegen – jede Art des funktionierenden Miteinanders setzt ein gewisses Maß an Empathie voraus.

Dieser Ratgeber vermittelt bewährte Konzepte aus den Bereichen Coaching und Beratung und richtet sich an alle Menschen, die ihre Empathiefähigkeit verbessern möchten, um sich fit für Krisen und Konflikte zu machen.

256 Seiten, kart., E-Book inside • € (D) 34,00 • ISBN 978-3-95571-866-4
Auch als E-Book erhältlich.

Dr. Karim Fathi ist zertifizierter Konfliktberater, Doktor der Philosophie zum Thema „Integrierte Konfliktbearbeitung im Dialog", M.A. Friedens- und Konfliktforscher und an der Akademie für Empathie in Berlin tätig.

Weitere erfolgreiche Titel:

Empathisch kommunizieren
ISBN 978-3-95571-768-1

Praktische Selbst-Empathie
ISBN 978-3-87387-695-8

Recht haben oder glücklich sein
ISBN 978-3-87387-644-6

www.junfermann.de

Schule aus Sicht der Kinder denken

Simone Kriebs
Resilienz in der Schule
Wie Kinder stark werden

Der gesellschaftliche Leistungsdruck macht auch vor den Schulen nicht halt. Doch Menschen sind keine Maschinen. Um Herausforderungen im Leben bewältigen zu können, ist es unerlässlich, die Resilienzfähigkeit von Kindern und Jugendlichen zu fördern.

Dazu gehören Optimismus und Fehlerfreundlichkeit, Lösungsorientierung, persönliche Verantwortungsübernahme, Selbstwirksamkeit und soziale Kompetenzen. Für diese spezielle Förderung braucht es gute Vorbilder. Deshalb soll dieses Buch Pädagogen darin unterstützen, ihre eigene Widerstandsfähigkeit zu stärken – zugleich aber auch Ideen und Anregungen bieten, um ihre Schüler in einer resilienten Persönlichkeitsentwicklung zu fördern und ein respektvolles Miteinander zu schaffen. Wichtiges (neurobiologisches) Hintergrundwissen sowie praktische Übungen helfen dabei, gelassener mit Verhaltensauffälligkeiten einzelner Kinder und klassendynamischen Prozessen umzugehen.

220 Seiten, kart. • € (D) 22,00 • ISBN 978-3-95571-805-3
Auch als E-Book erhältlich.

Simone Kriebs ist Diplom-Pädagogin, Anti-Aggressivitäts-Trainerin / Ausbilderin, Systemische Familientherapeutin (IFS/DGSF), CTW®-Hypnosetherapeutin und Heilpraktikerin Psychotherapie.
↗ www.simone-kriebs.de

Weitere erfolgreiche Titel:
Übungsbuch Resilienz
ISBN 978-3-95571-005-7
Resilienz: Modelle, Fakten & Neurobiologie
ISBN 978-3-95571-421-5
Kurzzeit-Coaching mit Kindern und Jugendlichen
ISBN 978-3-95571-567-0

www.junfermann.de

Inspirationen für jeden Tag

Anja Palitza &
Olaf Hartke

Heute gewaltfrei
366 Denkanstöße für jeden Tag

Für jeden Tag des Jahres ein Zitat, das im Einklang mit der Gewaltfreien Kommunikation steht – das bietet dieses Buch. Überwiegend stammen die Zitate von Marshall Rosenberg und werden in jeweils kurzen Texten von Anja Palitza und Olaf Hartke näher erläutert.

Die Leser können sich inspirieren lassen, die Haltung von Gewaltfreiheit in der Kommunikation auszuprobieren und jeden Tag ein Stück mehr davon in ihr Leben zu tragen.

160 Seiten, kart. • € (D) 18,00 • ISBN 978-3-95571-032-3
Auch als E-Book erhältlich.

Anja Palitza ist seit 2005 Trainerin für Gewaltfreie Kommunikation, systemische Familienberaterin in einem diakonischen Kinder- und Jugendheim und Mutter zweier Söhne.

Olaf Hartke ist seit 18 Jahren als Trainer für die Themen Kommunikation und Mitarbeiterführung im gesamten deutschsprachigen Raum tätig.

SHOPVORTEILE

- Kostenloser Versand – weltweit!
- Kein Mindestbestellwert.
- Lieferung innerhalb von 1–2 Tagen.
- Zahlung per Rechnung oder PayPal.

www.junfermann.de